La collection

DOCUMENTS

est dirigée par

Gaëtan Lévesque

Dans la collection « Documents »

Angenot, Marc, *Les idéologies du ressentiment.*

Bal, Mieke, *Images littéraires ou Comment lire visuellement Proust.*

Beaulieu, Jean-Philippe, Jeanne Demers et André Maindron (dir.), *Marguerite Yourcenar. Écritures de l'Autre.*

Beauregard, Claude et Catherine Saouter (dir.), *Conflits contemporains et médias.*

Bednarski, Betty et Irène Oore (dir.), *Nouveaux regards sur le théâtre québécois.*

Bertrand, Claudine et Josée Bonneville, *La passion au féminin.*

Bettinotti, Julia et Jocelyn Gagnon, *Que c'est bête, ma belle ! Études sur la presse féminine au Québec.*

Boisvert, Yves, *Écritures des territoires de l'écriture.*

Brochu, André, *Tableau du poème. La poésie québécoise des années quatre-vingt.*

Carpentier, André, *Journal de mille jours [Carnets 1983-1986].*

Cnockaert, Véronique, *Émile Zola. Les inachevés. Une poétique de l'adolescence* (coédition PUV).

Dessaulles, Louis-Antoine, *Discours sur la tolérance* suivi du *Mémoire de l'évêque Bourget*, présentation et notes par Adrien Thério.

Féral, Josette, *Rencontres avec Ariane Mnouchkine. Dresser un monument à l'éphémère.*

Fisette, Jean, *Introduction à la sémiotique de Charles S. Peirce.*

Fisette, Jean, *Pour une pragmatique de la signification* suivi d'un choix de textes de Charles S. Peirce en traduction française.

Karch, Pierre, *Les ateliers du pouvoir.*

Larouche, Michel (dir.), *L'aventure du cinéma québécois en France.*

Larouche, Michel (dir.), *Cinéma et littérature au Québec : rencontres médiatiques.*

Le Grand, Eva (dir.), *Séductions du kitsch : roman, art et culture.*

Léonard, Martine et Élisabeth Nardout-Lafarge (dir.), *Le texte et le nom.*

Levasseur, Jean, *Anatomie d'un référendum (1995). Le syndrome d'une désinformation médiatique et politique.*

Nevert, Michèle, *La petite vie ou les entrailles d'un peuple.*

Paquin, Nycole, *Le corps juge. Sciences de la cognition et esthétique des arts visuels* (coédition PUV).

Pelletier, Jacques, *Situation de l'intellectuel critique. La leçon de Broch.*

Plet, Françoise, *Une géographie de l'Amérique du Nord au XVIIIe siècle* (coédition PUV).

Resch, Yannick, *Définir l'intégration ? Perspectives nationales et représentations symboliques.*

Roy, Bruno, *Enseigner la littérature au Québec.*

Saint-Martin, Lori (dir.), *L'autre lecture. La critique au féminin et les textes québécois* (2 tomes).

Saouter, Catherine (dir.), *Le documentaire. Contestation et propagande.*

Sohet, Philippe et Yves Lacroix, *L'ambition narrative. Parcours dans l'œuvre d'Andreas.*

Thério, Adrien, *Joseph Guibord, victime expiatoire de l'évêque Bourget.*

Tougas, Gérard, *C. G. Jung. De l'helvétisme à l'universalisme.*

Vachon, Stéphane (dir.), *Balzac. Une poétique du roman* (coédition PUV).

Whitfield, Agnès et Jacques Cotnam (dir.), *La nouvelle : écriture(s) et lecture(s).*

Dans la collection « Documents / Poche »

Andrès, Bernard, *Écrire le Québec : de la contrainte à la contrariété.*

Angenot, Marc, *Les idéologies du ressentiment.*

Baillie, Robert, *Le Survenant. Lecture d'une passion.*

Brulotte, Gaëtan, *Les cahiers de Limentinus. Lectures fin de siècle.*

Carducci, Lisa, *Correspondance de Beijing 1991-1997.*

Duchet, Claude et Stéphane Vachon (dir.), *La recherche littéraire. Objets et méthodes* (coédition PUV).

Harel, Simon, *Le voleur de parcours. Identité et cosmopolitisme dans la littérature québécoise contemporaine.*

Paquin, Nycole (dir.), *Kaléidoscope. Les cadrages du corps socialisé.*

Paquin, Nycole (dir.), *Réseau. Les ancrages du corps propre.*

Pelletier, Jacques, *Au delà du ressentiment. Réplique à Marc Angenot.*

Roy, Bruno, *Journal dérivé. 1. La lecture 1974-2000.*

Roy, Bruno, *Les mots conjoints.*

Roy, Lucille, *Anne Hébert. Entre la lumière et l'ombre.*

Roy, Max, *La littérature québécoise au collège (1990-1996).*

Saint-Denis, Michel, *L'amour, l'argent, la guerre… Anthologie des meilleures citations sur la condition humaine.*

Saouter, Catherine, *Le langage visuel.*

Smart, Patricia, *Écrire dans la maison du père. L'émergence du féminin dans la tradition littéraire du Québec.*

Thério, Adrien, *Un siècle de collusion entre le clergé et le gouvernement britannique. Mandements et lettres pastorales des évêques de Québec et de Montréal. Anthologie 1760-1867.*

Faire comme si...

De la même auteure

L'objet-peinture. Pour une théorie de la réception, Montréal, Hurtubise HMH, 1991.

De l'interprétation en arts visuels, Montréal, Triptyque, 1994 (direction, préface et chapitre).

Le corps juge. Sciences de la cognition et esthétique des arts visuels, Montréal/Paris, XYZ éditeur/Presses universitaires de Vincennes, coll. «Documents», 1997.

Réseau. Les ancrages du corps propre, Montréal, XYZ éditeur, coll. «Documents poche», 2000 (direction, préface et chapitre).

Kaléidoscope. Les cadrages du corps socialisé, Montréal, XYZ éditeur, coll. «Documents poche», 2000 (direction et préface).

NYCOLE PAQUIN

FAIRE COMME SI...
MOUVANCE COGNITIVE ET JUGEMENT SIGNESTHÉTIQUE

COLLECTION DOCUMENTS

XYZ
éditeur

La publication de cet ouvrage a été rendue possible grâce à l'aide financière du ministère du Patrimoine canadien par l'entremise du Programme d'aide au développement de l'industrie de l'édition (PADIÉ), du Conseil des Arts du Canada (CAC), du ministère de la Culture et des Communications du Québec (MCCQ), de la Société de développement des entreprises culturelles (SODEC). L'auteure remercie le vice-rectorat associé à la recherche et à la création de l'Université du Québec à Montréal pour son soutien à la publication de cet ouvrage.

© 2003
XYZ éditeur
1781, rue Saint-Hubert
Montréal (Québec)
H2L 3Z1
Téléphone : 514.525.21.70
Télécopieur : 514.525.75.37
Courriel : info@xyzedit.qc.ca
Site Internet : www.xyzedit.qc.ca

et

Nycole Paquin

Dépôt légal : 4e trimestre 2003
Bibliothèque nationale du Canada
Bibliothèque nationale du Québec
ISBN 2-89261-379-5

Distribution en librairie :
Au Canada :
Dimedia inc.
539, boulevard Lebeau
Ville Saint-Laurent (Québec)
H4N 1S2
Téléphone : 514.336.39.41
Télécopieur : 514.331.39.16
Courriel : general@dimedia.qc.ca

En Europe :
D.E.Q.
30, rue Gay-Lussac
75005 Paris, France
Téléphone : 1.43.54.49.02
Télécopieur : 1.43.54.39.15
Courriel : liquebec@noos.fr

Conception typographique et montage : Édiscript enr.
Maquette de la couverture : Zirval Design
Illustration de la couverture : *Y*, pierre volcanique
Photographie : Jean-André Carrière

Table

Remerciements

Mes premiers remerciements vont aux artistes québécois dont les œuvres sont ici analysées et qui, dans plusieurs cas, ont eu la bonté de me fournir des pistes interprétatives en me renseignant sur leur projet de création. À ceux et à celles qui ne sont plus là, certains et certaines depuis des millénaires, je dois ma reconnaissance du fait qu'ils ont laissé des vestiges qui témoignent d'une instauration symbolique raffinée.

Je remercie sincèrement mon éditeur, Gaëtan Lévesque, pour le soutien qu'il m'accorde depuis déjà de nombreuses années. Sa lecture minutieuse du manuscrit original et ses commentaires judicieux furent précieux. Enfin, je suis redevable pour leur travail impeccable à mes assistants Karl-Gilbert Murray, Lynn Bannon et Danielle Morin qui ont accepté la tâche de repérer les textes de recherche et de m'indiquer des entrées bibliographiques additionnelles et pertinentes.

C'est tout à l'honneur de l'homme de se pencher sur ses origines et sur ses capacités plutôt que de s'en tenir à l'exaltation mystérieuse de l'être humain, qui ouvre la porte à toutes les chimères et à tous les fondamentalismes...

Jean-Pierre Changeux,
L'homme de vérité

Introduction

Mot à mot

En premier lieu, je sollicite la patience du lecteur que je convie à se prêter à un bref exercice de comparaison entre ce que je dis et ce qu'il voit (ill. n° 1*), parcours au cours duquel les objectifs de cette étude lui paraîtront de plus en plus évidents. L'espace de quelques paragraphes, je l'invite à suivre la description d'un petit objet de pierre gris ardoise, un peu froid, lisse et tout en rondeur que je nomme *Y*. En forme de huit, gonflé dans sa partie inférieure et beaucoup plus menu dans sa partie supérieure, l'objet se loge aisément dans la paume de ma main et, en le tournant sur lui-même, mes doigts peuvent aisément sentir des variations de texture. Au centre de son ventre dodu, un motif en demi-cercle, fermé et composé de multiples stries à peine décelables au toucher, surplombe une concavité circulaire blanche, assez profonde, qui contourne une légère excroissance. Sur la partie supérieure inclinée vers la droite et séparée du tronc par un creux blanchâtre, de minuscules hachures presque invisibles mais sensibles au toucher font un écho formel au motif circulaire du dessous.

Sur l'autre face, sur la partie ventrue, un ensemble de cercles repérable à l'œil et au toucher se déploie comme une série d'ondes, tandis qu'une plus grande ligne encavée et du même gris borde la partie de droite du corps. Une toute petite ligne blanche, presque un point, lui répond à gauche. La partie supérieure, absolument lisse et inclinée vers la gauche, fait contrepoids à la grande strie de droite du volume inférieur. Dans l'ensemble, sur les deux faces, les marques, les motifs, les teintes et les orientations de volumes concourent à maintenir un équilibre sans faille.

Cadrage

Chaque objet a son histoire et chaque interprétation a aussi la sienne. La première fois que j'ai vu *Y*, j'ignorais d'où il venait, comment, quand, par quoi ou par qui il avait été sculpté. Intriguée, à coup sûr séduite par sa forme, sa texture, ses teintes, l'équilibre de ses volumes et l'aisance avec laquelle je pouvais le nicher au creux de la main, je posai un jugement fondé sur des sensations agréables mais saturées par un effort de catégorisation qui l'apparentait à d'autres formes, dont celle d'un corps humain schématisé. Je le comparai mentalement à d'autres objets minuscules conservés comme fétiches dans différentes cultures, par exemple à des statuettes préhistoriques de matière et d'allure semblables. La palpation et la vision entraient déjà en collision avec toute une panoplie de possibilités référentielles. Malgré mon ignorance sur la nature de l'objet, j'étais déjà en processus d'interprétation.

---

*   Le cahier de photos se trouve entre les pages 96 et 97.

J'y inférais des sensations, des émotions et des idées ; je portais sur *Y* un regard intéressé et favorable qui a perduré, sans quoi je ne le prendrais certainement pas comme point de départ du présent ouvrage.

Bien qu'indécis et inachevé, mon jugement initial n'était pas uniquement perceptuel, puisque je procédais à des greffes conceptuelles. De plus, les circonstances de mon premier contact avec *Y* orientaient largement mes interrogations et mes réflexions. C'est au cours d'une stimulante discussion sur l'esthétisme et le symbolisme qu'une amie artiste m'avait offert l'objet que j'avais spontanément sélectionné parmi des douzaines de mêmes couleurs et de mêmes textures mais de gabarits quelque peu différents. Si ma référence aux statuettes archaïques n'était pas fortuite ni indépendante de mes intérêts de recherche, le statut, ou plutôt l'absence de statut, de *Y* parmi un ensemble d'objets formellement apparentés entrait évidemment en ligne de compte, et je réalisais très bien que ma référence à quelque objet de « culture » n'était que le résultat d'une greffe sémantique aléatoire fortement influencée par mon métier d'historienne de l'art. *Y* n'était pas « unique », n'avait pas été préalablement retenu comme objet symbolique, mais il possédait l'allure d'un objet qui avait le potentiel de devenir autre chose dans d'autres conditions de présentation. On sait d'ailleurs que de nombreuses cultures s'adonnent constamment à de tels transferts qui accordent une fonction symbolique à des objets naturels. *Y* me ramenait ainsi à la genèse de l'acte de symbolisation, à la pulsion de catégoriser et de hiérarchiser les choses du monde, en un mot, au besoin de faire signifier tout ce qui nous entoure au sein de contextes spécifiques qui encadrent nécessairement les concepts et les valeurs attribués à l'objet de cognition.

Repères

Les renseignements que l'on m'a fournis et mes connaissances très rudimentaires en géologie m'autorisent maintenant à reconnaître *Y* comme étant un galet résultant de la cristallisation d'une goutte de lave refroidie par les eaux, ce qui explique les formes arrondies et la fossilisation d'une végétation marine en surface. Sur la base de sa nature et de sa forme, *Y* est le signe du long travail de la nature qui se régénère de ses transformations et, en le comparant à des objets de culture, je lui accordais une valeur d'usage possible et mouvante. Je faisais « comme si », par comparaison et extension, il pouvait aussi signifier en deçà de sa matière. Je ne me trompais pas sur les apparences de *Y*, je différais ses caractéristiques sur des objets semblables dont les attributs s'en trouvaient à leur tour rabattus sur lui.

Toute opération de comparaison a nécessairement pour conséquence de colorer l'interprétation de chacune des unités d'un ensemble. Quoique je connaisse la nature de *Y*, pour moi et probablement pour le lecteur, l'ancrage définitif de l'objet dans sa catégorie spécifique permet de lui attribuer un sens stable et de le différencier, sans toutefois altérer ses apparences qui restent sujettes à quelques comparaisons. En résumé : le sens accordé aux choses naturelles ou culturelles n'est que provisoire, souvent arbitraire, toujours «construit» sur des bases qui varient selon l'optique et l'intentionnalité de chacun au cours de l'expérience. Ce sont les contextes pragmatiques de la cognition.

Les limites du langage

Si le lecteur a eu la bonté de me suivre jusqu'ici, il me reprochera peut-être de ne pas avoir mentionné tel ou tel détail de l'apparence de *Y* qu'il aura remarqué sur les représentations photographiques et, si c'est le cas, il aura raison. Les divergences de détection visuelle d'un individu à un autre reposent sur le fait que, au moment de la réorganisation des stimuli, certains traits apparaissent plus saillants, tandis que d'autres ne viennent pas nécessairement à la conscience pour des raisons qui dépassent le premier niveau de traitement. La perception consciente et inconsciente, qui est aussi une cognition, est unique et personnelle, bien qu'elle vise invariablement un entendement partagé. C'est le paradoxe sur lequel reposent la pensée et la sensibilité.

Outre cette dynamique qui hiérarchise les traits observés et distancie par le fait même l'observateur de la cible perceptuelle, la description verbale, même celle qui se veut la plus pointilleuse, ne peut en aucun cas traduire toutes les sensations qu'elle synthétise tant bien que mal. Mais si ce décalage entre le verbal et le visuel occasionne des pertes et rend la perception poreuse à l'infiltration de concepts supplémentaires plus ou moins exogènes à la *doxa*, il a néanmoins l'effet bénéfique de rendre l'expérience d'autant plus vive. Et c'est bien sur la divergence des opinions communiquées que se fondent les valeurs d'échange attribuées aux objets de tous ordres, certainement aux objets symboliques.

Parcours

Dans un ouvrage précédent (*Le corps juge. Sciences de la cognition et esthétique des arts visuels*), j'ai tenté de démontrer que l'expérience esthétique est une «catastrophe», un choc où s'affrontent les propensions physiologiques, biologiques, psychologiques (conscientes et inconscientes) et les connaissances acquises, forcément culturelles, sans qu'il y ait de réconciliation achevée. Pour mieux concentrer ma réflexion sur la rencontre troublante des sensations et des connaissances, et m'en tenant à l'analyse de ces intervenants dans le jugement, j'évitais sciemment, et peut-être à tort, d'aborder la question du langage verbal, notant cependant au besoin l'impossibilité de traduire les sensations par des mots. Quoique la présente étude ne porte pas exclusivement sur la parole prononçable ou prononcée sur les images, la question linguistique traverse tout le document.

Cette inclusion demande une certaine témérité, tellement les opinions sont arrêtées sur l'étanchéité absolue des systèmes de perception. On semble avoir réglé le cas une fois pour toutes: le visuel et le verbal travaillent en parallèle. Il serait tout à fait futile d'aller à contre-courant des arguments scientifiques les plus crédibles qui expliquent et défendent ce double mécanisme de

« détection », mais la question est loin d'être réglée quant à la « production » de sens dans l'un ou l'autre des systèmes.

La philosophie, la linguistique, la sociologie, l'esthétique et surtout les sciences cognitives, auxquelles on doit la démonstration du parallélisme, persistent heureusement à en vérifier les principes sur toutes sortes d'activités humaines et il en ressort d'étonnantes contradictions, souvent des discussions enflammées, qui ont pour effet de mettre les axiomes de départ à de rudes épreuves. Puis, il y a ceux et celles qui défendent encore la parole comme agent indispensable à la signification des choses et qui nous obligent à reprendre des questions de fond. Pouvons-nous et devons-nous invariablement parler devant les images, ne serait-ce qu'en silence? Quelles sont les conséquences de l'absence ou de la présence de la parole dans le jugement?

Ces interrogations ne sont certes pas étrangères à l'anthropologie actuelle, qui n'hésite plus à se référer aux analyses les plus percutantes venant des sciences du cerveau, et il s'ensuit une attitude pluridisciplinaire rafraîchissante qui, sous un regard renouvelé, reprend la question des origines du langage verbal au cours de l'évolution, ainsi que celle de l'avènement de la conscience esthétique que l'on considère comme un corollaire.

À l'aide de l'imagerie interne et de l'informatisation des données, on aborde également le sujet des potentiels « intellectuel », « linguistique » et « artistique » des animaux, surtout des grands singes, dans une optique qui se donne pour mission de contrer les *a priori* faciles et douteux véhiculés par les médias. L'objectif est de voir s'il y a continuité ou discontinuité entre certaines espèces animales dites « avancées » et l'espèce humaine. En concertation avec ces avenues de recherche, la neurologie poursuit des études comparatives auprès des nourrissons, voire des fœtus humains, et il en ressort des données utiles et enrichissantes pour le domaine de l'esthétique qui ne devrait plus être tenu à l'écart des sciences du corps.

Dans les chapitres de cet ouvrage, ces différentes disciplines seront interpellées, mais toujours dans un cadre de réflexion qui vise à remettre en question les fondements complexes du jugement porté sur les objets qui font « image ». Certains artefacts de natures diverses puisés à travers l'histoire et provenant de cultures différentes servent de point de départ à l'analyse — c'est le cas de *Y* qui sera ponctuellement rappelé comme témoin, presque comme sauvegarde —, d'autres sont plus brièvement désignés à titre d'exemples. Dans certains cas, le propos porte plus précisément sur la production des objets symboliques, ailleurs, il se penche plutôt sur les conditions de réception, partout, il vise à rendre les concepts théoriques opératoires.

Éthique

Quoique les hypothèses qui jalonnent le document s'appuient sur des assises théoriques puisées dans différentes disciplines, elles sont principalement fondées sur les sciences cognitives, y compris la neurologie et la biologie, qui s'intéressent de plus en plus aux mécanismes d'interprétation des objets de culture. Il aurait été éthiquement douteux de glaner ce corpus pluridisciplinaire sans relever la source des différents points de vue, ainsi que les partis pris idéologiques, voire politiques, qui régissent en sourdine les opinions des chercheurs, surtout à propos du développement des langages et des cultures dans le temps long de l'évolution.

Naviguer entre les disciplines exige évidemment beaucoup de circonspection car, au sein d'une même école de pensée en apparence homogène dans un champ de recherche spécifique, les prises de position divergent. Sans compter que le résultat des analyses menées en laboratoire sème parfois le doute sur des *a priori* datant d'il y a à peine une décennie. Le contraire serait d'ailleurs fort inquiétant ! Il m'a donc semblé impératif, non seulement de citer mes sources, d'où les nombreuses et longues notes et références, mais de les jauger les unes par rapport aux autres, de me positionner face à elles, de fournir au lecteur des renseignements complémentaires et idéalement utiles, cela sans alourdir le corps même du texte que j'ai tenté de présenter dans un langage accessible malgré certaines expressions codées qui n'ont pas d'équivalence dans le langage populaire. Cela nous ramène à l'une des problématiques de l'ouvrage : la parole des autres informe notre perception et notre interprétation des choses du monde, tout autant par sa forme que par son contenu.

Il n'y a pas de conclusion à cette étude qui se termine cependant par le mot « nous », lequel fait implicitement la synthèse des concepts présentés dans l'introduction, qui commence par un « je », et dans le premier chapitre, où il est question de l'auto-organisation du sujet qui juge ce qu'il perçoit selon un principe de tension entre des structures organisationnelles incontrôlables, une conscience aiguë de l'obligation de différencier les choses entre elles, un « état de parole » latent prêt à intervenir, des propensions individuelles conscientes et inconscientes pour tel ou tel type d'images, des connaissances déjà acquises et le désir constant d'appartenir à la collectivité. Cet ouvrage porte essentiellement sur l'équilibre visé de ces instances au cours du jugement et pose l'hypothèse majeure que la difficulté même d'arrimer les intervenants stimule l'imagination, aiguillonne la sensibilité cognitive et, par le fait même, régénère tout le système interprétatif qui se nourrit de ses propres expériences, voire de ses indécisions. Cela, depuis que l'homme a la conscience de sa propre fragilité au sein d'un monde en perpétuel changement.

Chapitre premier

Le jugement « signesthétique »

1.1 Voir, penser, dire les images

Nous avons tous spontanément tendance à croire que les images portent en elles un sens inhérent et des valeurs esthétiques intrinsèques. Le petit exercice que nous avons fait en introduction devrait nous être de quelque utilité pour comprendre que les objets et les espaces perçus comme « images », c'est-à-dire comme signes, de quelque chose d'additionnel à leurs caractéristiques matérielles et techniques, doivent leur conversion à un jugement arbitraire qui répond à une nécessité neuromotrice d'intervenir rapidement et efficacement sur le monde. Cette projection (et c'en est une) n'est qu'une économie de temps qui stabilise la perception en opérant deux types complémentaires d'estimation qui ne peuvent être différenciés qu'à des fins théoriques.

Le terme *signesthétique* ici utilisé pour désigner le jugement porté sur les images relie les concepts de signe et d'esthétique en un seul mot et implique que cette expérience engage inévitablement un double projet : faire signifier ce qui est perçu et en évaluer les apparences. Il faudrait peut-être inventer un autre mot qui inverserait les concepts et placerait l'esthétique devant le signe, ce qui indiquerait la dépendance de l'interprétation sémantique de l'évaluation initiale des paramètres formels et organisationnels de la cible cognitive aux premiers moments de l'expérience. Il faudrait alors parler de jugement *esthésigne*. Mais le terme *signesthétique* a l'avantage de marquer l'importance de l'aspect sémantique du jugement trop souvent exclu du champ de l'esthétique.

Dans les faits, et c'est la position ici défendue, une fois le premier moment d'adaptation passé, les deux versants du jugement s'arriment l'un à l'autre sans tout à fait se confondre et conduisent à l'interprétation. Autrement dit, il n'y a pas de hiérarchie *a priori* des deux modes d'évaluation et si l'un l'emporte sur l'autre au cours de l'expérience, cela est dû à des facteurs qui concernent le récepteur et non l'objet de cognition. Le jugement est toujours fondé sur une théorie, un ensemble d'horizons d'attente concernant tout autant les apparences que le sens présumé des choses.

Un de ces processus accorde des valeurs d'apparence aux choses et permet d'ériger un classement selon des préférences et des propensions individuelles. L'objet de perception peut séduire, déplaire ou laisser indifférent, mais l'appréciation engage obligatoirement un parti pris fondé sur une échelle comparative : « Ceci est moins ou plus attrayant que cela. » Rappelons-le, il ne s'agit que d'injections de valeurs de la part du sujet qui doit croire en la pertinence de ses propres prédicats, et cette attribution de valeurs d'apparence doit être sentie comme concordante avec l'extérieur objectivé. Ainsi, le versant esthétique du jugement introduit des impressions de bien-être ou de malaise qui excèdent les simples sensations primaires, puisqu'il objective à la fois le sujet et la cible perceptuelle. Il est déjà une interprétation qui investit l'image identitaire de soi relativement à l'objet.

Le second processus satisfait également ce besoin éprouvé par tout un chacun d'objectiver le monde et de s'y intégrer, mais il encourage un «faire comme si» les choses avaient en elles des valeurs sémantiques à décoder. Il engage la différenciation, la catégorisation et la hiérarchisation de toutes sortes d'objets naturels et culturels. Depuis déjà longtemps, des études comparatives ont montré que les cultures différentes arrivent à classer de façon similaire une variété impressionnante d'espèces et d'objets naturels, et cela reflète une perception et une organisation du monde naturel communes aux cerveaux des individus appartenant à des groupes culturels distincts [1]. Quant aux objets de culture, ils sont classés selon une échelle conventionnelle qui fait appel à des connaissances apprises (explicites) mais dont ne sont pas exclues des connaissances innées (tacites) permettant de présupposer la nature et la fonction de l'objet par déduction, c'est-à-dire par intuition et sens pratique.

À tout moment, le système cognitif doit faire semblant que la réalité est telle qu'elle est appréhendée, même si quelques doutes subsistent quant à la catégorisation de la chose perçue. La difficulté même de classer Y avec assurance dans une catégorie précise, sans l'apport de quelque explication venant de l'extérieur, témoigne de cette croyance en une réalité objective (Y est là, comme cela) dont la nature demande à être appariée à quelque chose d'autre. On perçoit, on pense et on parle toujours en termes de préexistants différenciés comparés les uns aux autres : «ceci appartient à tel type d'objets ou de phénomènes plutôt qu'à tel autre», «ceci veut dire telle chose et non telle autre», d'où le flottement possible entre l'objectivation et la classification.

Cette spontanéité auto-organisationnelle est garante de tous les apprentissages et de l'intégration de chaque individu dans sa culture. On le sait, une introspection excessive dépourvue de croyance en un sens extérieur à soi et un cynisme exacerbé quant aux opinions partagées peuvent conduire à la mort du *je* social. Dans le jugement, tout se joue sur l'interrelation constante entre la gratification sensorielle et le sentiment d'appartenance à l'environnement, et ce sentiment d'intégration repose largement sur la conviction de l'individu qu'il partage avec les autres un minimum d'expériences et de connaissances. On dit et on pense parfois : «Ceci est dans l'ordre des choses.» En réalité, cette reconnaissance d'un ordre catégoriel apparent est une appropriation réorganisatrice, car la perception est une action, une intervention dynamique et non finie sur un monde lui-même en constante transformation.

Or, tout en validant la sensation de soi dans le monde environnant, le face-à-face avec ce que l'on croit être là ne peut être que troublant, dans la mesure où il oblige à un travail conscient et inconscient d'évaluation, à une interprétation, à une confrontation entre ce qui est perçu, ressenti et déjà connu. Ne pouvant échapper à une telle tension, le jugement porté sur les images vise néanmoins une réconciliation avec l'objet de cognition et se réalise en vertu de la double opération : faire signifier et évaluer par comparaison, les deux opérations ayant recours à des agents cognitifs aptes à décoder et à arrimer le médium, la matière, la forme, le contenu et le statut de l'objet ou de l'événement dans le vaste champ des manifestations symboliques. Intériorisées ou verbalisées, les déclarations en chaîne sur ce que les choses « sont » et sur ce qu'elles « valent » répondent à un besoin biologique et psychique de stabilisation ; elles satisfont le corps individuel, qui a l'impression d'avoir une prise sélective et stable sur son environnement[2].

Par ricochet, le corps social se rassure en sélectionnant et en adoptant des manières de voir et de penser qui font office de règles pour un certain temps et récupère parfois des formes d'expression plutôt ambiguës qui finissent par hériter de la stabilité des codes. Si la quête d'un certain consensus donne naissance à des conventions plus ou moins rigides, elle vise invariablement l'équilibre qui profite à chaque individu, cela malgré ses préférences personnelles qui lui servent de balises critiques.

Cependant, il faut souvent se le rappeler, si les conventions accordent un statut quelconque aux images et que le discours influence la pensée des récepteurs, c'est le cas par exemple de l'intégration du concept « d'art » à l'expérience[3], ils ne leur octroient pas une quelconque « essence » ; ils profilent des cadres de référence qui deviennent eux-mêmes objets d'interprétation et d'évaluation. À vrai dire, ils servent de point d'appui à la réalisation du processus *signesthétique* qui balise ce qui est ressenti et ce qui est reconnu.

Une telle compréhension du jugement diffère certainement des attitudes qui ont eu cours dans la tradition esthétique occidentale et qui persistent encore dans certains cas à départager le sensoriel et le conceptuel. Conserver le parallélisme revient à endosser l'idée utopique d'un jugement sensoriel possiblement « pur », non cadré et à l'abri de l'inférence de la pensée ou, au contraire, celle d'un jugement strictement intellectualisé et totalement soumis aux codes de conduite et ainsi privé (débarrassé ?) de l'apport largement inconscient de la sensorialité. Dans les faits, sensorialité et pensée se combinent et participent de l'actualisation d'un sens prêté à l'image. Cet enchevêtrement repose cependant sur la quête primordiale de la bonne forme, de celle qui procure le sentiment de « bien » voir en raison d'une évaluation de l'équilibre du corps en relation avec l'équilibre topologique de l'image et de son pourtour immédiat.

Certains spécialistes des arts visuels commencent à admettre que la prégnance des images est en partie conditionnée par la relation que les stimuli entretiennent avec des systèmes de valeurs internes reliés aux centres de plaisir du cerveau[4] et défendent le principe d'une attention cognitive « effectivement et évaluativement structurée[5] ». Soyons un peu plus audacieux : si, en effet, la relation aux images est invariablement structurée par les systèmes du cerveau, les agents du réseau cognitif ajoutent des intervenants biologiques, tels la digestion et les états de santé, qui contribuent aux impressions non seulement de plaisir, mais également de déplaisir, de désarroi, voire d'indifférence. Qu'il soit plus spécifiquement d'ordre historique ou sociologique, le jugement comporte toujours une bonne part d'évaluation édifiée selon des degrés de défense et de jouissance[6], car le corps est une machine esthétisante qui a le bonheur de brouiller les ancrages de l'interprétation tout en visant la cohérence. Soyons aussi plus exhaustifs : les activités sensorielles se heurtent chez l'individu à des habitudes et à des attitudes codées auxquelles il adhère plus ou moins selon ses propres dispositions. La reconnaissance et l'endossement du statut artistique d'une image n'est pas nécessairement garante d'une évaluation sensorielle positive, et tout jugement opère une rencontre « critique » tant avec l'objet de cognition qu'avec les conventions culturelles en cours qui le valorisent ou le dévalorisent.

Cependant, si la perception et l'interprétation des images font penser, obligent à des choix et à des décisions qui autorisent une prégnance, elles n'atteignent jamais une résolution achevée, une plénitude ou même un état tout à fait transcendant du corps[7]; elles se concrétisent en raison d'une compétition saine, dynamique et durative entre les préférences personnelles et ce qui est connu de la valeur déclarée de l'objet. Cette impureté, que Platon[8] aurait considérée comme « embarrassante », est parfois qualifiée d'hédonisme conceptuel en raison de l'émergence incontournable de conflits émotionnels entre les percepts et les concepts[9]. Loin de nuire au jugement, elle préside à l'organisation des perceptions, à la catégorisation de l'objet de cognition et à la conscience critique distanciée de l'environnement reconnu comme autre; elle entretient la sensation du « faire », malgré la reconduction de tabous, de craintes et de désirs perturbateurs.

On aura compris que, contrairement à l'opinion courante, l'appréciation esthétique ne saurait être qu'une question de conventions historique et culturelle. Le malentendu à ce propos tient au fait qu'en Occident on a traditionnellement fondu l'un dans l'autre l'évaluation esthétique et l'art[10]. Les préjugés demeurent comme automatismes (!) et, malgré un nomadisme récent et de plus en plus répandu des idées et des formes d'expression qui devrait mener à un décloisonnement des attitudes[11], la plupart des théories actuelles semblent désespérément s'accrocher à des traditions qui ferment l'œil aux mécanismes neurophysiologiques universels sur lesquels s'appuie le jugement.

Il est certain qu'aux propensions dites naturelles et peu contrôlables s'ajoutent toujours des considérations sociales, mais celles-ci sont parfois étrangères aux conventions artistiques proprement dites et concernent un ensemble de comportements beaucoup plus vaste qui influence l'interprétation et l'appréciation. L'expérience est toujours conditionnée par des changements qui se produisent dans le monde et qui affectent non seulement les attitudes vis-à-vis des objets du domaine artistique mais la manière même de les expérimenter[12]. Le jugement *signesthétique* n'est donc pas une quelconque catharsis qui tiendrait le corps et le reste du monde à distance, même si tel est l'objectif visé par le regardant. Une forte concentration sur l'image peut donner une impression de transcendance et d'isolement, mais la décharge énergétique exigée demande une centration nerveuse importante (le corps agit), sans compter que même l'état d'extase est nourri par des désirs de divers ordres pour une bonne part inconscients et saturés [13].

La question de la parole à propos des images, celle qui ne vise pas nécessairement la communication à haute voix, est tout aussi importante. Après tout, nous sommes faits pour parler! Certes, la parole allège quelque peu la bousculade du face-à-face avec l'objet en procurant une sensation de contrôle, et cette sensation de pouvoir s'étend d'ailleurs à toutes les sphères d'activité, quelles que soient les cultures [14]. Mais loin de maintenir l'attention sur l'ensemble de la cible visuelle, elle la fragmente [15], la contamine en raison des souvenirs parallèles qu'elle évoque [16]; elle encourage une centration sur certains aspects ou certaines formes aux dépens des autres [17] et peut même nuire à l'identification des formes [18]. Ce mécanisme de sélection et de redistribution est dû au partage des tâches visuelle et verbale qui s'arriment sans se confondre jusqu'à un niveau de pensée inaccessible à l'auto-réflexion [19]. Nous y reviendrons plus longuement au chapitre 5.

En contrepartie d'une certaine linguistique structuraliste qui avait tenté de convaincre de la possibilité de tout dire [20], cela malgré le caractère flou du langage verbal [21], une sémiotique plus récente défend l'idée opposée que tout ce qui est ressenti est de l'ordre de l'indicible [22]. Ces deux positions extrêmes méritent d'être nuancées. Empiriquement, tout un chacun réalise qu'il souffre d'une incapacité à transférer adéquatement certaines sensations ou désirs en mots, plus encore en phrases, cela indépendamment de la chose perçue et de la langue utilisée. La parole, toujours arbitraire [23], demeure un palliatif qui ouvre sur ses propres avenues sémantiques et soulage en quelque sorte de l'inaptitude à exprimer la totalité de ce qui est ressenti. «C'est beau» veut dire beaucoup, veut dire tout ce qui peut ou ne peut pas être dit.

Certains facteurs plus ou moins contrôlables de la verbalisation des images sont en rapport immédiat avec l'attribution de quelque valeur esthétique. En laboratoire, on a constaté que si certaines impressions ne peuvent tout simplement pas être verbalisées et que d'autres ne le sont que par déviations et métaphores, il est beaucoup plus aisé de rendre compte des raisons d'une appréciation négative que d'une impression positive [24]. Dit autrement, il est plus facile de dire pourquoi une image nous déplaît que d'expliquer pourquoi elle nous plaît. Cette différence porte à réfléchir, car elle renvoie à l'idée du langage verbal comme mécanisme de protection et de défense contre l'intrusion de choses indésirables. En extériorisant plus facilement la sensation de déplaisir que celle de plaisir, la parole agirait comme repoussoir, comme arme défensive, comme «porte de sortie» d'une situation perceptuelle désagréable.

Que l'image soit positivement ou négativement appréciée, la parole informe et restructure la perception en système et, ce faisant, amenuise les sensations jusqu'à un certain point en les diluant dans d'autres sphères du quotidien, ne serait-ce que par l'utilisation d'un véhicule d'expression commun à toutes sortes de circonstances semblables ou différentes. De surcroît, elle peut conduire à un renversement d'attitude et d'évaluation au fur et à mesure de son articulation autour d'une image [25]. Le fait de s'entendre parler a pour conséquence de déplacer les intervenants sensoriels sur la trame des mots qui ont une syntaxe et une sémantique particulières, cela d'autant plus si la verbalisation se produit à haute voix, car le souffle verbal temporalise, tempère les élans visuels et les transfère dans la sphère auditive. Se parler, c'est alors à la fois se scinder et se retrouver autrement et c'est prendre sa propre articulation sonore comme arbitre de son autogestion interne. À travers la parole, aussi condensée soit-elle, quelque chose reste qui ancre la sensation de soi dans l'espace et dans le temps [26].

1.2 Il s'agit bien d'expérience…

Quelques précisions sur le terme « expérience » vont ici nous servir à élaborer les concepts majeurs présentés dans les pages précédentes et à les rendre opérants sur des images de différents types et médiums. Dans l'entendement général, le concept d'expérience demeure un peu confus, car il peut désigner aussi bien quelque chose d'interne, d'abstrait et de très général (avoir « de » l'expérience) que quelque chose de plus extériorisé, de concret et de précis (faire une expérience, expérimenter quelque chose). Dans le premier cas, il renvoie à un état de vie général qui s'est stabilisé par accumulation ; dans le second cas, il désigne une activation objectivée, unique, exceptionnelle et transitoire. Il faut sortir de l'impasse créée par la philosophie traditionnelle qui associait l'expérience interne à la conscience et l'expérience externe à la perception. Quant à l'expression « expérience esthétique », elle est encore plus problématique, car elle impliquerait que l'événement est vécu (subit) comme une aliénation ou une réduction étanche en marge de la quotidienneté.

Au regard du processus *signesthétique*, le terme expérience désigne une expérimentation canalisée, un « faire avec » appréciatif, un but d'action équilibrant doublé d'une nécessité de signification qui repose sur *trois principes* d'égale importance et simultanément mis à l'œuvre : a) une habileté réflexive qui traverse toutes les sphères d'activité et porte à esthétiser toutes les choses perçues [27] ; b) une catégorisation de l'objet de cognition selon des codes culturels connus ; c) une hiérarchisation sensorielle élémentaire commune à toutes les évaluations mais qui incorpore (dans le sens littéral du terme) les connaissances et les conventions déclarées.

En vertu du *premier principe*, toute expérience a sa propre qualité esthétisante réflexive, dans la mesure où elle évalue l'apparence des objets ou des événements perçus, en même temps qu'elle implique une certaine part d'intellectualisation, sans quoi elle ne pourrait tout simplement pas se réaliser. Cependant, il faut le redire, si, effectivement, l'expérience est intellectualisée [28], cette intellectualisation accompagne une activation partiellement inconsciente et non verbalisable [29]. Elle se réalise au sein de représentations mentales qui procurent une « sensation » d'expérience [30], cela même dans le cas des hallucinations [31]. Elle est propositionnelle, toujours vraie, elle fonctionne selon sa propre logique de croyances [32] et introduit dans la tâche en cours des souvenirs issus d'expériences parallèles souvent vécues dans des circonstances en apparence inconséquentes.

Ce point de vue qui abolit la frontière entre le quotidien et le monde des arts, et entre l'intériorisation et l'extériorisation, a déjà été mis de l'avant par l'anthropologie [33] et fait de plus en plus d'adeptes chez les scientistes [34] qui imputent l'habileté esthétisante à une programmation génétique en quête d'harmonie et d'équilibre [35] et soutiennent qu'elle est imbriquée dans le système cognitif humain et reste opérante pour toute activité [36]. La conscience esthétisante, qui traverse les expériences les plus banales, est une quête, elle vise un bien-être *signesthétique* localisé.

Il serait un peu facile de reprocher à cette hypothèse de ne pas assez tenir compte des cadrages spécifiques et d'ouvrir l'expérience esthétique à un tel point que la perception des « œuvres d'art », par exemple, s'effectuerait de la même façon que celle d'un coucher de soleil ou de tout autre phénomène naturel [37]. Nécessairement, l'expérience se réalise dans une perspective délimitée par des attentes et des habitudes conventionnelles et prend forme sur la base de l'identification de l'objet ou de l'événement (*qu'est-ce que c'est ?*), de sa valeur sémantique (*qu'est-ce que ça représente*) et de son statut déclaré (*comment les autres classent-ils et évaluent-ils cet objet ?*). Ces interrogations ne sont que des constructions de l'esprit conséquentes de la pulsion esthétisante et elles visent la catégorisation dans un contexte particulier en puisant à même une banque mnésique qui a la souplesse de transférer les souvenirs dans différentes sphères d'activité.

Ces débordements en vases communicants qui relient la création et le quotidien ont aussi été défendus par une linguistique qui s'est éloignée d'une pensée restrictive qui avait tendance à cantonner l'esthétique en marge du quotidien [38]. Il a plutôt été postulé que l'expérience ne peut être comprise qu'à la condition d'admettre que les structures cognitives rendent opérants des systèmes de connaissances, de prévisions, d'évaluations et de jugements au sein d'un système capable d'éviter le vacuum, de procéder à de nouvelles organisations et à de nouvelles combinaisons en transportant des traces mnésiques d'un domaine à un autre et de les adapter à l'expérience en cours. L'expérience *signesthétique* n'est donc pas une aliénation du quotidien mais une localisation temporaire d'intervenants polyvalents.

Comme la perception sensorielle qui construit du sens au fur et à mesure de son déroulement [39], la formulation verbale esthétise les choses par le fait même de l'ordonnance par laquelle elle les désigne dans une langue particulière. On a d'ailleurs constaté des changements importants dans l'organisation verbale des formes perçues quand les sujets passent de leur langue maternelle à une langue seconde [40]. L'articulation verbale des formes en tant que véhicule d'expression est néanmoins une compétence universelle de l'organisme [41] et, malgré ses limites, voire ses inexactitudes, elle autorise des déploiements et des extensions symboliques tout en demeurant liée au quotidien. Pas plus que la perception sensorielle, le langage verbal ne peut exister à l'état «pur» sans l'interférence de paramètres vernaculaires [42].

Cela nous conduit au *second principe*, celui du cadrage culturel qui donne lieu à des sélections, à des catégorisations et surtout à des hiérarchisations dirigées par les discours officiels. Des connaissances, c'est-à-dire des savoirs enregistrés à la suite de catégorisations préalables, ainsi que les *a priori* en découlant, contextualisent toute perception, et il en résulte que les choses sont «prises» sous un certain angle qui influence la vision plus ou moins habituée à un type particulier de représentation [43]. Si l'expérimentation répétée des images selon une optique déterminée par les codes influence le regard à long terme, elle a également pour effet de modifier les expériences de tous ordres [44].

L'expérience est en quelque sorte un laboratoire où la rencontre avec l'objet d'attention obéit à un certain protocole, mais il ne faut pas la confondre avec quelque adaptation robotisée qui serait toujours la même d'un individu à l'autre dans une même culture et qui classerait les choses automatiquement sans intuition individuelle et uniquement sur la base de connaissances partagées [45]. Combien de fois n'avons-nous pas dit ou entendu dire : « *Je ne sais pas très bien ce que c'est, mais j'aime ou je n'aime pas* » ou « *Peu importe ce que l'on dit de cet objet, il me plaît ou il me déplaît* ». Il est inutile de s'offusquer de telles réactions, car elles témoignent fort bien de l'importance pour tout sujet de se sentir maître de son jugement au sein même des conventions. Malgré la pression des codes, l'expérience demeure personnelle, intéressée, réflexive et qualitative.

Nous en venons au *troisième principe*, celui de l'aspect sensoriel de l'expérience et qui pourrait tout aussi bien figurer au premier ou au second plan dans l'engrenage global. Si les cadres de référence socioculturels jouent un rôle indéniable dans la *signesthétisation*, d'autres facteurs non conventionnels y participent, quelle que soit la nature reconnue de l'objet de perception. Tout jugement s'appuie sur des opérations vitales, certaines automatiques [46], d'autres psychiques qui mobilisent diverses dimensions corporelles et sociales indissociables [47]. Mais certains détecteurs demeurent opérants aussi bien devant un spectacle naturel qu'en présence d'une représentation. Si les points d'appui divergent d'une expérience à une autre et que les objets sont ainsi différemment catégorisés, les moyens qui conduisent à de telles différenciations ont toujours en commun la quête de la stabilité perceptuelle [48], et cette volition qui prélude à tout jugement est ce par quoi transitent les repères contextuels et encyclopédiques complémentaires. Trois types d'espaces vont nous servir d'exemple : une photographie qui représente un coucher de soleil ; le phénomène naturel qui y est représenté et un tableau peint dont le sujet de représentation lui est apparenté.

Dans le cas de la représentation du coucher de soleil (ill. n° 2), que le médium photographique soit reconnu ou non comme support (l'image pourrait tout autant être une peinture pastiche de photographie), il est certain que l'appréciation ne peut pas être confondue avec l'expérience du phénomène naturel, laquelle s'imprègne de la réalité ambiante, dont la température, le vent, le bruit des vagues, etc. Le sentiment d'aisance ou d'inconfort devant l'un ou l'autre dépend d'un point de vue physique et sensoriel ajusté au lieu, au type de représentation (réel ou illusoire), aux circonstances de la perception, et la canalisation ne peut faire abstraction de ces incidences. La réalisation forcément consciente du contexte immédiat de réception guide l'appréciation mais éveille des mécanismes d'accommodation largement automatiques et semblables dans les deux cas.

Devant le coucher de soleil ou devant sa représentation, l'évaluation des plans de perspective, de l'harmonie des couleurs et des nuances de plans sombres et de plans clairs se réalise principalement selon un rapport d'équilibre entre le corps et l'espace perçu, à la différence cependant capitale que, dans le cas de la représentation photographique, le corps «sait» qu'il se projette virtuellement dans un simulacre. C'est en ce sens que le jaugeage de la topologie des plans est une activité transitoire qui fait simultanément l'expérience non seulement de ce qui est donné à voir, mais des conditions de prégnance.

Si la photographie est reconnue comme support en raison de l'habituation au médium, il s'agit d'un repère qui peut conduire à au moins quatre modes d'appréciation : un mode incontournable et axé sur des propensions pour le thème représenté (*j'aime, je n'aime pas ce sujet de représentation, cela me laisse indifférent*) ; un mode orienté sur le médium (*j'aime, je n'aime pas ou j'aime moins la photographie qu'un autre médium de présentation*) : un mode plus spécifiquement intéressé à la valeur du traitement photographique (*cette prise représente adéquatement ou inadéquatement le paysage*) ; un autre mode qui se prononce sur la pertinence de la forme (photographique) et du sujet (figuratif et réaliste) dans le champ élargi des représentations, notamment dans le domaine des arts occidentaux actuels (*cette représentation emboîte ou non les codes artistiques en cours*).

Ce sont des appréciations qui peuvent fort bien entrer en collision. On peut aimer le sujet ou le médium, par exemple, et néanmoins déclarer la représentation banale, c'est-à-dire «non-art» dans le contexte des arts actuels. Tous ces prédicats ont cependant comme fond commun le même mécanisme sélectif des repères sensoriels fondamentaux, qui doivent en premier lieu réorganiser l'agencement spatial dans ce qu'il a de plus élémentaire, c'est-à-dire la localisation des motifs et des plans (naturels ou construits) par rapport aux vecteurs d'horizontalité et de verticalité. On ne le répétera jamais assez, l'estimation de l'équilibre des choses perçues par rapport au corps percevant est le noyau même du jugement et de l'interprétation.

Des jugements d'ordres semblables, mais avec quelques variantes, peuvent être déclarés à propos du tableau de Thomas Moran [49] (ill. n° 3). Devant le tableau, dont les dimensions amplifient l'impression d'immensité de l'espace représenté, le point de vue idéal à la perception de l'ensemble de l'image rappelle l'angle photographique distancié nécessaire à la captation de l'entièreté d'un vaste site naturel[50]. Mais en contrepartie du recul physique relatif au tableau, encouragé par sa taille et son format, les empâtements de texture, surtout dans le plan inférieur de la couche picturale, font appel à la « tactilité », rapatrient le simulacre dans l'espace immédiat de la perception et accentuent la nature du médium. *Qu'est-ce que c'est ? C'est, sans aucun doute, une peinture qui représente un paysage.* La reconnaissance du médium est rendue possible par des intervenants sensoriels (visuels, kinesthésiques et tactiles) et ces mêmes embrayeurs supportent l'évaluation de l'image comme représentation.

Dès sa réalisation dans la seconde moitié du XIXᵉ siècle, le tableau de Moran fut reconnu comme modèle d'un art représentatif de la grandeur sublime du paysage étasunien. La connaissance de ce statut donne extension au jugement qui peut emboîter ces données dans l'expérience plus intime de l'image peinte et inclure dans l'interprétation des paramètres historiques, politiques, économiques ou autres. Si cette avenue interprétative est un surplus normatif qui n'assure d'aucune manière l'appréciation sensorielle positive ou négative du tableau, elle peut cependant procurer un certain plaisir, celui d'y arrimer des connaissances et, si c'est le cas, cette implantation est la mise à l'œuvre du désir d'appartenance à l'univers des productions picturales et, par extension, au champ des expressions symboliques. Cette expérience d'appariement est à son tour incorporée au fond mnésique, qui la rend disponible pour d'autres activités au cours desquelles elle sera sélectionnée et ajustée à de nouvelles sensations qui seront procurées par d'autres types de cibles cognitives.

Si l'esthétique traditionnelle a été réfractaire aux états de fait concernant les bases sensorielles polyvalentes et primordiales à tout jugement, c'est qu'elle a longtemps maintenu les dichotomies jouissance/connaissance, nature/culture, beauté naturelle/beauté idéale imagée. Quoique la position ontologique du « beau » intrinsèque aux objets de nature ou de culture ait de moins en moins d'adeptes[51], on semble encore hésitant à sonder les fondements physiologiques et biologiques de l'expérience, lesquels, il faut le reconnaître, ébranlent tout l'appareil épistémologique occidental.

Par exemple, on hésitera peut-être à admettre qu'une culture comme celle des Nilotes du sud du Soudan, qui n'a ni objets esthétisés, ni discours sur la chose, ni même de tabous avoués quant à leur absence, puisse avoir quelque conscience esthétique critique[52]. Il serait injuste de prétendre que les Nilotes n'ont pas le sens de l'esthétique visuelle, car celle-ci touche non seulement les objets de culture mais tous les aspects culturels et naturels de la vie[53]. La leçon à retenir est que, pour comprendre le mécanisme des pulsions esthétisantes communes à tous les peuples, il vaut mieux concentrer la recherche sur la perception et les désirs qui la traversent.

1.3 … et de désir

Le désir est avant tout un mouvement, un déplacement anticipé, une pulsion « d'aller vers » quelque chose ou quelqu'un et participe nécessairement du jugement qui vise l'intégration de soi dans un espace symbolique. Depuis le siècle dernier, la psychanalyse, s'interrogeant sur le processus de projection, a fait de la notion de désir un sujet d'étude privilégié[54] et elle l'a associée au manque[55] (de l'autre — avec un petit et un grand A — ou de l'objet[56]), à la violence[57], au pouvoir[58], à la domination en vue de procréer[59], toujours à la sexualité et à la pulsion de mort (les petites qui exorcisent la grande)[60].

Imputant tous les désirs à des pulsions sexuelles, elle n'avait plus qu'un pas à franchir pour avancer que la production et la perception esthétiques tenaient lieu de déplacement, de transfert, de défoulement, de substitution aux appétits primaires. La psychanalyse freudienne n'y voyait que cela[61] et, même aujourd'hui, une certaine bio-psychologie associe le jugement esthétique à la recherche d'un partenaire sexuel et présuppose que, par atavisme, nous admirerions encore le plumage du paon et les vocalises des oiseaux parce qu'ils sont des appels sexuels qui agissent sur le moi psychique[62]. Par conséquent, nos critères de «beauté» seraient l'extension d'une appréciation (visuelle et auditive) du monde naturel et ils auraient été adoptés par nos ancêtres les plus éloignés[63].

Il y a certainement là matière à réflexion. Cependant, quelques raccourcis semblent périlleux. Premièrement, ce ne sont pas de «critères de beauté» que nous avons hérités, mais plus précisément d'une propension millénaire à l'esthétisation, laquelle ne peut être dissociée d'une autre volition tout autant incontournable et essentielle, celle d'établir des balises partagées, aussi variables soient-elles d'une culture à l'autre. Les critères de jugement ne sont pas la cause du désir comme tel mais le résultat d'une codification. Deuxièmement, l'adéquation désir/sexualité/expérience esthétique, qui est d'ailleurs à tort automatiquement associée à la notion de plaisir[64], pose problème, car elle réduit l'énergie désirante à un seul but et à un seul type d'objet: dominer en vue de la procréation et de la propagation des gènes conquérants. De plus, le jugement ne conduit pas nécessairement à une sensation de plaisir. Il peut y avoir déplaisir, douleur ou même manque d'intérêt pour l'objet perçu et s'il y a plaisir, il est dans l'intensité même du désir; il touche en premier lieu le mouvement «vers» l'objet.

Évidemment, dans les faits, l'interprétation des images accorde au sujet, homme ou femme, un sentiment d'énergie[65], une impression d'aller vers un certain contrôle de l'environnement, car des pulsions d'appétence guident toute perception[66]. Cependant, il ne s'agit pas nécessairement de défoulement sexuel, à défaut d'autre chose de plus authentique, mais de structuration, de cristallisation inédite de toutes sortes de besoins conscients et inconscients[67] imbriqués les uns dans les autres et dont n'est pas absent le sentiment de pouvoir communiquer avec les autres.

Le grand problème avec la psychanalyse freudienne et une bonne part de la psychologie est d'orienter le désir sur l'objet convoité (l'ultime ou le palliatif), plutôt que sur le désir lui-même. Les scientifiques font remarquer que rien dans la biologie n'indique la prééminence de la sexualité sur les autres fonctions[68] et portent sur la notion de désir un regard attentif au fonctionnement de l'ensemble de l'organisme. Ils insistent sur l'effet profitable de l'acte de désirer qui, de ce fait, n'est jamais désintéressé et mettent en garde contre le risque de lier trop exclusivement le désir à la pulsion sexuelle. Chez l'animal, comme chez l'homme, le désir est d'abord un désir de récompense quelconque [69] et si le manque est une anticipation sous-jacente à toutes les passions [70], c'est-à-dire un besoin ressenti comme situation intolérable qu'il faut faire cesser d'une manière ou d'une autre [71], le désir comme action, qui déjà soulage indépendamment de l'objet désiré, n'est certainement pas une manifestation morbide [72]. Même si le désir d'un individu est d'atteindre l'absence totale de désirs, cette quête, qui est elle-même une énergie désirante, a une fonction qualitative et constructive qui se mesure ou se ressent à l'intensité de l'aspiration et non à ses causes ou à la chose désirée.

Or, la satisfaction ne se produit jamais tout à fait et pour tout le temps, et le désir persiste comme moteur de la projection de soi dans l'espace. En quelques mots, le désir est une pulsion de vie [73], de régénération de soi comme «autre des autres avec les autres», et ce, tant dans les cellules que dans le moi psychique et social. De là, il faudrait alors parler d'un état de désir ou mieux d'un état de tension désirante.

Le désir impliqué dans la perception des images est une question de pouvoir-faire, de sensation d'être capable de prendre avec elles et de formuler une opinion quelconque à leur propos. Or, question de survie dans toute l'acception du terme, nous sommes des êtres foncièrement grégaires habités par le désir d'inventer, de voir, de répéter ou de changer ou de conserver les choses (selon notre culture), et l'assouvissement du désir perceptuel ne peut se réaliser qu'en vertu de certains codes d'usage et d'échange. Là réside d'ailleurs l'importance de la résistance entre le besoin de la conservation de soi (l'expérience personnelle) et celui de l'intégration à la communauté. Et c'est en ce sens que la tension désirante motive le jugement dont le pouvoir de parole n'est jamais tout à fait absent.

La psychanalyse lacanienne a suggéré que, pour être satisfait, le désir, tout désir, exige d'être reconnu par l'accord de la parole [74]. Une psychanalyse pédiatrique a par la suite déterminé que la formation des désirs chez les jeunes enfants est reliée à une origine archaïque qui a contribué à constituer l'image préhensive de la bouche et de la langue [75], laquelle image est évoquée dans la communication des désirs et des besoins. Cela commencerait au cours de la période orale, et si le nourrisson ne peut pas encore communiquer ses désirs autrement que par des cris, il serait constamment à la recherche de communication, et ce, même quand il dort [76]. Au cours des apprentissages langagiers, ce serait grâce à la parole que des désirs pourraient s'organiser en image du corps [77]. C'est ce que l'on a qualifié «d'état de parole [78]», moyen par excellence pour le sujet d'avoir l'impression d'appartenir à son environnement.

Quoique la parole devant les images ne puisse pas «traduire» ce qui est vu et ressenti [79], elle est certes un outil important dans la symbolisation de soi, et quelque chose de l'ordre du désir de la communication verbale demeure comme investissement intéressé qui calibre l'équilibre du système cognitif, ne serait-ce que par des exclamations monosyllabique syncopées (Ha! Ho! Mm!). La croyance, et c'en est une, en la «possibilité» de vocaliser est là, sans que les sensations soient logiquement articulables.

De ces réflexions, quatre points importants sont à retenir. Premièrement, tout désir remplit une fonction qualitative en tant que pulsion vivifiante; deuxièmement, l'état de désir participant à l'expérience *signesthétique* vise un pouvoir-faire avec l'image; troisièmement, l'état de parole sous-tend le désir de partager l'excitation cellulaire interne; quatrièmement, peu importe l'opinion positive ou négative du sujet à l'égard de l'objet perçu, cet accomplissement procure en lui-même une satisfaction à la fois personnelle et sociale.

1. Jean-Pierre Changeux, *L'homme de vérité*, Paris, Éditions Odile Jacob, 2002, p. 333.
2. Nous suivons ici l'axiome de William James «To think is to make selections» (dans Jean-Pierre Changeux et Paul Ricœur, *Ce qui nous fait penser. La nature et la règle*, Paris, Éditions Odile Jacob, 1998, p. 128).
3. L'ouvrage exceptionnel de Robert Layton repère les différentes positions sur l'art en termes d'esthétique et l'art en termes de communication dans l'histoire occidentale. L'auteur porte une attention toute particulière à la manière dont le discours, les «mots» sur ces concepts, a influencé la pensée (*The Anthropology of Art*, Cambridge, Massachusetts, Cambridge University Press, 1991, 258 p.).
4. Jean-Marie Schaeffer, «Système, histoire et hiérarchie: le paradigme historiciste en théorie de l'art», dans Georges Roque (dir.), *Majeur ou mineur? Les hiérarchies en art*, Nîmes, Éditions Jacqueline Chambon, 2000, p. 260.
5. *Ibid.*
6. Nycole Paquin, «Jeu de cartes», *Le corps juge. Sciences de la cognition et esthétique des arts visuels*, Montréal/Paris, XYZ éditeur/Presses universitaires de Vincennes, 1998, p. 39-48.
7. Nous rejoignons ici Jean-Marie Schaeffer (*op. cit.*, p. 268) qui dénonce l'idée hégélienne selon laquelle la plénitude ontologique de «l'art» serait une plénitude esthétique.
8. Platon voyait tout plaisir «mélangé» comme embarras pour le corps et l'âme (*Philèbe*, dans *Œuvres complètes*, tome II, traduction et notes de Léon Robin, J. M. Moreau *et al.*, Paris, Gallimard, coll. «Bibliothèque de la Pléiade», 1955, p. 610).
9. T. G. Bever, «The Aesthetic Basis for Cognitive Structures», dans Myles Brand et Robert M. Harnish (dir.), *The Representation of Knowledge and Belief*, Tucson, The University of Arizona Press, 1986, p. 318 et 326.
10. Pour une bonne synthèse critique de l'apparition du concept d'art en Occident, on consultera Ellen Dissanayake, *Homo Aestheticus. Where Art Comes From and Why*, Seattle, University of Washington Press, 1996, p. 39-90. Pour sa part, l'anthropologue Jeremy Coote critique sévèrement la fusion restrictive esthétique/art («Marvels of Everyday Vision: The Anthropology of Aesthetics and the Cattle-Keeping Nilotes», dans Jeremy Coote et Anthony Shelton [dir], *Anthropology of Art and Aesthetics*, Oxford, Clarendon Press, 1992, p. 245-250).
11. Nous, les Occidentaux, ne sommes pas les seuls à résister à un élargissement du concept «d'expérience esthétique». Par exemple, Jean-François Clément, spécialiste des arts non occidentaux et plus particulièrement des images produites dans le monde arabe et qui ne répondent plus aux interdits aniconistes, déplore le «manque de pensée esthétique» dans la critique journalistique des pays arabes où mêmes les intellectuels n'abordent que très peu et de manière «superficielle» la révolution des images («L'image dans le monde arabe: interdit et possibilités», dans G. Beaugé et J.-F. Clément [dir.], *L'image dans le monde arabe*, Paris, CNRS Éditions, 1995, p. 41).
12. Richard Shusterman, «The End of Aesthetic Experience», *The Journal of Aesthetics and Art Criticism*, vol. LV, n° 1, 1997, p. 33.

13. Annette Karmiloff-Smith a qualifié ce processus de «redistribution représentationnelle» («Précis of Beyond Modularity: A Development Perspective on Cognitive Science», *Behavioral and Brain Sciences*, vol. XVII, n° 4, 1994, p. 694).

14. Christine Gray, «Hegemonic Images: Language and Silence in the Royal Thai Polity», *Man*, n° 26, 1991, p. 48.

15. Karen Emmory *et al.*, «Visual Imagery and Visual-Spatial Language: Enhanced Imagery Abilities in Deaf and Hearing ASL Signers», *Cognition*, n° 46, 1993, p. 139-181.

16. Marte Fallshore et Jonathan W. Schooler, «Verbal Vulnerability of Perceptual Expertise», *Journal of Experimental Psychology: Learning, Memory and Cognition*, vol. XXI, n° 6, 1995, p. 1608-1623.

17. Jonathan W. Schooler *et al.*, «Thoughts Beyond Words: When Language Overshadows Insight», *Journal of Experimental Psychology General*, vol. CXXII, n° 2, 1993, p. 166-183.

18. Jonathan W. Schooler et Tonya Y. Engstler-Schooler, «Verbal Overshadowing of Visual Memories: Some Things Are Better Left Unsaid», *Cognitive Psychology*, n° 22, 1990, p. 36-71.

19. *Ibid.*

20. Émile Benveniste a écrit: «Nous pouvons tout dire, nous pouvons le dire comme nous le voulons.» (*Problèmes de linguistique générale 1*, Paris, Gallimard, coll. «Tel», 1966, p. 63) Henri Boyer *et al.* ont pour leur part affirmé que «le langage est là pour tout dire; tout l'univers qui nous est donné à vivre» (dans Robert Laffont [dir.], *Anthropologie de l'écriture*, Paris, Centre Georges Pompidou, 1984, p. 21).

21. Le «flou» linguistique fut une préoccupation majeure des linguistes de l'École de Prague, dont V. Neustupný («On the Analysis of Linguistic Vagueness», *Travaux linguistiques de Prague 2. Les problèmes du centre et de la périphérie du système de la langue*, Paris, Librairie C. Klincksieck, 1966, p. 39-51).

22. Geneviève Cornu, «Singularité esthétique et rupture sémiotique», *Semiotica*, vol. CXVI, n°s 2/4, 1977, p. 291.

23. Les débats corsés autour du caractère arbitraire du langage verbal fait partie de toute l'histoire occidentale et c'est avec l'avènement de la linguistique moderne qu'il fut plus clairement expliqué. Entre autres chercheurs, André Martinet en a fait son sujet de réflexion privilégié (*Éléments de linguistique générale*, nouvelle édition remaniée et mise à jour, Paris, Armand Colin, 1970, 221 p.) et Harry Hoijer y a vu le fondement essentiel de la nature sociale de toute expression verbale («The Nature of Language», dans Walter Goldsmith [dir.], *Exploring the Ways of Mankind*, New York, Holt, Rinehart and Winston, 1960, p. 77-89).

24. Thimothy D. Wilson *et al.*, «Introspecting About Reasons Can Reduce Post-Choice Satisfaction», *Personality and Social Psychology Bulletin*, vol. XIX, n° 3, 1993, p. 331-339.

25. Il faut lire à ce sujet Thimothy D. Wilson *et al.*, *loc. cit.*

26. À propos de la manière dont l'espace et le temps influencent la langue et, à l'inverse, de la manière dont celle-ci traite l'un et l'autre, on consultera Jean-Claude Milner, «L'espace, le temps et la langue», *L'espace et le temps aujourd'hui*, texte établi avec la collaboration de Gilles Minot, Paris, Seuil, 1983, p. 221-231, et Paul Siblot, «Nomination et production de sens: le praxème», *Langages*, n° 127, 1997, p. 38-55.

27. Sur ce point, nous suivons la pensée de John Dewey (*Art as Experience*, New York, Capricorn Books, 1958, p. 35-55).

28. C'est une idée chère à Noam Chomsky qui analyse l'aspect créateur de l'utilisation du langage et pour qui, dans la perception comme dans l'apprentissage, l'esprit joue un rôle actif pour déterminer le caractère des connaissances acquises (*Le langage et la pensée*, traduction de Louis-Jean Clavet, Paris, Petite Bibliothèque Payot, 1968, p. 140).

29. Les analyses de James S. Uleman et Jennefer K. Uleman ont montré que les jugements étaient différents selon que les opérations résultaient d'activités inconscientes (mémoire implicite, automatismes) ou conscientes (mémoire explicite) («Unintented Thought and Nonconscious Inferences Exist», *Behavioral and Brain Sciences*, vol. XIII, n° 4, 1990, p. 627-628). Nous allons donc à l'encontre de Martin Davies pour qui le contenu d'un jugement est strictement et absolument intellectualisé («Individualism and Perceptual Content», *Mind*, vol. C, n° 4, octobre 1991, p. 462).

30. Michael Pendlebury, «Perceptuel Representation», *Proceeding of the Aristotelian Society*, vol. LXXXVII, 1986, p. 92.

31. Avoir une hallucination est aussi une « expérience », comme l'est la perception erronée d'une image qui, pour le sujet qui l'expérimente, demeure néanmoins « vraie » et juste. Voir sur ce point de la « vérité » de l'expérience William P. Altson, « Externalist Theories of Perception », *Philosophy and Phenomenological Research*, vol. I, tome 1, supplément, 1990, p. 73-97.

32. E. M. Adams, « The Human Substance », *The Review of Metaphysics*, vol. XXXIX, n° 4, 1986, p. 637.

33. C'est avec beaucoup de courage que le grand anthropologue Franz Boas (1858-1942) allait à l'encontre des idées préconçues et donnait naissance à une nouvelle anthropologie débarrassée de ses préjugés raciaux en déclarant que toutes les activités humaines peuvent prendre une forme qui leur confère une valeur esthétique (« The Aesthetic Experience », dans Walter Goldsmith [dir.], *op. cit.*, New York, Holt, Rinehart and Winston, 1960, p. 626-630).

34. Il faut d'abord penser à Jean-Pierre Changeux et Stanislas Dehaenel (« Neuronal Models of Cognitive Functions », *Cognition*, n° 33, 1989, p. 63–109) et à l'un des ouvrages plus récents de Changeux (*Raison et plaisir*, Paris, Éditions Odile Jacob, 1994, 220 p.).

35. Edgar Morin a défendu ce principe avec vigueur (*Le paradigme perdu : la nature humaine*, Paris, Seuil, coll. « Points », 1973, p. 116-117).

36. Ellen Dissanayake, *op. cit.*, p. 140-141.

37. Pour une analyse approfondie du débat concernant l'appréciation des phénomènes naturels et des œuvres d'art, on lira Allen Carlson, « Appreciating Art and Appreciating Nature », dans Salem Kemal et Ivan Gaskell (dir.), *Landscape, Natural Beauty and the Arts*, Cambridge, Cambridge University Press, 1993, p. 199-227.

38. Noam Chomsky est certainement le plus célèbre des linguistes qui se sont éloignés d'un cantonnement strict des activités créatrices (*Réflexions sur le langage*, traduction de Judith Milner, Béatrice Vautherin et Pierre Fiala, Paris, Flammarion, coll. « Champs », 1977, p. 35). George Lakoff et Mark Johnson ne sont pas très loin de Noam Chomsky quand ils proposent qu'il existe des dimensions naturelles de l'expérience (*Les métaphores dans la vie quotidienne*, traduction de Michel de Formel en collaboration avec Jacques Le Cercle, Paris, Éditions de Minuit, coll. « Propositions », 1985, p. 85).

39. C'est l'opinion d'un nombre important de scientifiques dont Antonio Damasio et Hanna Damasio, « Le cerveau et le langage », *Pour la science*, dossier hors série, 1997, p. 8.

40. Elisabeth S. Spelke, « Object Perception », dans Alvin I. Goldman (dir.), *Readings in Philosophy and Cognitive Science*, Cambridge, Massachusetts, The MIT Press, A Bradford Book, 1993, p. 450.

41. L'idée du langage verbal comme compétence innée universelle a d'abord été défendue par Noam Chomsky (*op. cit.*, p. 115).

42. Les sociologues Peter Berger et Thomas Luckmann (*La construction sociale de la réalité*, traduction de Pierre Taminiaux, préface de Michel Maffesoli, Paris, Méridiens, Klincksieck, 1986, p. 40-60) se sont longuement penchés sur le langage verbal qui a la souplesse de naviguer dans différentes sphères d'expérience mais qui ne s'éloigne jamais tout à fait de la vie quotidienne.

43. Paul A. Kolers et Susan J. Brison, « Commentary : On Pictures, Words and their Mental Representation », *Journal of Verbal Learning and Verbal Behavior*, n° 23, 1984, p. 106.

44. De plus, une habileté particulière pour l'attention visuelle (*concentrated awareness*) et progressivement développée peut radicalement changer l'expérience de la vie (John Stewart, « Can Science Be an Art ? Epistemology as the Vehicle for a Trip from Science to Art and Back », *Leonardo*, vol. XXII, n° 2, 1989, p. 257).

45. À propos de l'influence que des sensations internes (*feelings*) exercent sur le jugement et qui se modifient au fur et à mesure de la « prise avec » l'objet d'attention, voir Matthias Siemer et Rainer Reisenzein, « Effects of Mood on Evaluative Judgements : Influence of Reduced Processing Capacity and Mood Salience », *Cognition and Emotion*, vol. XII, n° 6, 1998, p. 783-805.

46. Les opérations automatiques recouvrent tout ce qui passe par les tendons et les muscles impliqués dans la posture et l'angle de réception.

47. Mark Johnson, *The Body in the Mind. The Bodily Basis of Meaning. Imagination and Reason*, Chicago, The University of Chicago Press, 1987, p. xvi.

48. Lire à ce sujet A. T. Purcell, « The Aesthetic Experience and Mundane Reality », dans W. Ray Crozier et Antony J. Chapman (dir.), *Cognitive Processes in the Perception of Art*, New York, Elsevier Science Publishers B.V., 1991, p. 189-210.

49. Né en Angleterre et émigré aux États-Unis encore en bas âge, Thomas Moran (1837-1926) a peint ce tableau lors d'un voyage dans l'ouest des États-Unis alors qu'il se joignait à une importante expédition en 1871. Le tableau dont il est ici question fut accroché au Capitol pendant plusieurs années et aurait contribué à la sauvegarde du Yellowstone National Park (www.askart.com/moran.thomas/biography.asp).

50. Moran était d'ailleurs l'ami de William Henry Jackson, l'un des grands pionniers de la photographie, qu'il accompagnait lors de l'expédition à Yellowstone.

51. L'étude éclairante de Donald W. Crawford relate la manière dont l'esthétique classique opposait la beauté naturelle à la beauté artistique en présupposant l'existence d'une beauté intrinsèque à l'une et à l'autre («Comparing Natural and Artistic Beauty», dans Salem Kemal et Ivan Gaskell [dir.], *op. cit.*, p. 183-198).

52. Jeremy Coote, *loc. cit.*, p. 245-250.

53. *Ibid.*

54. C'est dans son ouvrage *Le rêve et son interprétation* que Freud a le plus longuement analysé la notion de désir en l'associant au travail du rêve qui se produirait par déplacement, condensation et mise en représentation (Hélène Legros [trad.], Paris, Gallimard, 1942). Hervé Huot fait une critique en profondeur de ce texte et soulève la contradiction entre les deux axiomes de Freud: a) le contenu du rêve est l'accomplissement d'un désir; b) le désir d'où vient le motif du rêve est indifférent au motif du rêve (*Du sujet à l'image. Une histoire de l'œil chez Freud*, Paris, Éditions universitaires, coll. «Émergences», 1987, p. 83-101).

55. C'est Jacques Lacan qui a raffiné la proposition freudienne sur le désir en la joignant à la notion du manque (*Écrits*, Paris, Seuil, 1966, p. 268).

56. Jean Baudrillard ouvre la proposition lacanienne à tout objet de désir (*Le système des objets. La consommation des signes*, Paris, Denoël/Gonthier, 1968, p. 112). Sur le manque de l'objet «réel», il faut également consulter Gilles Deleuze et Félix Guattari (*Capitalisme et schizophrénie. L'anti-Œdipe*, tome 1, Paris, Éditions de Minuit, 1972, p. 35-36).

57. Freud avait tenté d'expliquer la violence par un instinct ou une pulsion de mort. René Girard emprunte une position critique très dure à l'égard de cette proposition qu'il qualifie de «mythique de repli», de «combat d'arrière-garde» qui refuse de regarder la violence «en face». Dans son analyse de la crise sacrificielle pratiquée par plusieurs cultures, Girard postule que si, en effet, il y a dans ce cas un désir de violence, il faut apporter un troisième terme au sujet et à l'objet: le rival qu'il faut cependant cesser de rapidement et facilement identifier au père ou au frère (*La violence et le sacré*, Paris, Grasset, coll. «Pluriel», 1972, p. 216).

58. La liaison désir-pouvoir remonte à Platon, mais dans le sens inverse de la proposition psychanalytique. Chez Platon, le désir est une forme d'impuissance active ou de puissance passive. Marc Sherrigan explique que, dans la tradition platonicienne, loin d'être la domination du sujet sur l'objet, le désir exprime la soumission du sujet à l'objet, de l'imparfait au parfait, de l'amant à l'aimé. Il est aspiration à la perfection et c'est la beauté qui en est la cause (*Introduction à la philosophie esthétique*, Paris, Petite Bibliothèque Payot, 1992, p. 65-77).

59. Sur l'incompatibilité sémantique entre la domination, qui implique un pouvoir souverain sur l'objet désiré, et le pouvoir absolu, qui subsume l'absence de désir, voir Jan Marejko, «Space and Desire», *Diogène*, vol. CXXXII, hiver 1985, p. 35-36.

60. Comme le rappelle David Freedberg, l'association sexualité-art était déjà présente à la Renaissance, influencée par les idées platoniciennes, notamment dans les écrits de Vasari (*The Power of Images. Studies in the History and Theory of Response*, Chicago, The University of Chicago Press, 1989, p. 317-344).

61. Pour se convaincre du parti pris biaisé de Freud quant à la relation sexualité-art, il suffit de lire ses deux ouvrages qui portent expressément sur le sujet (*Moïse et le monothéisme*, traduction de Cornelius Heim, préface de Marie Moscovici, Paris, Gallimard, coll. «Folio/essais», 1993, 256 p. et *Un souvenir d'enfance de Léonard de Vinci*, traduction de Janine Altounian, préface de J.-B. Pontalis, Paris, Gallimard, coll. «Folio», 1987, 199 p.).

62. C'est le cas de Jacques Ninio (*L'empreinte des sens. Perception, langage, mémoire*, Paris, Éditions Odile Jacob, coll. «Points», 1991, p. 283). Dans le même ordre d'idées qui identifie l'art à la sexualité, mais d'un point de vue littéraire, Jérôme Peignot écrivait: «L'art n'est qu'un prolongement du sentiment amoureux.» (*Les jeux de l'amour et du langage*, Paris, UGE, coll. «10/18 Inédit», 1974, p. 60)

63. Jacques Ninio, *op. cit.*

64. La liaison désir-plaisir fait partie de l'esthétique traditionnelle et, comme leurs prédécesseurs, Kant et Hume fusionnaient les deux concepts. Lire à ce propos Marc Sherrigan (*op. cit.*, p. 122-130).

65. Déjà la stimulation électrique (ou chimique) produite au moment de la perception engage une sensation hédoniste (Jean-Pierre Changeux et Paul Ricœur, *op. cit.*, p. 131).

66. Pour une analyse plus élaborée de l'appétence dans l'expérience esthétique, voir Nycole Paquin, *op. cit.*, p. 47.

67. Thomas Khun dans Jan Marejko, *loc. cit.*, p. 45-46.

68. Jean-Didier Vincent, *Biologie des passions*, nouvelle édition revue et augmentée d'un avant-propos inédit, préface de Claude Kordon, Paris, Éditions Odile Jacob, 1994, p. 160-161.

69. *Ibid.*, p. 158-159.

70. *Ibid.*, p. 158.

71. *Ibid.*, p. 161.

72. Nous sommes loin de Jean Baudrillard qui reprend la conception morbide du désir (lequel serait nécessairement voué à l'échec) dans une optique socio-sémiotique en postulant que le sujet figure sa propre mort dans l'objet de ses désirs, et ce, dans le but de la conjurer (*op. cit.*, p. 112).

73. Selon Hervé Huot, le désir même demeure comme objectif de vie (*op. cit.*, p. 94-95).

74. Jacques Lacan, *op. cit.*, p. 279.

75. «Cette image peut réapparaître d'une façon qui fait évoluer les possibilités du schéma corporel relié jusqu'alors à l'image du corps inconsciente en communication avec la mère.» (Françoise Dolto, *L'image inconsciente du corps*, Paris, Seuil, coll. «Essais», 1984, p. 215).

76. *Ibid.* p. 226.

77. Pour Dolto «les mots, pour prendre sens, doivent d'abord prendre corps, être métabolisés dans une image du corps rationnel» (*ibid.*, p. 76). Chez Dolto, la parole demeure associée à des sublimations qui seraient le fruit de toutes les castrations antérieures, «lesquelles prendraient leur sens de l'orientation du garçon et de la fille vers une vie génitale future, attendue comme une promesse et préparée par le plaisir d'acquérir connaissances et pouvoir, techniques, curiosité et plaisir». Nous retrouvons chez Dolto les concepts que nous avons plus haut critiqués: pouvoir et plaisir associés sans discrimination.

78. *Ibid.*, p. 36-43.

79. À juste titre, Fernande Saint-Martin a insisté sur l'impossibilité de «traduire» verbalement ce qui est perçu visuellement (*La littérature et le non-verbal. Essai sur la langue*, préface de Claude Lévesque, Montréal, Éditions Typo, 1994, p. 40).

Chapitre 2

Symboliser: depuis quand et comment

2.1 D'abord faire « comme si »

Le jugement *signesthétique* qui introduit l'objet de cognition dans l'univers symbolique n'est certainement pas un phénomène récent dans l'évolution. L'humanité s'est développée en raison de la propension humaine à la mouvance cognitive, aux détournements, aux extractions et aux rajouts de sens, et son histoire est celle d'une appropriation renouvelée et inventive du monde objectal. La double pulsion à pervertir la littéralité des matières, des espaces et des objets en quelque chose d'autre et à condenser des valeurs symboliques arbitraires en une seule expérience est d'ailleurs déjà bien installée dans l'organisme humain avant même la naissance. Et ce système computationnel interne, loin d'être contraignant, soutient les plus extravagantes inventions.

Avant de traiter les divers aspects de la symbolisation, il importe de lever l'ambiguïté qui plane sur les expressions *pulsion universelle à symboliser*, *représentation* ou *évocation symbolique* et *symboles*. Ici, la *pulsion symbolique* réfère à une nécessité de faire signifier le monde, c'est-à-dire à un besoin de lui attribuer des valeurs abstraites et arbitraires; l'*évocation symbolique* renvoie au rappel de soi dans ce monde différencié, tandis que les *symboles* désignent les codes variables attribués à des figures particulières. Bien entendu, ces concepts ne sont pas étrangers les uns aux autres, dans la mesure où ils concernent tous l'habileté fondamentale qu'ont les humains d'inventer des signes. À vrai dire, ces concepts s'enchaînent les uns aux autres à rebours, puisque l'invention de symboles spécifiques découle d'une disposition humaine à se représenter dans un monde pensé en deçà de la littéralité des choses, laquelle aptitude est universellement partagée.

Commençons par le premier maillon de la chaîne, celui de la *propension universelle à symboliser*. Dans toutes sortes de cultures, des activités vitales ou d'autres d'apparence quelque peu banale, par exemple le déplacement du corps dans l'espace, peuvent être transformées en manifestations symboliques. Dans le domaine plus spécifique de la construction des images, et cela depuis une époque reculée, des formes naturelles ou des empreintes accidentelles laissées par la nature sur une surface quelconque ont servi de matrice au rehaussement plus ou moins accentué des saillies et des creux, et l'on peut croire que les empreintes d'animaux ont été parmi les premières traces ainsi récupérées. Grâce à une motivation à extraire des formes de leur milieu et de leur fonction initiale pour les combler d'une portée symbolique particulière[1], on faisait alors *comme si* la topographie naturelle montrait quelque chose d'autre en puissance. Un nombre considérable de vestiges préhistoriques font la preuve d'un tel remaniement inspiré par des formations accidentelles, surtout celles qui rappellent les formes d'un corps ou d'un visage.

Cette habitude d'extraire des images d'un fond *a priori* a-signifiant a perduré à travers les âges et, par exemple, des millénaires après que nos ancêtres éloignés se furent inspirés des traces naturelles ou des fossiles (ill. n° 4), Jean Paquin photographie les minuscules fentes des murs écalés de la ville (ill. n° 5). Ne pouvant visualiser la forme de fond qu'en agrandissant la pellicule photographique, l'artiste découvre après coup le résultat de son intervention et c'est alors que le motif saisi à l'aveuglette tolère l'implantation sémantique de formations souvent hybrides emboîtées les unes dans les autres (ici, un paysage en perspective enchâssé dans un crâne de profil schématisé). Dans le premier cas (ill. n° 4), l'image est vue, imaginée, avant l'intervention manuelle qui la rend plus saillante, tandis que dans le second cas (ill. n° 5), elle advient en différé, émane de la technique choisie par l'artiste qui laisse la lentille « voir » et capter ce qu'il ne peut pas encore lui-même imaginer. Évidemment, les contextes et les procédés sont différents, mais l'une et l'autre de ces images témoignent d'une appropriation symbolique, *comme si* le fond portait déjà en lui des images qui donnent à voir et à penser. Tout leur potentiel symbolique repose sur cette croyance.

Dans la nature, seuls les humains seraient capables de procéder à de tels déplacements sémantiques[2] en raison d'une conscience de soi, c'est-à-dire d'une compréhension de soi comme intervenant pouvant modifier l'environnement. Cette impression de pouvoir est fondée sur un déclenchement récursif de certaines représentations mentales[3], sur la récupération de souvenirs conservés dans une mémoire assez flexible pour retenir un nombre fini de traces mnésiques et les convertir en un nombre indéfini de prévisions[4]. Qu'elle accompagne une pratique de conversion plastique ou qu'elle relève plus exclusivement d'une conceptualisation, la symbolisation « pense » le devenir des choses. Quoique la mémoire ne soit pas exclusive aux humains[5], ils seraient tout de même les seuls à repenser leurs représentations mentales[6], à avoir une conscience du temps vécu rabattue à la fois sur le passé et l'avenir et, par conséquent, à vivre d'une manière qui excède les comportements strictement axés sur la réussite immédiate d'un acte vital. Symboliser, c'est rendre le présent fluide, c'est s'imaginer dans un continuum et c'est tenter d'y inscrire sa présence.

L'*Homo Sapiens Sapiens* serait d'ailleurs devenu humain au moment où il aurait commencé à exercer cette faculté par laquelle il réfléchit, transfère et réoriente sémantiquement la littéralité en s'imaginant lui-même dans un avenir hypothétique[7]. Même qu'il s'en inquiète, car il réalise sa propre finitude[8]. Toute pensée, toute manifestation symbolique est un retard souhaité de cet état de fait irrévocable ; elle est un spasme de la conscience de soi sur la flèche du temps.

Comme aujourd'hui, cette conscience introspective du temps propre poussa nos premiers ancêtres à extérioriser leurs représentations mentales, à leur donner forme dans le monde et à les comprendre comme manifestations ayant le potentiel de signifier abstraitement. La voie était ouverte à l'invention, à la création, au jugement, à *l'évocation symbolique*, à la représentation mentale de soi dans un monde différencié et, par conséquent, à l'édification de conventions et à leur application. Depuis ce temps, l'agrégation des individus en groupuscules donne lieu à des systèmes de symboles et de comportements idéologiques, politiques et esthétiques qui ont pour fonction de consolider la communauté et de maintenir le sentiment d'appartenance de chacun des membres. Loin de contraindre l'individualité, ce partage sert de toile de fond à la création de nouvelles formes d'expression, à de nouveaux *symboles iconographiques* qui seront plus ou moins endossés par l'ensemble du groupe, et le fait qu'ils puissent être rejetés ou modifiés témoigne de l'habileté qu'ont les humains de repenser les codes, de les conserver ou de les changer individuellement et collectivement en prévision de conséquences pressenties.

Prévoyante, mais tout aussi anxieuse que la pensée individuelle, la pensée collective fonctionne, elle aussi, sur le principe de la récursivité (rétention d'un nombre fini de souvenirs convertis en un nombre indéfini de prévisions) et se dote de moyens efficaces pour conserver les signes sélectionnés. Elle se bricole ainsi une histoire. La représentation des choses les plus anodines transporte des codes variés, et si l'iconographie risque de se perdre, de se diluer ou de se transformer au cours des âges, elle aura pour un temps maintenu une certaine stabilité. Ce qui a toujours importé, ce ne sont pas tellement les codes eux-mêmes, mais bien leur incorporation à une pensée symbolique qui ne peut s'en dispenser au regard d'un avenir anticipé. Ce futur ne peut certes pas être connu *a priori*, mais il peut être anticipé, craint ou souhaité sous une forme ou sous une autre ; toujours, il est perçu comme étant déjà en devenir et c'est bien sur ce principe que s'appuie, entre autres, le travail photographique de Jean Paquin (ill. n° 5).

Quant aux attributs iconographiques spécifiques d'un motif, ils témoignent d'un désir collectif de prolonger les codes dans un contexte envisagé comme durable ; ils ont pour fonction de rassurer les individus sur la stabilité socioculturelle dans le temps à venir. Aucune culture ne s'invente des conventions de représentation dont elle souhaiterait la disparition et chacune tente d'ailleurs d'en garantir la durabilité par la répétition. Néanmoins, dans le temps relativement long, les codes spécifiques changent selon les lieux et les époques, quoique certains motifs récurrents servent de gabarit à une iconographie exclusive. Ce phénomène de réappropriation du même motif n'est pas une simple reconduction archétypale qui serait le témoin d'un quelconque inconscient collectif. Au contraire, même si, dans certains cas, la transformation des codes à partir de motifs semblables semble s'insérer dans une certaine continuité, les parentés relèvent de la logique formelle, c'est-à-dire de la manière dont les créateurs de codes se sont laissé inspirer par la forme de base à laquelle ils ont insufflé une toute nouvelle sémantique.

Prenons l'exemple du poisson. On ignore encore l'iconographie préhistorique de ce motif dont on a trouvé à ce jour une dizaine d'exemples. Celui dont il va être question ici serait le plus ancien (ill. n° 6) [9]. Ne serait-ce qu'en raison de son emplacement au plafond d'un abri dont la décoration date de plusieurs millénaires, on peut supposer qu'il avait quelque importance dans un ensemble que l'on croit avoir été couvert par d'autres panneaux gravés [10]. Il reste tout de même quelques indices de la portée symbolique de ce morceau : premièrement, on a identifié l'espèce représentée et il s'agirait d'un saumon «becquart» à la mâchoire relevée, caractéristique du mâle épuisé par le frai. Symbole de la mort du géniteur au profit de ses survivants ? Peut-être. Symbole du sauveur sacrifié ? Intrigant, car ce serait l'anticipation d'une croyance qui naîtrait avec l'avènement de la chrétienté. Deuxièmement, juste au-dessus du motif, sept petits traits gravés renforcent l'énigme. Représentation d'une date ? d'un chiffre sacré ? de la progéniture du défunt ? Étant donné qu'il est peu probable que le site ait servi de sépulture, pas plus que les abris et les grottes de la région avoisinante, on s'interroge encore sur sa vocation. Il serait futile d'extrapoler sur la fonction précise du site et sur l'iconographie des motifs, mais une chose est certaine, cet ensemble, qui est le témoin d'une pensée complexe, fortement abstraite, devait avoir quelque rapport avec la manière dont on percevait la nature même du vertébré représenté, son habitat, sa façon de s'y mouvoir et de se reproduire.

Dans la tradition chrétienne fondée sur les Saintes Écritures, le même motif fut à maintes reprises utilisé en peinture et en sculpture. Il fut associé au Christ, les cinq lettres grecques du mot poisson correspondant à la première lettre de chacun des mots «Jésus Christ Sauveur Fils (de) Dieu [11]» ; par extension, il fut choisi comme emblème du baptême de Jésus par Jean [12] et servit de symbole de la *Parabole du filet* qui rappelle la possibilité pour les hommes d'être introduits dans le giron de l'Église et d'être ainsi sauvés [13]. C'est aussi au poisson que réfèrent les miracles de la *Pêche miraculeuse* et de la *Multiplication des pains (et des poissons)*, signes de la générosité et de la divinité du Christ qui soulagea les fidèles affamés venus l'entendre annoncer la Bonne Nouvelle. Toutes ces variations renvoient au quotidien des fidèles et à leurs propres habitudes de vie qui servent de tremplins à une iconographie qui a perduré en raison de sa vraisemblance.

Dans le temps long ou le temps court, ces modulations sur la base d'un motif semblable sont le symptôme d'une accommodation créative à l'environnement naturel et culturel immédiat ; elles sont surtout, malgré certains rabattements possibles sur d'autres mythes et d'autres croyances, la marque d'une intelligence qui récupère et utilise les caractéristiques de la réalité objective pour en faire autre chose, pour en faire des emblèmes adaptés mais crédibles. Et cette crédibilité repose sur la conservation d'un minimum de référence à la nature de l'objet ou du motif récupéré. Nous reviendrons sur ce point au chapitre 4 à propos des formes géométriques simples.

Tous les codes plus ou moins apparentés les uns aux autres surajoutent du sens à des motifs qui seront perçus positivement ou négativement (on pense, entre autres, au motif de la croix gammée) et ce sont de telles extensions dans l'enchaînement *pulsion symbolique* → *évocation symbolique* → *création de symboles spécifiques* qui témoignent d'une propension trans-historique et universelle à symboliser l'environnement.

Il reste à savoir si cette propension relève entièrement des structures innées ou si elle est également le résultat d'apprentissages dans un contexte particulier. Depuis plusieurs décennies, cette question a fait couler beaucoup d'encre et préoccupe encore des chercheurs de différentes disciplines, car elle est au cœur de toutes les hypothèses concernant la nature même des êtres humains. Les points de vue naviguent entre les thèses innéistes [14] et les thèses constructivistes [15].

Pour les uns, la symbolisation se manifeste universellement grâce à la structure de l'esprit créatif et génétiquement programmé, d'où l'idée d'une grammaire universelle préalable à l'acquisition et à l'utilisation d'une langue spécifique ou d'une grammaire visuelle intégrée au système cognitif. Qui plus est, on croit qu'au cours de l'évolution les capacités cérébrales de la re-présentation symbolique auraient pu exister bien avant que leur potentiel ne soit systématiquement exploité, c'est-à-dire avant que l'implantation d'un sens précis ne soit érigée en convention [16] et, de ce fait, avant que n'apparaissent les langages complexes. Pour les autres, la double « fonction » symbolique et sémiotique de la cognition et, par conséquent, de la symbolisation ne serait pas tributaire d'une quelconque grammaire innée ; elle se construirait plutôt au fur et à mesure du développement de l'enfant [17] (de quelque époque que ce soit) et se réaliserait par assimilation et accumulation de nouveaux objets, de nouvelles situations et de nouveaux événements ajoutés à des schèmes antérieurs [18].

Une position plus récente, plus nuancée et critique à l'égard de ces deux thèses [19], vise à démontrer qu'elles se complètent [20]. On y postule que, premièrement, l'évocation symbolique n'est pas une « fonction » mais une « évocation », un rappel, un déclenchement ; deuxièmement, si elle n'est pas exclusivement déterminée par les enseignements, elle n'est pas, non plus, le simple produit d'une intelligence générale. Le pouvoir qu'a tout être humain de faire symboliser les choses fait partie de l'équipement mental inné, lequel, à son tour, rend les apprentissages possibles. Le caractère symbolique d'une motivation ne tient donc pas au fait qu'elle s'applique à un symbole spécifique, et c'est plutôt l'objet qui devient symbole du fait de la motivation qu'on lui applique dans une culture particulière [21]. En d'autres mots, c'est l'acte même de symboliser qui alloue aux objets et aux phénomènes une valeur symbolique et cette attribution est constamment recommencée dans chaque activité cognitive. Les apprentissages n'enseignent pas à symboliser (cette faculté est innée), mais ils fournissent des repères interprétatifs et maintiennent le système interne en constante opération.

Nous pouvons certainement nous réjouir de l'intérêt que la science accorde de plus en plus à ce mécanisme[22]. Se satisfaisant plutôt de la thèse innéiste, à laquelle ils apportent cependant d'importantes nuances, les neurologues et les biologistes prennent soin de préciser que ce qui est dicté par les gènes, c'est une «enveloppe génétique», c'est-à-dire un système de structures potentiellement accessibles, au sein de laquelle se manifestent des processus épigénétiques variables[23] (développement par ajout successif de nouvelles expériences). De ce point de vue, c'est alors un système de structures, et non des codes symboliques ou esthétiques, qu'il faut considérer comme étant universel. Si nous avons tous la pulsion de symboliser, chacun de nous s'appuie sur son propre fond de vie, tant dans la création que dans l'interprétation des symboles codés. Une telle optique évite le déterminisme absolu et elle a l'avantage de porter une attention égale à l'universalité et à l'individualité tout en reconnaissant que, dès la petite enfance, les diktats culturels interviennent comme repères intermédiaires[24].

2.2 Un jeu d'enfant

Si la symbolisation consiste en une manipulation consciente du monde reliée au passé et à l'avenir, nous pouvons nous demander si les jeunes enfants sont capables de procéder à de telles opérations. Si l'on admet que l'on n'invente pas, n'interprète pas et ne juge pas dans un vacuum, il va de soi qu'ils doivent s'y initier. Du point de vue de la thèse innéiste révisée, ils y parviennent grâce à un système neuromoteur interne apte à soutenir éventuellement non seulement le jugement mais des pratiques heuristiques qui se manifestent, entre autres, par des productions plastiques, comme nous le verrons au chapitre 4.

Il est généralement reconnu qu'en raison de la programmation génétique commune à l'ensemble de l'espèce humaine[25] (les génomes particuliers n'étant que des embranchements), le jeune enfant s'habitue progressivement à son entourage en classant ce qui se présente à ses sens. Dès les premières années de sa vie, il apprend à identifier, à différencier, à comparer les choses entre elles et à les classer tout en se voyant lui-même comme «objet» unique dans le monde. Mais même à l'état fœtal, le cerveau est le siège d'une intense activité spontanée, et le fœtus a déjà des impressions sensorielles différenciées[26]. À la naissance, des pré-représentations se manifestent extérieurement par des mouvements de bras et de mains et par des pleurs et des cris[27] et, malgré un système visuel encore immature, le bébé commence déjà à classer visuellement les couleurs par catégories semblables à celles que les adultes utilisent spontanément[28]. Cette perception déjà sélective s'accommodera cependant aux couleurs présentes dans l'environnement et sera différemment verbalisée selon les codes culturels. Les nouveau-nés, bien que fortement myopes[29] et un peu astigmates jusqu'à la maturation de la fovéa[30], savent également «voir» en trois dimensions avant même d'avoir maîtrisé leurs propres mouvements[31]. On explique cet état de fait, jusqu'à récemment inconnu, sur la base d'une vision intégrée de la tridimensionnalité chez tous les humains, voire même chez certains animaux[32].

Si le bébé naît doté de certaines dispositions psychologiques générales[33], c'est qu'il obéit à certaines lois structurales[34] et puise à même ses ressources neurologiques et biologiques en développement pour s'initier graduellement à la manipulation des concepts en convergence avec son entourage[35]. Son développement intellectuel et émotionnel repose sur l'application de ces dispositions dans des conditions qui, idéalement, encourageront ladite application[36]. C'est dire que les *jeux cognitifs*[37] (pré-représentations ou schémas préliminaires) précèdent les *jeux de langage*[38].

Cependant, si ces jeux cognitifs engagent déjà des sélections et des préférences, pour qu'un jugement soit senti comme choix délibéré, il faut non seulement un système génératif et récursif déjà installé, mais un certain bagage d'expériences que les très jeunes enfants n'ont pas encore acquis, ce qui expliquerait, entre autres, la lenteur avec laquelle ils modifient leurs opinions[39]. Une fois un minimum d'expériences enregistré et les interprétations transitoires stabilisées[40], la mémoire permet d'établir des hiérarchies, *je préfère ceci à cela...* et de changer les opinions initiales, *j'aime cela moins ou plus qu'avant...*, pour des motifs qui sont souvent irraisonnés malgré les balises mnésiques. Les expériences accumulées sont donc le produit d'une re-description endogène ponctuellement éveillée par des influences exogènes qui stimulent le désir d'appartenance au monde environnant et motivent la création et la symbolisation d'espaces déjà constitués. Loin d'être un mécanisme rigide de catégorisation[41], l'organisme re-crée sans cesse son propre processus d'organisation et s'enrichit ainsi de ses expériences[42].

Quant à l'interprétation sémantique et esthétique des images, elle se réalise en premier lieu à l'aide de la perception visuelle. Quoique ce système existe dès la naissance[43], il se raffine grâce à des exercices visuels qui conduisent le jeune enfant à conceptualiser éventuellement le déplacement possible des objets fixes, ainsi que différentes relations spatiales. Mais avant d'en arriver à penser et à virtualiser les interrelations spatiotemporelles des choses qu'il perçoit, il doit passer par diverses étapes, dont celle qui consiste à classer visuellement les objets selon leurs attributs formels. Depuis les dernières années, grâce à des modes de détection de plus en plus raffinés, on a observé une très riche habileté visuelle innée qui remet en question l'idée que la perception dépendrait strictement d'une structuration graduelle des actions au cours des deux premières années de la vie.

On observe même des nouveau-nés de quatre jours qui sont déjà éveillés aux différents stimuli et réagissent plus intensément à de nouvelles configurations qu'à un stimuli préalable maintenant placé dans une position différente. Ainsi, ils peuvent entretenir des représentations spatiales relatives ou centrées sur l'objet par opposition à des représentations spatiales absolues[44]. Ils sont alors conscients de ce qu'ils voient, procèdent spontanément par différenciation, mais pas encore d'une manière réflexive[45]. À trois mois, ils reconnaissent la permanence des objets et leur individuation[46] et, à quatre mois, ils perçoivent parfois une unité partiellement cachée, à la condition, cependant, qu'elle soit en mouvement[47]. Cela implique que le nourrisson « n'apprend pas » à différencier la forme du fond, il « sait » le faire ; il sait également que si une masse en frappe une autre, celle-ci va bouger[48] ; il a une conscience aiguë du mouvement factuel et virtuel. Plus encore, cela suppose que la perception pourrait dépendre d'une conception inhérente de ce qu'est un objet en tant qu'unité dans l'espace[49] et que, contrairement à ce que l'on a longtemps présupposé, les jeunes enfants ne cherchent pas nécessairement les configurations simples ; ils utilisent la régularité et la singularité des configurations seulement comme information à propos du pourtour des objets et des formes.

C'est un fait maintenant établi que même des bébés de cinq mois différencient les objets de leur photographie, par exemple, une poupée et sa représentation photographique[50]. Cependant, un potentiel déjà installé de catégorisation visuelle ne conduit pas nécessairement à une sémantisation hâtive des images[51]. On a vu, ainsi, certains enfants de deux ans éprouver de sérieuses difficultés à comprendre les images figuratives comme sources d'information sur une situation spécifique[52]. Malgré la reconnaissance et la discrimination visuelle précoce, et malgré le fait qu'il se rende compte que l'objet et sa représentation diffèrent[53], le bambin ignore que l'un (l'objet) peut être empoigné et que sa « représentation » (et non son support) ne peut pas l'être. D'où le fait qu'il traite haptiquement les deux de la même manière et les porte à sa bouche. Cela démontre que si l'organisme est bien préparé à « faire comme si », la sémantisation d'images spécifiques commande une distance consciente à l'espace de représentation et une habituation à la discrimination entre la réalité et sa représentation[54], entre la chose et son signe, les encouragements extérieurs ayant pour fonction d'accélérer la différenciation.

Les jeux cognitifs auxquels se livre le jeune enfant évoluent en permanence par épigenèse grâce à de nouvelles vagues de synapses qui apparaissent progressivement et englobent les précédentes[55]. Des cellules nerveuses font intervenir des erreurs, des doutes et des redressements, surtout des sélections[56], et la différenciation entre la chose et ce qu'elle peut signifier coïncide avec d'autres manifestations symboliques, telles que le jeu réglé. Normalement[57], au moment où l'enfant réalise que l'espace et le temps[58] peuvent servir de matrice conceptuelle à la classification des choses comparées les unes aux autres[59], il acquiert une conscience récursive et ne pense plus seulement au moment présent[60]. Il est en mesure de se représenter arbitrairement différentes situations, mieux encore, il peut modifier ses stratégies et il s'amuse d'ailleurs à le faire[61]. Même chez les adultes, tous les jeux reposent sur le bon fonctionnement d'un système interne qui a ses propres règles de gestion au regard de ce qui pourrait advenir. Si, pour des raisons physiques ou psychologiques, l'organisme vient à faire défaut et que, par exemple, la mémoire est atteinte, il s'ensuit un dérèglement plus ou moins bénin qui entrave la sensation de soi dans l'espace.

Nous l'avons vu, dans des conditions normales, la mémoire récursive, par laquelle les représentations mentales vont puiser dans le passé et anticipent l'avenir, autorise des comparaisons susceptibles de conduire à des changements, voire à des renversements d'opinion, tant chez les enfants ayant acquis le stade de la réflexion que chez les adultes[62]. Or, cette faculté n'est pas la fin d'un processus mais bien un «moment» dans le développement. L'interprétation et la symbolisation mobilisent des aires internes d'association grâce auxquelles des concepts sont comparés, déplacés et récupérés pour d'autres expériences[63]. Cette mémoire adaptée est une propriété globale du système humain[64] qui, depuis les débuts de l'humanité[65], n'est cependant pas exclusive au traitement sensoriel des objets et des images, car elle touche tout autant le langage verbal[66].

2.3 La leçon de grammaire

Réalisant le rôle éminent de la réversibilité structurante dans l'évocation symbolique, les linguistes ont peut-être abusivement tiré le principe de leur côté en proclamant le langage verbal comme moyen par excellence de structurer le monde en concepts et de réduire ainsi la complexité des structures abstraites[67]. Il faudrait en conclure que la symbolisation des images, par exemple, dépendrait exclusivement du langage verbal. Il est certes incontestable que la parole rend l'image d'autant plus présente[68], du moins pour le temps de l'expérience[69]. Elle la transpose dans la sphère des réalités quotidiennes[70] et elle est même heuristique, dans la mesure où elle ordonne les choses à sa manière et leur octroie une plus-value sémantique qui vient des mots utilisés par le discours[71]; elle extériorise la perception et donne ainsi l'impression d'une meilleure compréhension de l'image[72] et devient en quelque sorte un lieu d'analyse de l'expérience même[73].

Certes, la verbalisation est structurante à sa manière, mais l'est aussi la perception sensorielle qui regroupe par comparaison de similitudes ou de différences les données formelles et iconiques de l'image, à la différence qu'elle organise l'objet d'attention de manière beaucoup plus floue et mouvante, certainement plus intime. Si nous acceptons que le langage verbal n'est pas un inventaire fixe de phrases[74], nous devons également reconnaître que la perception des images n'est pas, non plus, le simple placage d'un lexique visuel qui pourrait se dispenser d'une accommodation analytique ouverte à un nombre non fini de réactions dont ne sont pas exclues les implantations sémantiques reliées à une iconographie particulière.

De prime abord, une telle malléabilité dans le processus irait à contre-courant du principe de la grammaire universelle (visuelle-verbale) innée. Mais conclure ainsi reviendrait à bien mal comprendre l'hypothèse d'un savoir-faire intégré qui n'a absolument rien à voir avec un «contenu» invariable. Cette grammaire est un potentiel organisateur et non un vocabulaire figé. D'abord développée par la linguistique[75], cette théorie réfère à un ensemble de règles abstraites nécessaires à l'acquisition et à la pratique d'un langage particulier. Chaque enfant naît avec un système phonétique déjà en place[76], c'est-à-dire d'un état linguistique antérieur à l'expérience, et s'il est sensible aux contrastes dans les langages naturels[77], c'est qu'il a déjà la connaissance intégrée, non pas d'une langue, mais d'une capacité, d'une faculté, voire d'une croyance génétiquement déterminée dans le fait qu'il est capable de s'exprimer linguistiquement[78] à l'aide des données limitées qui lui sont accessibles[79]. Dit simplement, à la naissance, notre corps a tout ce qu'il faut pour apprendre à parler, comme il est préparé à percevoir, à penser et à symboliser.

En ce qui concerne les pratiques perceptuelles, un type semblable de faculté permet l'habituation visuelle rapide à l'environnement; elle est une nécessité biologique qui échappe à la conscience, à la volonté et à la logique[80]. Il est cependant maintenant admis que la grammaire universelle en tant que système incorporé au cerveau se distingue des divers processus d'accès au savoir, lesquels peuvent différer d'un individu à un autre[81]. En d'autres mots, tous partagent la même nécessité, mais les compétences fonctionnelles varient selon les individus et se modifient au cours de la vie de chacun[82].

Pour toutes sortes de raisons qui ne sont pas à rejeter d'emblée, la théorie de la grammaire universelle en fait encore bondir plus d'un, et il semble que la différenciation entre le système de base et les compétences ne suffise pas à calmer les protestataires. On reproche à ses adeptes de faire fi des situations concrètes[83], de relier le langage à un «organe mental[84]» (le cerveau[85]), comme s'il s'agissait du cœur ou des viscères[86], et à un seul organe externe: la voix[87]. On les accuse de confondre une grammaire spécifique à l'espèce humaine et une grammaire innée qui serait également le propre des animaux et de négliger l'apport de la conscience dans l'apprentissage des règles d'une langue particulière. Plus souvent, on leur reproche d'occulter les relations entre le biologique et le social[88].

L'hypothèse de la grammaire universelle, que l'on préfère maintenant désigner par «ensemble de potentialités génétiques[89]», semble cependant rallier des chercheurs de différentes disciplines[90], et la question des apprentissages (verbaux et visuels), initialement écartée, acquiert une importance majeure pour plusieurs qui demeurent néanmoins fidèles au postulat de base[91]. Par exemple, des spécialistes de la perception visuelle s'en sont inspirés pour expliquer la genèse des agrégations dans la perception[92] et, en linguistique comme en philosophie du langage, il est reconnu que si le langage ordinaire est un jeu qui s'appuie sur des règles conventionnelles apprises[93], ce sont justement ces combinaisons variées d'un nombre limité d'invariants qui permettent de saisir la nature même du langage et celle de l'esprit et, par conséquent, celle de l'être humain apte non seulement à maîtriser, mais à inventer de nouvelles règles. Même les enfants «savent» qu'un langage est structuré, comme ils savent que l'écriture demande une certaine linéarité, une juxtaposition des marques graphiques, quelle que soit l'orientation conventionnelle de la mise en forme[94].

Au cours des dernières années, la théorie a servi de fondement à une étude fine des conditions et des conséquences des apprentissages dès les premières années de développement selon les influences culturelles[95]. De ce point de vue, si l'apprentissage de n'importe quelle langue est nécessairement contingenté et orienté, il assouvit «l'instinct» de parler[96], d'apprendre et de comprendre un langage dans le but de communiquer[97], ce qui n'empêche pas qu'une bonne part de l'existence est vécue à un niveau non verbal[98]. Quoique la «latence» verbale soit toujours présente[99], certains individus, nous le verrons plus loin, s'accommodent mieux d'une concentration sensorielle, tandis que d'autres ont une propension très forte à verbaliser les images et toutes les autres choses. Pour l'instant, il importe de retenir que les apprentissages influencés par les milieux culturels, surtout par les milieux familiaux, ne sont pas du tout incompatibles avec l'idée d'une structure innée complexe.

Cette extension de la théorie de la grammaire universelle appuyée par un nombre considérable d'analyses de cas a également donné lieu à l'idée que l'intelligence artificielle, dont on peut assez aisément vérifier le mécanisme, effectue des tâches semblables à celles des humains[100]. Certaines des tâches impliquées dans le jugement seraient alors d'ordre computationnel[101]. Évidemment, dans le domaine de l'esthétique, de l'imagination et de la création qui subsume tout autant des réactions sensorielles et émotives largement inconscientes que la participation de l'intellect dans l'identification, la catégorisation et l'évaluation des images, une telle adéquation peut certainement choquer, car elle reviendrait à admettre une certaine schizophrénie de l'esprit. Une partie du jugement serait computationnelle et une autre ne le serait pas! Or, on l'a vu, le jugement *signesthétique* qui accompagne nécessairement l'évocation symbolique est un amalgame de tous les intervenants (procéduraux, émotifs, intellectuels, physiques, etc.) qui s'enchevêtrent et il faut plutôt comprendre la «computation» comme représentation synthétique interne. Des types de représentations sont sélectionnés par les individus en vertu de ce qu'ils perçoivent dans l'immédiat par rapport à des cadres sociaux complexes[102].

Malgré un certain déterminisme apparent, les théories computationnelles n'ont jamais nié la part de l'accidentel et de l'aléatoire dans la mise en action de ce système, mais c'est à la neurobiologie qu'a incombé la tâche d'expliquer comment un gabarit de base pré-orienté peut conduire à des actions et à des jugements différents, voire contradictoires, chez les individus d'une même société. Les arguments évoquent le fonctionnement des pré-représentations endogènes qui produisent une grande diversité de formes «passagères» et «originales[103]» chez un même sujet, parfois dans un laps de temps très court. Il est d'ailleurs prouvé que la formation des milliards de millions de synapses que comprend le cerveau échappe dans une certaine mesure au contrôle absolu des gènes, et cela suffit amplement pour que la créativité fleurisse et que de nouveaux symboles en remplacent d'autres pour peupler et régénérer les univers imaginaires.

Mais pour chaque individu, dans l'interprétation des phénomènes externes, quelle que soit leur vocation, quelque chose de très intime et de très fugace échappera toujours à la conscience et au raisonnement, tout autant qu'à la parole, aux codes culturels et à la logique. Cette cognition nébuleuse est peut-être ce pour quoi l'espèce humaine est irrévocablement prédéterminée, d'où tous ses efforts insatiables pour repenser le monde. Il faut certainement se réjouir d'une « computation » rapide et automatique de certains stimuli déjà expérimentés, car, question de réflexe et de réflexivité, elle a pour conséquence de sauver du temps, d'accélérer les tentatives d'instauration de sens aux choses perçues. Autrement dit, elle autorise la pulsion à détourner le sens littéral des choses, à jouer avec des concepts, à les réorganiser, à les exprimer par des langages, à *faire comme si* le continuum pourtant pressenti pouvait être temporairement ancré dans quelque activité symbolique. Nous y venons dans le chapitre suivant, c'est le patrimoine génétique dont nous sommes les héritiers depuis que l'œil savant et le corps parlant se sont arrimés pour soutenir la projection de soi dans l'espace.

1. Randall White, « Un Big Bang socioculturel », *La Recherche*, hors série, n° 4, novembre 2000, p. 15.
2. Annette Karmiloff-Smith, *Beyond. Modularity. A Development Perspective of Cognitive Science*, Cambridge, Massachusetts, The MIT Press, A Bradford Book, 1993, p. 31-32.
3. Iain Davidson et William Noble, « The Archeology of Perception. Traces of Depiction and Language », *Current Anthropology*, vol. XXX, n° 2, 1989, p. 129.
4. Pour Annette Karmiloff-Smith, la récursivité interne, celle des représentations mentales, est fondamentalement ce qui différencie l'homme de l'animal (*op. cit.*, p. 175).
5. David M. W. Powers, « Goal Directed Behavior in the SensoriMotor and Language Hierarchies », *Behavioral and Brain Sciences*, vol. XIV, n° 4, 1991, p. 573.
6. Pour David Le Breton, la matière ne peut devenir symbole qu'en raison de la nature symbolique et interprétative des représentations mentales (« Corps et anthropologie : de l'efficacité symbolique », *Diogène*, n° 153, janvier-mars 1991, p. 93-94).
7. Leslie White, « Symbol. The Basis of Language and Culture », dans Walter Goldsmith (dir.), *Exploring the Ways of Mankind*, New York, Holt, Rinehart and Winston, 1960, p. 75.
8. Il est cependant difficile de savoir dans quelle mesure la transposition de la littéralité en signe tient de la conscience. Sur les difficultés pour les neurologues d'expliquer le « faire comme si » conscient, lire Jerry R. Hobbs, « Matter, Levels, and Consciousness », *Behavioral and Brain Sciences*, vol. XIII, n° 4, 1990, p. 611.
9. Jean-Jacques Cleyet-Merle, *Aimer les Eyzies-de-Tayac. Capitale mondiale de la préhistoire*, France, Éditions France-Ouest, 1990, p. 33.
10. On a récemment découvert une main peinte en noir.
11. George Ferguson, *Signs and Symbols in Christian Art*, New York, Oxford University Press, 1954, p. 18.
12. « L'Évangile selon saint Mathieu », Mt 4-18-20, *La Bible de Jérusalem*, traduite en français sous la direction de l'École biblique de Jérusalem, Paris/Montréal, Les Éditions du Cerf/Les Éditions Fides, 1973, p. 1418, 1460, 1489.
13. Le texte dit : « Le royaume des cieux est encore semblable à un filet qu'on jette en mer et qui ramène toutes sortes de choses. » (*Ibid.*, p. 1434)
14. Ces thèses furent en premier lieu développées par Noam Chomsky qui, cependant, dans les années soixante-dix, se défendait de l'épithète « innéiste » qui était, selon lui, employée de manière péjorative par ses critiques plutôt que par ses défenseurs. Il écrivait : « La question n'est pas de savoir si l'apprentissage présuppose une structure innée — cela est évident ; et personne n'en a jamais douté — mais plutôt de savoir quelles sont ces structures innées dans chaque domaine. » (*Réflexions sur le langage*, traduction de Judith Milner, Béatrice Vautherin et Pierre Fiala, Paris, Flammarion, coll. « Champs », 1977, p. 23)
15. Ces thèses suivent la pensée de Jean Piaget selon laquelle, après une longue période préparatoire où lui manquent encore les instruments cognitifs, l'enfant réinvente pour lui, aux environ de sept ans, la réversibilité, la transitivité, la récursivité, la réciprocité des

relations («La psychogenèse des connaissances et sa signification épistémologique», *Théories du langage, théories de l'apprentissage. Le débat entre Jean Piaget et Noam Chomsky*, organisé et recueilli par Massimo Piattelli-Palmarini, traduction d'Yvonne Noizet, Paris, Seuil, 1979, p. 55).

16. Randall White. *loc. cit.*, p. 13-14.

17. Jean Piaget, «Schèmes d'action et apprentissage du langage», *Théories du langage, théories de l'apprentissage, op. cit.*, p. 247.

18. Quoique loin de Piaget à qui il reproche, entre autres, de définir les rapports topologiques entre les objets uniquement comme relations sémantiques entre concepts plutôt qu'en tant qu'amalgame de prégnances à la fois objectives et subjectives, René Thom reprend la notion de «fonction symbolique» pour en faire, avec le langage verbal, un trait fondamentalement humain («La genèse de l'espace représentatif selon Piaget», *Théories du langage, théories de l'apprentissage, op. cit.*, p. 507, et «René Thom, Préface», à Liliane Lurçat, *L'enfant et l'espace. le rôle du corps*, Paris, Seuil, 1976, p. 84).

19. Dan Sperber est un de ceux-là («Remarques sur l'absence de contribution positive des anthropologues au problème de l'innéité», *Théories du langage, théories de l'apprentissage, op. cit.*, p. 363-364).

20. Depuis les dernières années, Annette Karmiloff-Smith est sans conteste la chercheuse qui a le plus défendu cette idée (*op. cit.*).

21. Dan Sperber, *loc. cit.*, p. 41.

22. Entre autres, Jean-Pierre Changeux, «Déterminisme génétique et épigénèse des réseaux de neurones: existe-t-il un compromis biologique possible entre Chomsky et Piaget», *Théories du langage, théories de l'apprentissage, op. cit.*, p. 275. On retrouve la même position de Changeux dans tous ses écrits les plus récents.

23. *Ibid.* Changeux est récemment revenu sur ce concept en expliquant que cette «enveloppe» commande la migration et la différenciation des catégories de cellules, la croissance et la formation étendue de connexions, le comportement des processus nerveux en cours de croissance, la reconnaissance de cellules cibles et le démarrage de l'activité spontanée (*L'homme de vérité*, Paris, Éditions Odile Jacob, 2002, p. 303).

24. Ces états de fait font dire à Gregory L. Murphy et Douglas L. Medin que nos pensées sont nécessairement des attitudes «théoriques» (propositionnelles), puisqu'elles exigent toujours un minimum d'organisation conceptuelle («The Role of Theories in Conceptual Coherence», *Psychological Review*, vol. XCII, n° 3, 1985, p. 289-316).

25. Spécialiste de la perception, James J. Gibson analyse les raisons pour lesquelles les animaux perçoivent des surfaces, mais que seuls les humains font et perçoivent les «images» et les symboles comme lieu de communication («A Prefatory Essay on the Perception of Surfaces Versus the Perception of Marquings on a Surface», dans Margaret A. Hagen [dir.], *The Perception of Pictures*, New York, Academic Press, 1980, p. xii).

26. Francis Crick, *L'hypothèse stupéfiante. À la recherche scientifique de l'âme*, traduction d'Hélène Prouteau, Paris, Plon, 1994, p. 27.

27. Jean-Pierre Changeux, *op. cit.*, Paris, Éditions Odile Jacob, 2002, p. 96.

28. Sur la catégorisation des couleurs chez les nouveau-nés, il faut voir les résultats étonnants obtenus par Jacques Mehler et Emmanuel Dupoux (*Naître humain*, Paris, Éditions Odile Jacob, 1990, p. 85-87). Les auteurs font remarquer qu'un nombre considérable de psychologues du gestaltisme ont maintenant souscrit à la thèse de l'innéisme.

29. Si le nouveau-né est myope, son ouïe est par ailleurs habituellement excellente (*ibid.*, p. 77).

30. *Ibid.*, p. 76.

31. Lors des expériences menées en laboratoire, les bébés étaient déposés sur une plaque de plexiglas transparent juste au-dessus d'un sol recouvert d'un damier. À un endroit, le sol se dérobait sous la plaque de plexiglas pour réapparaître un mètre plus bas. On a observé que les bébés se déplaçaient facilement sur la partie plane, mais s'arrêtaient à la frontière du «gouffre» (*ibid.*, p. 60).

32. Peter Carruthers attire l'attention sur certaines espèces animales, par exemple les poussins, qui se retirent d'un précipice visuel avant même d'en avoir eu l'expérience (*Human Knowledge and Human Nature. A New Introduction to an Ancient Debate*, New York, Oxford University Press, 1992, p. 91-92).

33. Ces principes ne s'appliquent pas uniquement aux enfants ou aux adultes «normaux». Les déficients mentaux font également preuve de symbolisation de sensibilité esthétique. Il

faut lire à cet égard Suzanne B. Trudel (*Pourquoi ne parle-t-on pas d'eux?*, Montréal, Fondation Jean-Olivier Chénier, 1999).

34. Noam Chomsky, «À propos des structures cognitives et de leur développement: une réponse à Piaget», *Théories du langage, théories de l'apprentissage, op. cit.*, p. 510.

35. Annette Karmiloff-Smith, «Constraints on Representational Change: Evidence from Children's Drawing», *Cognition*, n° 34, 1990, p. 79.

36. Jacques Mehler, «À propos du développement cognitif», *L'unité de l'homme 2. Le cerveau humain*, essais et discussions présentés et commentés par André Bégin, Paris, Seuil, coll. «Points», 1974, p. 47.

37. L'expression «jeux cognitifs» est empruntée à Jean-Pierre Changeux, *op. cit.*

38. À la fin du XIXe siècle, Herbert Semper postulait déjà que l'ornementation comme expression symbolique et esthétique durant la préhistoire était essentiellement d'origine ludique (dans Joseph Rykwert, «Semper et la conception du style», *Macula*, n°s 5/6, 1979, p. 177). Depuis, la question du jeu de langage comme mode d'initiation symbolique a été avancée par Ludwig Wittgenstein (*Remarques philosophiques*, Rush Rhees [éd.], traduction de Jacques Fauve, Paris, Gallimard, coll. «Tel», 1964 p. 51-62) et dont Kimmo Pasener présente une bonne analyse critique («L'art et les jeux de langage chez Wittgenstein», *Revue d'esthétique*, vol. XXIV, 1993, p. 49-54).

39. Jacques Mehler, *loc. cit.*, p. 43.

40. Noam Chomsky plaidait en faveur d'une habileté innée, partagée par tous les agents de l'espèce humaine et qui les rend aptes à procéder par réversibilité (état initial), quoique l'individu passe par une série d'états et atteigne un état stationnaire aux alentours de la puberté («L'approche linguistique», *Théories du langage, théories de l'apprentissage, op. cit.*, p. 169).

41. Selon W. V. Quine, la catégorisation est un artefact humain enraciné dans une prédisposition innée («Structure and Nature», *The Journal of Philosophy*, vol. LXXXIX, n° 1, janvier 1992, p. 6).

42. Annette Karmiloff-Smith, «Beyond Modularity: Innate Constraints and Developmental Change», dans Susan Carey et Rochel Gelman (dir.), *The Epigenisis of Mind: Essays on Biology and Cognition*, Hillsdale, New Jersey, Lawrence Erblaum Associates, Publishers, 1991, p. 176. On remarque une affinité théorique entre Karmiloff-Smith et Laura L. Nami *et al.* («Young Children's Discovery of Spatial Classification», *Cognitive Development*, n° 12, 1997, p. 163-184). Les deux auteurs s'opposent à Piaget pour qui seulement l'encodage sensorimoteur d'un domaine particulier existerait chez le très jeune enfant, en l'absence de pouvoir représenter symboliquement. Il convient également de lire sur ce sujet Paul C. Bomba et Einar Siqueland («The Nature and Structure of Infant Form Categories», *Journal of Experimental Child Psychology*, n° 35, 1983, p. 294-328).

43. Noam Chomsky, *Réflexions sur le langage, op. cit.*, p. 17. L'auteur élabore cette hypothèse dans un texte plus récent («Language and Nature», *Mind*, vol. CIV, n° 413, 1995, p. 1-60).

44. Jacques Mehler et Emmanuel Dupoux, *op. cit.*, p. 92-93.

45. Jean-Pierre Changeux, *op. cit.*, p. 167.

46. *Ibid.*, p. 278.

47. Philip J. Kellman et Elisabeth S. Spelke, «Perception of Partly Occluded Objects in Infancy», *Cognitive Psychology*, n° 15, 1983, p. 483-524.

48. Michael S. Gazzaniga, *The Mind's Past*, Berkeley, University of California Press, 1998, p. 2.

49. Philip Kellman et Elisabeth S. Spelke, *loc. cit.*, p. 483 et 520.

50. Judy Deloache et Nancy M. Burns, «Early Understanding of the Representational Function of Pictures», *Cognition*, n° 52, août 1994, p. 85. On en est venu à cette conclusion après avoir calculé le temps passé par les bébés à fixer l'un et l'autre.

51. Pour un excellent compte rendu des différentes théories sur le sujet, on lira Jacqueline Bideaud et Olivier Houdé («Le développement des catégorisations: "capture" logique ou "capture" écologique des propriétés des objets», *L'Année psychologique*, n° 89, 1989, p. 87-123).

52. Judy Deloache et Nancy M. Burns, *loc. cit.*, p. 84.

53. Sur la manière dont les jeunes enfants catégorisent leur environnement, voir Patricia J. Bauer et Jean M. Mandler, «Taxonomies and Triads: Conceptual Organization on One to Two-Year-Olds», *Cognitive Psychology*, n° 21, 1989, p. 156-184.

54. Judy Deloache, «Rapid Change in the Symbolic Functioning of Very Young Children», *Science*, vol. CCXXXVIII, décembre 1987, p. 1556.

55. Jean-Pierre Changeux, *op. cit.*, p. 102.

56. Dans tous ses ouvrages (entre autres dans son dialogue avec Paul Ricœur, *Ce qui nous fait penser. La nature et la règle*, Paris, Éditions Odile Jacob, 1998, 350 p.), Jean-Pierre Changeux est de ceux qui défendent avec le plus d'ardeur une évolution épigénétique chez le jeune enfant.

57. Il est évident que certaines tares peuvent empêcher les jeunes enfants de fonctionner de manière normale. Mis à part les troubles très sérieux, dont l'encéphalite, d'autres déficiences physiques, telle la surdité, peuvent retarder l'évolution de la conceptualisation et de la production des images. À ce propos, les recherches de Lorna Sefe ont donné le pas à toute une nouvelle école de pensée qui ne tient plus pour acquis que la vision est tout à fait étanche aux autres modes de perception (*Normal and Anomalous Representational Drawing Ability in Children*, Londres, Academic Press Inc., 1983).

58. Jesus Alegria, «Le développement de la notion d'espace et de temps», *L'espace et le temps aujourd'hui*, texte établi avec la collaboration de Gilles Minot, Paris, Seuil, 1983, p. 175.

59. Laura L. Namy *et al.*, *loc. cit.*, p. 163-184.

60. Cela advient habituellement à la fin de la première année (Jean-Pierre Changeux, *op. cit.*, p. 167).

61. Elisabeth S. Spelke, «Physical Knowledge in Infancy: Reflections on Piaget's Theory», dans Susan Carey et Rochel Gelman (dir.), *op. cit.*, p. 135.

62. Sur la mise en action du potentiel de récursivité chez les très jeunes enfants, il faut consulter les résultats d'étude de Annette Karmiloff-Smith (*loc. cit.*, p. 57-83).

63. Selon Jacques Ruffié, ces aires d'association qui démarquent l'homme des primates font que l'individu est non seulement mieux renseigné sur le monde ambiant, il a aussi le moyen de mieux enregistrer, archiver, traiter, réutiliser toutes les informations qu'il reçoit (*De la biologie à la culture*, Paris, Flammarion, coll. «Champs» 1981, p. 279).

64. Paul Bloom, «Generativity within Language and other Cognitive Domains», *Cognition*, n° 51, février 1994, p. 179.

65. Pour Michael C. Corballis, c'est le principe de générativité qui, avant même l'apparition du langage verbal, a conduit nos ancêtres lointains à s'organiser en «cultures». Corballis propose que la générativité puisse elle-même avoir émergé avec l'élargissement du cerveau, non pas comme phénomène dérivé, mais comme base première de la sélection naturelle. Un cerveau plus large aurait pu être sélectionné parce qu'il permettait une plus grande flexibilité, et le langage se serait développé comme sous-système («The Generation of Generativity : A Response to Bloom», *Cognition*, n° 51, 1998, p. 193, 197 et 217).

66. Terrence W. Deacon, «Anatomy of Hierarchical Information Processing», *Behavioral and Brain Sciences*, vol. XIV, n° 4, 1991, p. 555. En souscrivant à la théorie de Deacon, nous sommes en désaccord avec celle de Paul Bloom (*loc. cit.*) selon laquelle, au cours de l'évolution, seul le langage verbal aurait eu la possibilité d'être récursif alors que, beaucoup plus tard, les mêmes structures neuronales auraient été utilisées par d'autres domaines, telle la fabrication des outils.

67. C'est le postulat le plus important défendu par Antonio Damasio et Hanna Damasio («Le cerveau et le langage», *Pour la science*, dossier hors série, «Les langues du monde», octobre 1997, p. 8) et repris par Paul Siblot («Nomination et production de sens: le praxème», *Langages*, n° 127, 1997, p. 40-41).

68. Sur la fonction de rapprochement de l'objet extérieur opéré par la parole, on lira Daniel C. Dennet, *Consciousness Explained*, Boston, Little, Brown and Co., 1991, p. 247.

69. Jacques Derrida disait à ce propos de la phrase parlée, qu'elle ne vaut qu'une seule fois. Elle perd son lieu et son sens propre dès qu'elle est écrite (*De la grammatologie*, Paris, Éditions de Minuit, coll. «Critique», 1967, p. 443).

70. Les sociologues Peter Berger et Thomas Luckmann insistent sur cette fonction du langage verbal à propos de toutes sortes de représentations symboliques, dont les images (*La construction sociale de la réalité*, traduction de Pierre Taminiaux, préface de Michel Maffesoli, Paris, Méridiens Klincksieck, 1986, p. 60).

71. D'un point de vue marxiste avoué, Jean-Joseph Goux déclarait que «les signes de paroles vident les signes non linguistiques de leur potentiel de signification sauvage, ils drainent et centralisent vers eux, capitalisent le sens en formation» (*Les iconoclastes*, Paris, Seuil, coll. «L'ordre philosophique», 1978, p. 70).

72. L'objectif le plus important du langage verbal, écrit Jerome Bruner, n'est pas de réconcilier ou de légitimer, même pas d'excuser, mais plutôt d'expliquer, et le soliloque qui structure

une expérience répond à un besoin de s'assurer que l'on a bien compris les choses (*Acts of Meaning*, Cambridge, Massachusetts, Harvard University Press, 1990, p. 92 et 95).

73. André Jacob (*Anthropologie du langage. Construction et symbolisation*, Liège, Pierre Margada Éditeur, coll. «Noëlla Barquin», 1990, p. 64) soutient que «la langue comme mécanique correspond à la construction analytique de l'expérience». Par extension, nous proposons ici que tout acte de parole tient un rôle analogue.

74. David Premack, *Intelligence in Ape and Man*, Hillsdale, New Jersey, Lawrence Erblaum Associates, Publishers, 1976, p. 14.

75. Développant sa théorie, Noam Chomsky reprenait de Descartes le concept d'un esprit universel, immatériel et spécifique à l'espèce humaine. Il rejetait cependant la thèse cartésienne de l'indivisibilité. Pour une bonne analyse comparative des thèses de Descartes et de Chomsky, on consultera Ralf-Axel Müller («Innates, Autonomy, Universality? Neurobiological Approaches of Language», *Behavioral and Brain Sciences*, vol. XIX, nᵒ 4, 1996, p. 611-612).

76. Noam Chomsky, «L'approche linguistique», *loc. cit.*, p. 169.

77. Mehler et Dupoux (*op. cit.*) vont jusqu'à dire que le nouveau-né est sensible à «tous» les contrastes qui peuvent apparaître dans «toutes» les langues.

78. «L'enfant ne doit pas savoir à la naissance quelle langue il va parler, mais il doit savoir que sa grammaire doit être une forme prédéterminée qui exclut beaucoup de langues imaginables.» (Noam Chomsky, *Le langage et la pensée*, traduction de Louis-Jean Clavet, Paris, Petite Bibliothèque Payot, 1968, p. 13)

79. Noam Chomsky, «À propos des structures cognitives.», *loc. cit.*, p. 65.

80. *Id.*, *Réflexions sur le langage*, *op. cit.*, p. 12 et 40.

81. Dans ses écrits plus récents, Noam Chomsky insiste sur cette distinction («On the Nature, Use and Acquisition of Language», dans Alvin I. Goldman [dir.], *Readings in Philosophy and Cognitive Science*, Cambridge, Massachusetts, The MIT Press, A Bradford Book, 1993, p. 517).

82. Selon Annette Karmiloff-Smith, cette modification rend la théorie de Chomsky beaucoup plus compatible avec l'idée d'une intégration épigénétique des principes (*op. cit.*, p. 34).

83. Philip Lieberman, «Speech and Brain Evolution», *Behavioral and Brain Sciences*, vol. XIV, nᵒ 4, 1991, p. 13.

84. Noam Chomsky insiste lui-même sur cet écart, précisant que le terme mental (*mental*) doit être relié au «chimique», à «l'optique», à «l'électrique», sans toutefois que les propriétés mentales puissent être reliées à un réseau neuronal («Language and Nature», *loc. cit.*, p. 1-60).

85. Philip Lieberman, *loc. cit.*, et François Rastier, *Sémantique et recherches cognitives*, Paris, Presses universitaires de France, 1991, p. 231.

86. Patricia M. Greenfield, «Language, Tools and Brain: The Ontogeny and Phylogeny of Hierarchically Organized Sequential Behavior», *Behavioral and Brain Sciences*, vol. XIV, nᵒ 4, 1991, p. 548.

87. Philip Ross, «L'histoire du langage», *Pour la science*, dossier hors série, «Les langues du monde», octobre 1997, p. 20-27 et Matt Cartmill, «Innate Grammar and the Evolutionary Presumption», *Behavioral and Brain Sciences*, vol. VII, nᵒ 2, 1984, p. 190.

88. Cette absence de liaison entre le biologique et le social revient comme un leitmotiv chez tous les pourfendeurs de la théorie chomskienne. On lira en autres Jerome Bruner, *op. cit.*, 1990, p. 73-79. Pour une bonne synthèse des chercheurs qui ont adressé ce type de reproches à Chomsky, voir également François Rastier, *op. cit.*, p. 52-59.

89. Cette expression récurrente fut déjà utilisée dans les années quatre-vingt-dix , entre autres, par Georges Vignaux (*Les sciences cognitives. Une introduction*, Paris, Éditions La Découverte, 1992, p. 165-180). Pour David Lightfoot, une langue ou un langage particulier (ex.: le langage visuel) n'est qu'une question de sélection qui se fait sur des critères qui sont déjà présents dans l'organisme («Modeling Language Development», dans William G. Lycan [dir.], *Mind and Cognition. A Reader*, Cambridge, Massachusetts, Blackwell, 1991, p. 647).

90. Selon Thomas Watson, la théorie d'une grammaire universelle, à ses débuts fort décriée, a finalement ouvert la voie à la sémantique («Grammatical Theory», dans Michael I. Posner [dir.], *Foundations of Cognitive Science*, Cambridge, Massachusetts, The MIT Press, A Bradford Book, 1991, p. 195).

91. Des linguistes se sont fondés sur les grands principes de la théorie pour développer un système d'analyse des possibilités de combinaisons de mots et de phrases au sein de catégories grammaticales. (Voir Thomas Watson, *loc. cit.*, p. 163-195.)

92. Fernande Saint-Martin est sans aucun doute la spécialiste de la perception visuelle qui a le plus appuyé sur ce point dans tous ses ouvrages, dont *La théorie de la Gestalt et l'art visuel*, Québec, Presses de l'Université du Québec, 1990, et «Fondements sémantiques des grammaires spatiales», *Degré*, n° 67, 1991, p. b-b 14.

93. Francis Y. Lin, «Chomsky on the "Ordinary Language". View of Language», *Synthèse*, n° 120, 1999, p. 151-192. Lin fait d'ailleurs remarquer que les arguments de Chomsky n'ont jamais rejeté l'analyse du «langage ordinaire», au contraire, ses recherches en auraient permis le développement.

94. Les études de Peter Carruthers (*op. cit.*, p. 79-84) ont démontré que des structures syntaxiques sont communes à toutes les langues. Celles-ci sont toutes fondées sur des structures et non sur une enfilade linéaire de mots. L'idée d'une seule langue originelle à la base de toutes les autres ne serait donc pas à rejeter. Il faut également lire Kimberly Brenneman quant aux «connaissances» innées relatives à la structuration du langage et de l'écriture. («Young Children's Plans Differ from Writing and Drawing», *Cognitive Development*, vol. III, n° 11, 1996, p. 401-402)

95. Ce sont surtout les études de Steven Pinker, d'abord adepte de Chomsky, qui ont ouvert la théorie à la culture (*The Language Instinct*, New York, William Morrow and Company, Inc., 1991, 493 p. et *Comment fonctionne l'esprit*, traduction d'Anne-Marie Desjeux, Paris, Éditions Odile Jacob, 2000).

96. *Ibid.*, p. 17. Pinker, qui s'intéresse d'ailleurs de plus en plus à la perception visuelle, ne rejette pas cette idée, mais se montre franchement disciple des théories de la modularité, plus encore d'une vision computationnelle de l'esprit qui permettrait d'expliquer les comportements par les croyances et les désirs, tout en les enracinant dans l'univers physique.

97. Le linguiste Louis Hjelmslev disait du langage verbal qu'il est inséparable de l'homme. «[Il est] comme un fil intimement tissé dans la trame de la pensée.» (*Prolégomènes à une théorie du langage* suivi de *La structure fondamentale du langage*, traduction d'Anne-Marie Léonard, Paris, Éditions de Minuit, 1965, p. 10) Le philosophe Martin Heidegger suivait cette voie quand il refusait de voir la faculté de parler à côté des autres facultés humaines (*Acheminement vers la parole*, traduction de Jean Beaufret, Wolfgang Brokmeier et François Fédier, Paris, Gallimard, coll. «Tel», 1976, p. 13)

98. Fernande Saint-Martin, *La littérature et le non verbal. Essai sur le langage*, préface de Claude Lévesque, Montréal, Éditions Typo, 1994, p. 55.

99. Annette Karmiloff-Smith relie cette «latence» à un développement modulaire progressif par opposition à une modularisation pré-spécifiée avancée par les nativistes tels que Gerry Fodor (*op. cit.*, p. 10, 11, 32).

100. Pinker, *Comment fonctionne l'esprit, op. cit.*, p. 91.

101. Pinker (*ibid.*) dit bien «des» tâches et non «toutes» les tâches.

102. Andy Clark, *Being There. Putting Brain, Body, and World Together Again*, Cambridge, Massachusetts, The MIT Press, A Bradford Book, 1999, p. 221.

103. Ce sont les termes de Jean-Pierre Changeux (*op. cit.*) qui tente de s'éloigner d'une vision rigide sans toutefois nier l'existence d'un mécanisme computationnel.

Chapitre 3

Dans le temps long
de l'histoire : des scénarios

3.1 L'œil savant

La symbolisation du monde est conséquente de la transformation physiologique du corps humain au cours de l'évolution, et toutes les interrogations concernant les conditions d'émergence d'une vision analytique et
critique touchent nécessairement le développement de l'humanité dans un
sens large. Dans certains milieux, on se moque parfois de ce que l'on qualifie
de sempiternelle et utopique quête des origines et il est vrai qu'il y a eu des
abus qui ont donné lieu à des hypothèses farfelues beaucoup plus reliées à
une pensée magique qu'à une étude rigoureuse et critique. Mais qu'il soit
ludique ou sérieux, un regard rétrospectif est le symptôme d'une pensée
curieuse qui se régénère du désir de connaître ses propres sources.

Commençons par la perception visuelle. Avant d'avoir acquis la faculté
de symboliser, de faire et de juger des images, l'organisme a subi de formi-
dables transformations pour en venir à une vision « savante ». Au cours de
l'évolution, des mutations ont affecté la faculté visuelle des espèces, chacune
ayant développé une vision particulière[1]. Au fur et à mesure que certaines
branches des vertébrés évoluaient et que leurs yeux se déplaçaient vers
l'avant de la tête, leurs champs de vision, jusque-là distincts, commençaient
à se chevaucher et l'espace de devant pouvait alors être enregistré par les
deux rétines coordonnées. Grâce au passage des organismes simples à des
organismes plus complexes, au développement du lobe pariétal et à la différenciation des hémisphères du cerveau chez l'espèce qui allait devenir « humaine », la vision principalement développée en réaction à l'intensité de la
lumière[2] devenait un sens primordial de détection. Chez les hominiens, en
conjoncture avec d'autres modifications physiques, dont la mobilité corporelle du corps érigé due au développement des aires préfrontales et pariétales[3], la libération complète des mains, surtout du pouce qui permettait de
saisir et de serrer les objets avec précision[4], la descente progressive du
larynx qui ouvrait un tube phonatoire ainsi que la reconstitution des cordes
vocales[5], une pleine stéréoscopie fut atteinte, qui assurait un jugement juste
des distances en relation avec le corps érigé en mouvement[6].

Pendant des millénaires, les préhominiens avaient connu une perception
ambiguë, mais une fois ce nouveau mécanisme de perception bien installé et
la différenciation des contrastes lumineux et chromatiques stabilisée[7], ils
étaient prêts pour la pensée[8]; ils pouvaient donner un sens à l'ambiguïté
apparente du monde[9], explorer de nouvelles pistes d'interprétation et

intervenir consciemment dans l'environnement. La complexité visuelle reliée à l'ensemble du système cognitif soutenait dès lors la fabrication systématique d'outils[10], de marquages et de rites eux-mêmes complexes[11]. La créativité voyait le jour, le jugement devenait *signesthétique*.

Or, tenant compte de la fragilité de l'homme dans la nature par comparaison à d'autres espèces mieux adaptées pour se défendre dans l'immédiat, la vision savante est, d'une certaine manière, une aberration, un «mauvais fonctionnement[12]» du système physiologique qui a ses inconvénients, car, si elle accentue l'acuité visuelle, elle restreint le champ de balayage en resserrant la vision périphérique. Cette limitation a nécessairement contribué à un cadrage sémantique et psychologique particulier du monde perçu en avant, plus loin, là bas, et après. Grâce à un tel équipement visuel qui est le nôtre depuis ce temps, s'instaurait une conscience de l'espace-temps fondée sur des déictiques spatiaux, temporels et interpersonnels; une conscience foncièrement attentive au «mouvement» du corps et de l'esprit; une conscience de soi sur la flèche du temps. Depuis, la vision savante, qui, d'une certaine manière, est restée embrigadée dans un rayon de perception restreint, est demeurée un foyer vulnérable de tensions, de doutes et d'expectatives. Mais c'est également elle qui a donné lieu à la conscience historique sous tous ses aspects sémiotiques, sociologiques, politiques ou esthétiques.

Nonobstant les découvertes multipliées de vestiges humains (ossements, crânes, etc.) et des méthodes d'analyse qui se raffinent grâce à la technologie, les preuves tangibles sont encore rares quant à l'époque exacte de l'apparition d'une telle conscience et cela donne lieu à divers scénarios. Quelle que soit la méthode de recherche, l'enquête est ardue et touche encore des sujets délicats qui ébranlent quelques croyances religieuses et il serait naïf de prétendre que toute la communauté scientifique s'est départie de certaines convictions qui vont à l'encontre des variantes de la théorie de l'évolution. Malgré ces contingences, se développant de plus en plus en interdisciplinarité[13], la recherche a l'avantage de désamorcer progressivement des mythes populaires en abordant la question sous des angles qui convergent vers une meilleure compréhension de l'interrelation des agents physiques, perceptuels, culturels et linguistiques impliqués dans la symbolisation du monde, laquelle convergence aurait marqué le passage d'un état de survie immédiat à un désir de projection et de prolongation de soi. Toutes ces assises éclairent les fondements de la perception *signesthétique*, surtout au regard des motivations profondes de la production des images et de l'intentionnalité créative.

L'histoire, l'anthropologie, la paléontologie et l'ethnologie ont maintenant recours à un bassin de réflexions dont ne sont plus exclus les neurobiologistes, mais, ensemble ou individuellement, les chercheurs ne peuvent cependant que poser des hypothèses colorées par des partis pris idéologiques. Un changement d'attitude à l'égard des cultures étrangères depuis le milieu du XXe siècle a certainement contribué à une plus grande ouverture d'esprit et l'on hésite de plus en plus à catégoriser les humains sur une base raciale. Par conséquent, la définition même de « l'humanité » a évolué et a contribué à dissoudre un bon nombre de préjugés au sein des communautés scientifiques.

Or, d'un point de vue empirique, tous doivent s'appuyer en premier lieu sur les restes humains et les vestiges matériels (outils, cendres, fossiles, végétaux, poteries, etc.). Grâce à des fouilles diversifiées dans des territoires auparavant peu explorés et à des techniques de datation maintenant plus précises [14], les spécialistes en sont venus à repousser les datations à une époque bien antérieure à ce qui était supposé il y a à peine une décennie. Les archéologues ont parfois la surprise de trouver des artefacts là où, en principe, il ne devrait pas s'en trouver, et ces trouvailles, qui laissent entendre que certains objets « fétiches » auraient été conservés et transportés dans des régions éloignées de leur origine, obligent à de nouvelles interprétations de l'origine de l'humanité. Par exemple, on croit qu'un galet de jaspérite découvert en 1925 à Makapansgat en Afrique du Sud aurait été ramassé et transporté par un australopithèque il y a environ trois millions d'années. La couleur de l'objet (jaunâtre) et sa ressemblance avec un visage (deux yeux, une bouche encavée, un nez en relief, deux excroissances à la place des oreilles) l'auraient probablement attiré [15].

Évidemment, il y a toujours un danger à interpréter des formations naturelles comme étant des images. On l'a vu à propos de *Y*, si la méprise peut être fort instructive et stimulante d'un point de vue interrogatif et critique au regard du jugement *signesthétique*, dans une optique historique elle brouille les données [16]. Il reste, bien entendu, des milliers de petits objets, des installations mégalithiques et des peintures rupestres encore difficiles à dater avec assurance et, pour des raisons d'accessibilité, les vestiges les plus souvent cités sont relativement récents (environ trente-cinq mille ans) et proviennent de régions assez restreintes, soit du sud de la France, de l'Espagne, de la Russie ou des Amériques, alors que les habitants de ces régions étaient déjà « modernes », c'est-à-dire semblables à nous. Quoique les écueils méthodologiques, épistémologiques et éthiques abondent, tous admettent le rôle primordial du développement de la vision savante responsable de la symbolisation. À cet égard, les études issues de l'anthropologie médicale fournissent des pistes fort pertinentes.

Il est maintenant reconnu que cette vision n'est pas advenue spontanément. Mais une telle prémisse choque encore les créationnistes qui, à ce jour, s'opposent avec force à la théorie de l'évolution (développement lent et progressif de l'espèce humaine) et à toutes ses variantes, surtout à l'idée que les humains et les singes ou d'autres espèces puissent descendre d'une souche génétique commune. Ces interdits qui ont toujours cours dans certaines institutions scolaires auront certainement quelque conséquence sur la formation des futurs chercheurs [17]. Même chez les partisans de la thèse évolutionniste, tous ne s'accordent pas sur le défilement des étapes évolutives, et trois grands courants de pensée s'affrontent : un premier défend l'idée d'une stabilisation simultanée de toutes les facultés humaines à un moment donné ; un second, étapiste, postule l'avènement des facultés humaines lors d'un ou de plusieurs grands bonds dus au hasard[18] et un troisième suppose une implantation très graduelle des facultés humaines et reporte, par exemple, l'utilisation du langage verbal à une étape bien postérieure à d'autres formes de communication.

Sans être nécessairement fondé sur quelque croyance religieuse avouée, le premier scénario subsume l'avènement synchrone de toutes les manifestations symboliques. Il y a cinq cent mille ans, et non cinquante mille ans comme le supposent d'autres théories, il y aurait eu coïncidence entre les transformations physiques et psychologiques majeures. L'*Homo erectus* (homme debout) aurait atteint une capacité crânienne qui lui aurait permis de franchir le pas décisif vers un fonctionnement l'ayant rendu apte non seulement à communiquer par des gestes et à construire des espaces symboliques, mais à articuler sa pensée linguistiquement[19].

Le second scénario, partagé par un plus grand nombre, fait remonter le développement du cerveau des hominidés à environ trois millions d'années[20] avec l'apparition de l'*Homo habilis* (homme habile)[21], soit cinq cent mille ans avant la formation de trois grandes lignées évolutives, l'*Homo sapiens* (homme qui « sait »)[22], l'*Homo neandertalensis* (considéré comme sous-espèce de l'*Homo sapiens*)[23] et l'*Homo erectus* (homme debout)[24]. Cependant, grâce à un principe de sélection naturelle et aléatoire, une modification neurologique majeure serait survenue il y a deux cent mille ans pour constituer l'homme pré-moderne. Une deuxième phase, il y a environ cinquante mille ans, aurait donné naissance à l'homme moderne proprement dit. Résultat de la sélection naturelle d'un cerveau plus efficace, la première mutation génétique fortuite aurait favorisé la capacité d'innovation, tandis qu'au début de la seconde phase une relation entre les modifications anatomiques et divers comportements d'expression se serait développée[25] et aurait stimulé l'émergence du langage phonémique articulé[26]. L'homme aurait donc symbolisé[27], pensé, imaginé, interprété le monde métaphoriquement[28] bien avant de parler[29]. Cela est à retenir.

Le troisième scénario, également issu de l'évolutionnisme, suggère que les individus de l'espèce *Homo sapiens sapiens* seraient apparus en Afrique il y a environ deux cent mille ans et auraient progressivement remplacé les autres populations qui vivaient sur ce continent ainsi que celles qui habitaient le Proche-Orient et l'Eurasie. En plus de peupler l'Afrique, cet embranchement aurait éventuellement occupé les terres vierges d'Australie, d'Amérique du Nord et d'Amérique du Sud[30]. On reconnaît toutefois que, déjà chez l'*Homo habilis* (intermédiaire entre l'australopithèque et l'*Homo sapiens*), une forme de communication gestuelle et rudimentaire aurait précédé le langage verbal tout en permettant la communication[31], tel le geste du doigt qui indique son propre corps, celui de l'autre ou l'espace environnant[32] et il est même possible que la fabrication des outils remonte à cette époque[33].

Il est intéressant de noter que, selon cette approximation, non seulement l'imaginaire, mais des manifestations concrètes de la conscience de soi en rapport avec les autres auraient pu anticiper le langage parlé. La culture, c'est-à-dire la mise en commun d'expériences susceptibles d'agir sur le monde, aurait précédé le langage verbal complexe. Encore un fois, l'axiome « être humain, c'est parler » s'en trouve secoué.

Ces suppositions incitent à rejeter l'idée que la symbolisation culturelle se serait soudainement manifestée avec l'apparition des langages[34]. Elle se serait plutôt développée « en conséquence » d'une conscience symbolique préalable, laquelle aurait déjà inclus la conscience de l'autre. L'*Homo sapiens sapiens* n'aurait pas non plus soudainement reçu le don de faire des images qui aurait coïncidé avec une tout aussi soudaine et mystérieuse sensibilité esthétique[35]. L'évaluation esthétique aurait été une solution à divers problèmes d'adaptation au cours d'innombrables générations[36], entre autres à celui de juger l'équilibre des formes externes en relation avec l'équilibre du corps et de ses propres modes de déplacement dans l'espace, cela bien avant que l'on s'adonne à la fabrication d'images proprement dites dessinées ou sculptées. C'est dire qu'un potentiel *signesthétique* se serait très tôt encodé à l'intérieur du génome humain[37] et qu'il aurait évolué par épigenèse en une diversité de formes et de principes au sein de divers groupes[38].

Mais risque encore d'être frappé d'anathème qui oserait suggérer que nos prédécesseurs aient pu dessiner ou sculpter pour le simple plaisir de faire des images abstraites ou figuratives[39], comme si le plaisir de s'exprimer graphiquement en dehors de toute préoccupation mystique forcément codée n'était pas une manière de se situer dans le monde et face à lui. Quelques chercheurs reconnaissent cependant que plusieurs petits objets qui manifestent une fabrication contrôlée n'étaient pas nécessairement voués à un usage ou à une reconnaissance collective, ni par la forme ni par quelque symbole[40]. Ils seraient le témoin du désir de marquer l'espace, d'une pulsion à transformer la matière. Les prises de position commencent donc à s'assouplir, et certains ont l'audace de reconnaître que même les outils taillés dès le stade *Homo erectus* sont la preuve d'une attirance pour les formes décoratives[41]. L'admission est importante, car elle reconnaît que même la fabrication des objets utilitaires participe d'une pulsion à tout esthétiser. À travers l'évolution, c'est peut-être la prise de conscience de ce chevauchement (pratique-esthétique) qui a porté les hominiens à inventer des théories esthétiques !

L'avènement et le développement d'une telle conscience à la fois sémantique et esthétique sont précisément ce qui préoccupe les psycho-anthropologues qui procèdent par rabattement du développement de l'enfant moderne sur celui des premiers hommes. Or, cet engagement théorique et méthodologique ne fait pas consensus, car pour certains, si, par le passé, cette avenue fut éclairante du fait qu'elle permettait de poser de nouvelles hypothèses[42], elle doit être prise pour ce qu'elle est, c'est-à-dire une projection théorique, et non une preuve d'un développement absolument analogue[43]. Pour d'autres[44], ces comparaisons entre l'homme moderne, quel que soit son âge, et l'homme primitif ne sont que des indications vagues et peu crédibles[45]. En accord avec les scénarios d'une évolution très lente, ils donnent en exemple le développement relativement hâtif du langage verbal chez les jeunes enfants par comparaison avec son apparition apparemment tardive dans la phylogenèse[46]. D'autres notent la disparité dans les comportements humains[47], surtout chez les bambins qui, pour toutes sortes de raisons physiologiques et psychologiques, même à partir d'un système cognitif semblable, ne se développent pas tous au même rythme. Si les enfants modernes connaissent des développements individuels pour diverses raisons, dont le climat familial, ne serait-ce que sur cette base, il serait présomptueux de supposer une émergence unilatérale de l'humanité à quelque stade que ce soit.

Il faut admettre que, malgré un souci d'exactitude de part et d'autre, on a tendance à considérer l'homme moderne (civilisé) comme «achèvement». Si, en apparence, l'espèce humaine est restée stagnante depuis des milliers d'années (ce qui participe d'un temps court en comparaison du temps long de l'évolution), d'autres espèces parallèles connaissent toujours des mutations plus spectaculaires et la logique évolutive donne à penser que l'homme, tel que nous le connaissons maintenant, se modifiera de quelque manière pour s'adapter à des contextes de survie fort différents, dont certains seront peut-être le résultat de ses propres manipulations écologiques ou génétiques.

Avec toute la prudence dont ils font habituellement preuve, mais peut-être faute de vestiges plus anciens, les anthropologues et les ethnologues qui optent pour une méthode comparative ont parfois tendance à comparer abusivement les dessins préhistoriques aux dessins d'enfants (dont il sera question dans le chapitre qui suit). Pour l'instant, il importe de rectifier certains *a priori* concernant les images pariétales européennes qui furent jusqu'à récemment considérées comme seules manifestations importantes de l'époque paléolithique[48]. D'une part, elles sont relativement récentes, d'autre part, elles ne représentent qu'une infime partie des vestiges trouvés à ce jour dans différentes localités. De plus, la sélection quasi exclusive des peintures écarte abusivement les dessins géométriques, les sculptures et les bas-reliefs réalisés parallèlement ou préalablement[49].

Contrairement à ce que l'on pourrait penser, les images pariétales (européennes) suscitent divers axiomes infantilisants qui se glissent dans les discours les plus récents et, en apparence, les plus rigoureux. Malheureusement, tous les chercheurs ne sont pas encore convaincus de la complexité des images conçues par l'homme de Cro-Magnon qui, lui, n'aurait pas su faire mieux. Pourtant, les artefacts peints ou sculptés en bas-reliefs font eux-mêmes échec à l'idée reçue selon laquelle ces gens-là n'auraient su «penser» l'espace euclidien. Tout aussi troublant, même en l'absence de preuves à l'appui, on n'a pas hésité à affirmer avec autorité qu'ils avaient invariablement une fonction de culte.

Quel qu'ait été le statut de ces images au moment de leur création, leur complexité ne tient pas uniquement à l'organisation spatiale qui témoigne de la maîtrise d'un tracé ferme, d'un sens aigu et mature de l'appropriation de l'espace (ill. n° 7) ; elle repose sur la mise à l'œuvre d'une conscience objective, d'un rapport à la représentation en tant que manipulation du monde. Dans certains cas, quand les surfaces ont été travaillées par couches superposées de motifs au cours de plusieurs décennies, ces créations expriment sans conteste une préoccupation pour l'autre ou les autres. Il suffit d'observer ces images attentivement et de les comparer d'un site à un autre pour réaliser qu'elles répondaient à certaines habitudes graphiques selon les régions, mais qu'elles témoignaient néanmoins du style particulier d'un exécutant (ou d'une exécutante)[50]. Elles sont ainsi le signe d'une ré-appropriation de soi dans l'acte de création, même si elles avaient une vocation mystique.

À bien y penser, persister à qualifier ces images de documents visuels «préhistoriques» n'a pas beaucoup de sens si l'on admet que leurs concepteurs jouissaient déjà d'une vision réflexive et critique qui subsume nécessairement une extériorisation symbolique de soi. Toute forme d'extériorisation et d'inscription imagée d'hier ou d'aujourd'hui participe d'une manière de se raconter soi-même et de se situer dans son environnement culturel. Ces images produites avant l'écriture (à moins qu'elles ne contiennent un code scriptural encore non déchiffré) sont éminemment «historiques», dans le sens de l'inscription d'un présent qui laisse intentionnellement des traces. Il est à souhaiter qu'un nouveau regard jeté sur le concept même d'humanité et sur ces images ou sur tout autre artefact aura pour conséquence de repenser la notion d'histoire, et les diverses façons de l'inscrire et de la réviser. L'œil savant a cette souplesse, cette faculté de repenser sa propre histoire et, par conséquent, sa propre nature.

3.2 Le corps parlant

Mais avons-nous d'abord dessiné ou parlé ? Il reste encore de nombreuses zones grises quant à l'avènement des expressions plastiques et il en va de même à propos des premières formes du langage verbal. Les anthropologues s'interrogent sur l'apparition de l'une ou de l'autre de ces formes d'expression et se heurtent à l'arrimage des langages dans le développement évolutif de l'homme.

Pour ce qui est de l'avènement du langage verbal, il s'en trouve qui cherchent les indices d'une langue originelle et commune aux premiers hominidés[51], une sorte de langue d'avant Babel, et qui proposent même un mot originel commun à toutes les langues, soit le désignatif *tik* pour «doigt[52]», ce qui correspondrait à un langage gestuel primitif et élémentaire ayant pour ancrage les déictiques interpersonnels (toi, moi, nous, eux, elles, etc.). Sans trop prêter foi à l'idée d'un premier mot matrice de tous les autres, on s'entend néanmoins sur la possibilité ou même sur la nécessité pour les premiers hominiens d'utiliser des sons d'appel (*call systems*) qui auraient accompagné un langage postural[53]. La chasse collective et le besoin de désigner les espèces de plantes et d'objets nouveaux auraient mené à un raffinement structurel linguistique qui aurait coïncidé avec le développement de la complexité humaine[54].

Comme dans le cas des premières manifestations plastiques, et malgré les mises en garde, certains chercheurs persistent à calquer le développement de l'enfant moderne sur celui des premiers humains[55]. Le comportement linguistique se serait manifesté progressivement (comme chez les enfants). Cette opinion affronte un autre point de vue qui défend l'émergence spontanée du langage verbal sans l'aide du processus ontogénétique qui maintenant s'en occupe[56]. Les querelles abondent également quant à savoir si le langage verbal a précédé la fabrication des représentations visuelles ou lui a succédé. Il vaut la peine de relever ces débats qui touchent la pulsion créatrice et remettent en question les *a priori* selon lesquels la conscience esthétique se serait développée de manière croissante (allant toujours vers quelque chose de meilleur et de supérieur), le langage verbal ayant été le seul responsable de cette «amélioration».

Malgré une certaine interdisciplinarité qui aurait tout avantage à prêter plus d'attention à la sémiologie des arts visuels, les opinions persistent fréquemment à reconduire des préjugés qui font preuve de partis pris plus ou moins avoués pour la prédominance de la parole sur toute autre forme d'expression et de socialisation, et ces positions souvent plus idéologiques que scientifiques sont des projections qui colorent la recherche. Dans certains milieux, surtout celui de la linguistique, on présuppose que l'habileté verbale a affranchi les hominidés de la nature, et a alors rendu possibles la culture, la société et l'histoire[57]. Le langage verbal serait ainsi le moyen par excellence, sinon le seul, à permettre d'appréhender le réel dans un esprit collectif[58]. Être humain, c'est parler, et parler, c'est être humain[59].

Cette vision tautologique qui évacue le caractère éminemment humain de la difficulté ou de l'impossibilité consciente de traduire certaines sensations en mots est issue d'une longue tradition logocentriste largement propagée depuis longtemps par les textes sacrés de différentes cultures, dont la Bible[60], le Zohar[61] et le Coran[62], qui ont érigé un modèle de compréhension du monde sur la Loi de la Parole. On dit que Dieu a créé les choses en les nommant au fur et à mesure ; il leur a conféré une ontologie et l'homme, à sa ressemblance, tente d'en faire autant ! Tout un pan de la sémiologie structuraliste s'est d'ailleurs laissé piéger en postulant que rien n'existe qui n'est pas d'abord nommé, rendu possible par les jeux de langage[63]. Il n'est donc pas étonnant que l'introduction de l'indicible comme agent majeur dans le jugement *signesthétique* dérange les *a priori* confortables.

Des avis beaucoup plus nuancés suggèrent que le langage verbal et le langage plastique auraient fait leur apparition à peu près au même moment[64], mais pas nécessairement de manière spontanée[65] ou sous les mêmes formes chez tous les groupes. Ils rempliraient cependant une fonction analogue[66]. L'argument majeur est que la production des premiers traits sur une surface quelconque devait être accompagnée d'une forme de langage verbal[67] qui aurait eu pour fonction d'expliquer la tradition au sein de diverses communautés[68]. Du point de vue de la diffusion des savoir-faire et des conventions par la tradition orale et plus tard par l'écriture, ces *a priori* ne manquent pas de cohérence, et nul ne saurait contester que la transmission linguistique des règles qui encourage le mimétisme d'une génération à une autre s'appuie largement sur un discours argumentatif.

Mais cette avenue exclut la possibilité de marquages accidentels ou, pourquoi pas, strictement jouissifs chez l'homme pré-moderne, avant la mise en forme de langages (verbaux ou plastiques) complexes. En outre, la diffusion des manières plastiques et la conservation du savoir-faire ne sont pas uniquement une question de diffusion articulée verbalement et peuvent très bien résulter de la migration plus ou moins accidentelle de matières premières ou d'objets trouvés, récupérés et imités, le discours pouvant éventuellement les codifier. Et puis, qui sait si, pour certains groupes et à certaines époques, il n'était pas tabou de parler des images, de discourir sur elles? L'idée n'est pas si farfelue si l'on se rappelle qu'au cours des siècles il y a eu les différentes vagues iconoclastes qui, elles, interdisaient la reproduction de certains motifs (humains) ou tout simplement les images. Chaque société a ses censures et il s'agit de faire la part des choses tout en reconnaissant que la diffusion de différents modes d'expression imagée a pu, comme maintenant, se produire sous diverses formes.

On connaît maintenant des inscriptions pouvant remonter à environ trois cent mille ans, et qui sont donc dix fois antérieures aux grottes découvertes en France et en Espagne. On y a trouvé des pièces d'ocre rouge et d'hématite datant de cette ère et associées à des campements humains, et tout porte à croire que ces matières colorantes auraient été transportées d'un site à un autre et utilisées pour décorer le corps et les ustensiles[69]. On a récemment fait une découverte assez stupéfiante en Zambie et au Kenya où, dans des couches sédimentaires, on a trouvé des fragments semblables de colorants de cinq couleurs portant des traces d'utilisation, qu'il faudrait faire remonter entre deux cent soixante mille et quatre cent mille ans[70]. Si l'on considère ces vestiges fabriqués et conservés (collectionnés?) dans des gîtes situés à plusieurs kilomètres les uns des autres, il apparaît probable que des conventions techniques et graphiques aient accidentellement survécu parmi d'innombrables générations assez éloignées dans l'espace. On va même jusqu'à supposer l'existence «d'écoles d'art» préhistoriques[71] et si ce fut le cas, après tout une culture se forme et se transforme toujours par mimétisme de ses participants, l'articulation verbale aurait pu éventuellement renforcer la transmission des techniques.

En réaction à la diversité des opinions, d'éminents anthropologues[72] ont tenté de construire une théorie exhaustive de la jonction des langages (verbal et plastique) au cours de l'évolution et ont provoqué de vives réactions. Leur hypothèse d'une apparition simultanée de ces deux types d'expression repose sur les prémisses suivantes: 1) quoique nous ignorions si les hominiens possédaient un langage verbal semblable au langage humain, la représentation (*depiction*), c'est-à-dire le marquage délibéré des surfaces ou la modification des objets par des schémas reconnaissables comme images «de» quelque chose, n'a pu naître sans l'instauration préalable d'un système d'interprétation partagé (gestuel ou autre); 2) la représentation autorisée par une forme quelconque de communication a elle-même donné naissance au langage verbal structuré[73]; 3) l'habileté à transformer les marquages délibérés en formes symboliques peut remonter à la première partie du haut pléistocène et c'est à ce moment-là que les hominidés sont vraiment devenus humains à travers l'émergence d'un langage réflexif[74]; 4) le langage verbal et la représentation se sont donc développés l'un à travers l'autre[75] et, une fois la conscience acquise, le langage verbal pouvait dorénavant se passer de la représentation imagée, qui devenait dès lors un choix[76]. Tout se serait donc développé en chaîne: installation préalable d'un système d'interprétation partagé (gestuel, postural) → reconnaissance des images comme signes/structuration d'un langage verbal → sélection de l'un ou de l'autre des modes de communication → autonomie du langage verbal dispensé des marquages graphiques.

Plusieurs spécialistes de différentes disciplines ont rejeté ces principes en objectant que, historiquement, ils retardent beaucoup trop l'avènement de la parole et de la représentation (picturale ou sculpturale) et, de surcroît, occultent la production délibérée d'outils qui aurait précédé de beaucoup la période du haut pléistocène[77], laquelle était déjà accompagnée d'une forme de langage[78]; épistémologiquement, ils présupposent une production «universelle» d'images de la part des hominidés[79], alors que l'on sait très bien que plusieurs cultures ont survécu jusqu'à nous sans avoir produit une grande quantité d'images[80]; anthropologiquement, ils reprennent trop rapidement la thèse d'un avènement spontané et unilatéral[81] des images et du langage[82]; scientifiquement, ils ignorent que, avant l'acquisition du langage, le cerveau possédait déjà les bases nécessaires et il était capable de produire des concepts, d'agir en fonction d'eux[83] et de catégoriser mentalement des objets, des événements et des relations entre les choses[84].

Or, le problème est que tous les auteurs, qu'ils soient pour ou contre la théorie du développement faisant concorder les deux types d'expression (plastique, linguistique), s'attardent quasi exclusivement à la représentation figurative qui aurait été le signe incontestable, soit d'une prise de conscience réflexive, soit d'une relation initiale et primitive plus ou moins simultanée entre le langage plastique et le langage verbal. On laisse ainsi pour compte le fait que le marquage abstrait (géométrique) réalisé sur le corps ou sur toute autre surface est aussi une actualisation symbolique, une «image», un signe qui produit des effets sémantiques.

On a également postulé que les propriétés d'une image ne suffisent jamais par elles-mêmes à établir une signification constante et partagée[85]. Cette assertion demande quelques ajustements, car elle touche non seulement les vestiges préhistoriques mais un bon nombre d'images contemporaines. Premièrement, les caractéristiques formelles d'un motif produisent des effets visuels et sémantiques semblables et constants d'une culture à l'autre, telles la circularité du cercle, la carrure du carré, la fermeture ou l'ouverture des formes, etc. Elles sont interprétées sans l'aide du langage verbal et cette compréhension des formes aurait pu donner lieu à de nombreuses créations graphiques à l'aube de l'humanité, bien avant l'avènement de langages complexes. Dès qu'un concept (rondeur, circularité, carrure, etc.) vient se greffer à la détection visuelle d'une forme géométrique, il y a sémantisation. Deuxièmement, une fois récupérées et comblées d'une signification codée, ces mêmes caractéristiques, par exemple le cercle compris comme symbole solaire relié à la régénération vitale, seront reconnues comme porteuses d'un sens additionnel sur la base de connaissances partagées. Ce sont des changements de paradigmes symboliques. Il faut retenir que, si le langage verbal a et a eu pour fonction de diffuser une interprétation particulière des images, le fond formel des représentations peut avoir une signification pour tous les individus, même ceux qui ont des déficiences de compréhension ou d'articulation linguistique[86]. La perception a toujours un sens, même si le doute subsiste quant à la codification de la forme.

Par ailleurs, si l'on peut admettre la possibilité d'une convergence entre la production des images figuratives et l'utilisation du langage verbal, la mise en forme d'images abstraites ou figuratives est toujours un choix, et certaines cultures, on l'a vu à propos des Nilotes, se passent fort bien des unes et des autres, tout en utilisant un langage verbal complexe. Personne, cependant, ne contestera que le fait même de procéder à des sélections et à des combinaisons exprimées plastiquement ou verbalement relève de quelque chose de viscéral[87], et c'est peut-être en raison de cette pulsion que, dans la continuité de quelque chose qui était déjà en germe, les deux systèmes d'expression se sont chevauchés dans le temps pour certains groupes d'individus.

Il faut insister sur le cas des images abstraites qui, au cours des siècles, ont côtoyé des formes beaucoup plus figuratives, parfois dans un même site, dans des contextes ayant déjà des langages verbaux complexes. Prenons comme exemples des cas de Niaux et de Carnac (ill. nos 8 et 9). Il serait certainement erroné de prétendre qu'au moment de la réalisation de ces marquages tous les individus de la région étaient en mesure de les décoder en tant que porteurs d'un contenu hermétique, de même qu'il serait inexact de présupposer que tous les individus actuels reconnaissent d'emblée les codes des images ou de toutes sortes de signalisations contemporaines. On ne sait plus à quoi référaient ces deux images et l'on tente tant bien que mal de les interpréter. Il pourrait s'agir de tables de calcul aussi bien que de représentations schématisées d'un territoire partagé en régions. L'inaptitude à ancrer la signification de contenu résulte évidemment d'une coupure dans la diffusion verbale des projets initiaux. Ce qui ne récuse pas la possibilité que tous peuvent encore «jouer» à décoder l'ordre et le rythme des lignes, des angles et des points, lesquels sont d'ailleurs à la base de l'interprétation des images abstraites contemporaines. Mais c'est une autre histoire…

Quoique éloignés dans l'espace et le temps, ces deux cas (ill. nos 8 et 9) devraient donc nous servir de leçon à plusieurs égards. Toutes les théories, anthropologiques ou autres, reconduisent des attitudes bien actuelles et renforcent le gouffre théorique et méthodologique qui s'est installé entre les défenseurs de la priorité du langage verbal comme activité «typiquement» humaine et les spécialistes des arts visuels soucieux de mettre de l'avant l'activité de structuration dans la perception, indépendamment du langage verbal. Le malentendu naît d'un *a priori* répandu selon lequel la préadaptation la plus élémentaire à l'éclosion du langage verbal aurait été celle d'une habileté chez les premiers humains à outrepasser le stade sensoriel (celui des percepts) pour aller vers un traitement conceptuel[88], lequel se manifesterait par un langage (verbal) complexe. Cette hypothèse apparentée à la notion de «progrès» a donné cours à la dichotomie fâcheuse: primitivisme (percepts)/civilisation (concepts). Il faut dire que, même chez les sémioticiens des arts visuels qui ont à juste titre défendu et expliqué les principes de la formation des percepts, la question des concepts générés au cours du traitement des images a souvent été négligée. Une telle exclusion continue à soutenir le préjugé populaire: les artistes se défoulent, ne se fient qu'à leurs sensations, d'où l'idée de l'artiste un peu sauvage, névrosé, enfant terrible, libéré de la parole de soi, sinon de celle des autres.

Des scientifiques ont aggravé la chose en poussant le parallélisme des deux systèmes périphériques de traitement de l'information (verbal, visuel) à un niveau de dissociation extrême[89], sans trop tenir compte que les projections sur le monde prennent leur source dans la mémoire de chaque individu et que l'un et l'autre des langages, plastique et verbal, résultent toujours d'une pensée, d'un choix, d'un engagement à la fois conceptuel et perceptuel. Encore plus important, la production des divers modes d'expression doit être attribuée à travers l'évolution au fait que les humains, dès qu'ils ont connu la conscience de soi, ont conceptualisé le monde comme lieu de création[90]. Le corps parlant est un corps pensant qui répond à un besoin fondamental de refaire le monde, sans nécessairement pouvoir le redire en mots; il est un corps qui jouit de se projeter et il en fait grand cas.

3.3 La projection de soi: un événement

Événement (action, *pragma*), voilà le mot clé, voilà le concept qui soutient tous les modes d'expression par l'intermédiaire desquels les individus ont le sentiment d'intervenir sur leur environnement. C'est parce qu'ils croient que leurs interventions auront quelque conséquence qu'ils persistent à imaginer des valeurs, quoique toujours bien arbitraires, aux activités les plus ordinaires, voire les plus vitales à la survie du corps biologique. Toutes peuvent servir de prétexte à la constitution de valeurs d'usage et de valeurs d'échange, le partage des victuailles étant le lieu par excellence de l'implantation d'un rituel[91]. Pour l'individu, différentes manières de paraître, dont l'habillement, la coiffure, la parure, la posture, la gestualité, les intonations de la voix, deviennent un langage par lequel il s'exprime. Ce sont toutes des projections de soi qui «font événement», c'est-à-dire qui sont ressenties comme activité. Et cette sensation de vivre avec le monde est tout à fait «naturelle».

Il est extrêmement rafraîchissant de constater que, depuis peu, des anthropologues, des ethnologues, des archéologues et des historiens de l'art s'écartent d'une pensée polarisée qui opposerait la nature à la culture. L'origine naturelle et l'origine culturelle ou sociale[92] des manifestations symboliques (verbales ou autres) ne sont plus opposées, et, sans écarter le fait que la fabrication des symboles est un instrument de partage essentiel au bien-être de la communauté[93], une réflexion sérieuse à propos de l'emboîtement de la nature et de la culture est engagée. Si l'on admet que les expressions plastiques, par exemple, ont été assujetties à un contrôle social pendant des millénaires, il y a de moins en moins d'adeptes des théories qui défendaient l'idée que les manifestations plastiques de toutes les époques avaient été inventées pour des raisons strictement sociales et culturelles[94].

On reconnaît, cependant, qu'au cours de l'évolution la consolidation culturelle a eu quelque chose à voir avec les migrations occasionnées par les conditions climatiques difficiles et toutes sortes de cataclysmes naturels incontrôlables, chaque groupe ayant alors eu avantage à se resserrer et à se donner des repères d'identification spécifiques. Si les hominidés sont entrés en culture (nous reviendrons très longuement sur ce concept au dernier chapitre), cela était dans leur nature... S'il y a eu passage d'un état sauvage (proto-humain) à un état culturel, une fois le système converti, toutes les possibilités étaient permises. Des couches sémantiques pouvaient être superposées dans l'expression d'un langage quelconque et les expériences pouvaient être complexifiées par l'établissement de balises entre les différents modes de projection.

Cette économie naturellement motivée a peut-être commencé par un jeu technique[95], par le plaisir ressenti lors de l'utilisation des matières premières (roches, cailloux, bouts de bois), au delà de la nécessité. On sait que plusieurs modes de représentations symboliques ont précédé les images[96], notamment la sépulture des défunts, et on a trouvé des vestiges qui démontrent que certains groupes de population qui vivaient en Afrique entre 100 000 et 50 000 ans savaient faire du feu et enterraient leurs morts, malgré un outillage technique peu diversifié[97]. On conçoit également que la stylisation géométrique[98], la décoration qui peut même être attribuée au Neandertal, voire à l'*Homo erectus*[99], l'application de couleurs sur toutes sortes de surfaces, l'inscription de marquages sur le corps (scarification, tatouage ou maquillage)[100] aient pu constituer autant de systèmes de signes. Il n'est pas illogique de penser que les premières images complexes découlaient de la découverte de la possibilité métaphorique de la ligne, des marques, des taches de couleur qui n'ont pas de statut de représentation *a priori*[101].

Il est vrai que les hominidés n'étaient pas et ne sont toujours pas les seuls à faire usage de lignes pour marquer leur territoire, les chats, entre autres, le font à l'aide de leurs griffes[102]. Ce ne sont donc ni le marquage comme tel ni le type de trace qui sous-tendent l'intentionnalité symbolique[103], mais bien l'instauration consciente de différentes possibilités sémantiques dans une même forme. Toutefois, au départ, les agencements de lignes, de marques, des taches de couleur expriment des rythmes et non des formes individuelles [104], et c'est en ce sens qu'ils sont à la fois des avènements et des événements.

Par exemple, on a constaté l'évidence de l'utilisation de la couleur dans la représentation d'animaux en Afrique du Sud bien avant les dessins grossièrement tracés que l'on peut retrouver dans l'art pariétal européen et on a récemment trouvé dans une vingtaine de sites de l'Afrique australe des fragments d'ocre rouge portant souvent les traces d'une utilisation d'un type de crayon [105]. Les facettes striées témoignent d'une abrasion ayant servi à introduire des poudres colorantes et indiquent que ces manifestations précèdent de trente mille à cent mille ans l'apparition de manifestations proprement artistiques en Europe [106].

Jadis, comme maintenant, le lieu même de la manifestation repose sur toute une panoplie de valeurs circonstancielles. On ne se projette pas n'importe où sans en prévoir les conséquences. À l'encontre de ceux qui nient à nos ancêtres la possibilité d'avoir attribué aux parois des cavernes une fonction symbolique, et il y en a encore [107], on peut de façon cohérente supposer que l'homme préhistorique projetait ses craintes et ses espoirs sur les fissures et les veines des parois [108]. Le fait même d'orner des espaces souterrains exprime clairement le désir de protéger et de conserver les images en leur attribuant de la sorte des valeurs autres que celles du marquage. Nous n'avons pas à douter d'un investissement à la fois pratique (conservation de la trace à l'abri des intempéries) et symbolique (conservation de soi par l'image).

Par ailleurs, une hypothèse qui peut sembler à première vue quelque peu curieuse attribue les premières représentations figuratives au fait que certains individus affectés d'une vision eidétique, c'est-à-dire d'une mémoire visuelle exceptionnelle, auraient été capables de projeter sur une surface vierge une «réplique exacte» d'une scène préalablement perçue [109]. Il faut réviser cette assertion. Aujourd'hui, seul un nombre restreint de gens jouissent d'une telle vision [110]. Si l'on suppose que notre système visuel (physiologique) n'a pas changé depuis les premières figurations (et tout porte à le croire), comment se fait-il que depuis ce temps la production d'images figuratives ne soit pas réservée à ceux et à celles qui possèdent une telle vision? Il faut toujours rappeler que la représentation figurative n'est pas une «réplique exacte» du monde environnant, elle est un simulacre résultant d'une création, d'un choix de la part de l'auteur de représenter un type d'espace particulier. Néanmoins, quoiqu'elle ne soit qu'un outil, un avantage technique, la vision eidétique aurait pu faciliter les interventions figuratives, au même titre, par exemple, qu'une habileté musculaire exceptionnelle aurait soutenu la pratique sculpturale chez certains individus. Si ces habiletés naturelles peuvent encore être détectées de nos jours, rien ne nous interdit de penser qu'elles font partie des variantes au sein de l'espèce au cours des âges.

À une époque très reculée, la fabrication des artefacts pouvait tout aussi bien incorporer des brindilles, des roches et des coquillages. Puisque les vestiges les plus anciens trouvés à ce jour sont des marquages de sépulture ou des breloques qui remontent à Neandertal, même à *Homo erectus*[111], il est évidemment tentant de conclure que ces gens-là n'avaient pas encore les aptitudes nécessaires pour s'exprimer par des manifestations picturales complexes[112]. Ce serait oublier la possibilité d'un premier travail plastique sur le sol, le sable, la peau des animaux ou sur des fossiles dont on aurait rehaussé les traits[113]. Tout type de marquage ou de transformation d'un espace en signe demande de l'imagination et une vive intuition de la métaphore[114], et cela implique forcément une habileté à donner un sens à soi-même et au monde[115]. L'œil savant ne connaît pas de limites à la manière de se projeter dans l'espace.

On a encore, semble-t-il, une vision linéaire des expressions plastiques qui se seraient améliorées au rythme d'un cerveau de plus en plus civilisé en passant de la décoration corporelle (géométrique) à la coloration des images gravées ou sculptées (schématisées) pour en arriver enfin à la représentation (figurative)[116] sur des surfaces planes[117]. C'est trop souvent dans un climat théorique à forte saveur hégélienne[118] que l'on théorise cette «progression» en prétendant que, après les simples traits (insignifiants?), les premières représentations de formes animales, par exemple, n'auraient que «simplement» représenté l'animal sans lui donner de signification. Dans la même ligne de pensée, on présuppose que, plus tard dans l'évolution, après que les hommes eurent acquis l'habileté à reproduire ces motifs sur d'autres objets ou d'autres surfaces[119], leur signification aurait été élargie[120] et ils seraient devenus de véritables représentations symboliques.

Le problème avec la théorie idéaliste de l'extension est que, en plus de passer sous silence le fait que l'adaptation s'accommode d'un environnement lui-même changeant[121], elle ignore les fondements mêmes du caractère événementiel de la projection de soi dans des images ou autres manifestations[122]. De plus, les découvertes les plus empiriques nous montrent que toutes sortes de modes d'expression ont été parallèlement pratiqués à travers les âges et ils le sont encore.

On a longtemps traité séparément les outils ornés et les représentations picturales ou sculpturales, comme l'on sépare encore de nos jours les arts majeurs et les arts mineurs. Prétextant une prétendue naïveté primitive de l'artisan qui n'aurait pas personnalisé les objets, on nie aux outils toute valeur esthétique[123]. Quoique ces objets se ressemblent, chacun porte la trace d'une manipulation inédite, une sorte de «signature» de l'exécutant, et, par exemple, les outils de chasse minutieusement taillés au delà de la nécessité pratique (ill. n° 10) manifestent tout autant le désir de se projeter «esthétiquement» que celui de se protéger.

Cette double visée (projection-protection) répond à un aspect somatique de la vie en rapport avec la quête d'une certaine permanence de soi dans des traces pouvant plus ou moins résister à la dégradation naturelle du support et des pigments selon les techniques utilisées. La scarification de la peau et le tatouage sont plus durables que le maquillage et les breloques ensevelies, et les peintures exécutées dans des lieux protégés sont susceptibles de durer plus longtemps que le marquage à l'air libre[124]. Toutes ces techniques qui semblent s'être chevauchées sur une très longue période de temps, l'une n'aliénant pas les autres, confirment une connaissance et une réflexion sur les changements qui se produisaient tout autant dans la matière que dans l'environnement. Mais avec la réalisation d'un univers mouvant, viennent l'incertitude, le doute et l'inquiétude de ne plus s'y retrouver, d'où, entre autres, la représentation de soi comme assurance de sa propre continuité.

Il est maintenant bien connu que de nombreux sites préhistoriques portent la marque d'un geste quasi viscéral, celui de laisser les empreintes de sa main comme métonymie d'un corps en présence dans l'espace-temps. *C'est moi, c'est mon empreinte unique, j'étais ici, je «signe» pour me sur-vivre.* Cette habitude d'ainsi marquer l'espace a continué et, profitant des outils, des techniques et des conventions stylistiques de leur propre culture, les artistes ont souvent reproduit ce geste. Le motif de la main a ceci de particulier qu'il évoque une sensation tactile et haptique, celle de toucher, de «prendre», de saisir un fragment d'espace et de faire corps avec lui. Pour l'observateur de toutes les époques, la présence de la main de l'autre comme icône fait figure de sceau indélébile du propriétaire des lieux.

Des artistes contemporains reprennent ces concepts mais trompent parfois le regardant quant à l'identité même de l'autre en présence. C'est le cas du tableau de Angèle Verret (ill. n° 11) où la technique, le matériau, la composition et des marquages ajoutés au motif de base brouillent les pistes. Même l'œil habitué à différents types de mise en forme parvient mal à s'accommoder des impressions quasi hallucinatoires produites par le motif qui apparaît et disparaît selon les angles de vue.

Ce tableau a une histoire qui, racontée par l'artiste[125], même si elle ne peut contrer l'inconfort visuel, explique l'ambiguïté de la représentation. Verret a choisi au hasard la représentation photographique d'une main (anonyme) recouverte de signes ésotériques servant à interpréter les lignes de la vie. Elle a projeté cette image agrandie sur une grande surface de toile déjà enduite d'un fond grisâtre et l'a retravaillée, colorée, modifiée et amincie tout en conservant les stigmates cabalistiques, qui s'en trouvent cependant quelque peu brouillés. Elle a métamorphosé le motif à l'aide de pigments contenant du mica, d'où l'étrange impression d'apparition et de disparition du motif selon l'angle de réflexion de la lumière et la position du spectateur. Vue de face et avec un éclairage central, la main apparaît stable mais squelettique et porteuse d'un langage hermétique, comme si une ombre tatouée venait du fond des lieux et des temps. Mais perçu en angle (à droite ou à gauche du point central), le motif s'évanouit complètement dans le fond bleuté qui semble s'avancer pour englober la totalité de l'espace et jeter un voile opaque qui tient le regardant à distance du motif. Et même bien perçue de face, la main inversée, le pouce en bas et tournée vers la gauche, agit comme repoussoir, tandis que les signes ésotériques qui appartiennent à un langage énigmatique renforcent l'écart entre l'autre fictif et le spectateur.

Plutôt que d'utiliser le motif de la main comme inscription directe d'une identité qui serait sienne, Verret se construit ainsi un faux passeport authentifiant beaucoup plus son intervention créatrice que sa propre identité. Elle déclenche chez le spectateur un événement perceptuel inconfortable où la réalité se confond avec l'illusion (peinture/photographie), et il ne sait plus très bien où commencent et où finissent la forme et le fond, ni à qui et à quoi renvoie la main maquillée.

Verret reprend un processus de fondu (forme-fond) qui n'est pas très éloigné de celui qu'ont emprunté les concepteurs des grottes anciennes où les motifs se moulent dans les creux et les reliefs de la paroi et permettent d'étranges impressions d'oscillation selon l'éclairage ambiant. Sans compter que dans ces lieux des marquages géométriques étranges demeurent tout à fait incertains, du moins pour nous ou pour qui, déjà à cette époque, ignorait le code de déchiffrage. Mais plus important que les similitudes formelles, dans la mesure où il relate des processus et des concepts datant de millénaires, quoique par des moyens qui nous sont contemporains, le tableau de Verret indique des propensions humaines profondes et trans-historiques à l'instauration littérale ou métaphorique de soi dans l'espace (concepteur et récepteur). Grâce aux retenues excessives du motif visuellement et sémantiquement difficile à saisir malgré la représentation d'un motif universellement reconnaissable, le tableau expose l'engagement perceptuel du récepteur qui se trouve invariablement aux prises avec l'incertitude de ses propres projections dans l'espace.

En complexifiant la perception des formes, en interdisant la catégorisation spontanée et stable des choses représentées, en se retirant de l'image (non signée en surface) et en posant la main de l'autre anonyme comme symbole d'une présence «humaine», Verret remet à jour des pulsions primaires partagées et démontre par son tableau que l'œil savant est aussi un œil inquiet de se perdre en perdant l'autre de vue. Quant à la parole, celle de l'artiste, celle de l'analyste, elle instaure un métalangage qui, loin d'annuler le malaise perceptuel ressenti devant la fugacité du motif, le rend d'autant plus percutant. Cette parole-là, qui dissèque le processus de mise en forme et en expose les retentissements, vient du fond des temps alors que la conscience objective réalisait qu'elle pouvait transformer symboliquement les marquages, toujours dans le but de saisir le monde et d'en arrêter le flux, ne serait-ce que provisoirement.

1. Sur le développement de la vision au cours de l'évolution, voir tout particulièrement Patrick Trevor-Roper, *The World Through Blunted Sight*, New York, The Bobbs-Merrill Company, Inc., 1970, Michael S. Gazzaniga, *The Mind's Past*, Berkeley, University of California Press, 1998, p. 11, 12, 45, 65, et Jacques Ninio, *L'empreinte des sens. Perception, langage, mémoire*, Paris, Éditions Odile Jacob, coll. «Points», 1991, p. 29-39.
2. Tyler Burge, «Individualism and Psychology», dans Alvin I. Goldman (dir.), *Readings in Philosophy and Cognitive Science*, Cambridge, Massachusetts, The MIT Press, A Bradford Book, 1993, p. 731.
3. André Leroi-Gourhan a été un des premiers à insister sur l'importance de la longue libération du corps qui s'assurait ainsi une mobilité progressive (*Le geste et la parole. Techniques et langage*, Paris, Albin Michel, 1965, p. 40-41).

4. John Eccles, *Évolution du cerveau et création de la conscience*, Paris, Flammarion, coll. «Champs», 1989, p. 179, 187.

5. Contrairement à l'homme, les primates et les chimpanzés sont capables de respirer en avalant, car leur épiglotte forme avec le voile du palais une cloison étanche. Chez l'homme, la position du larynx rend cette faculté impossible (Philip Ross, «L'histoire du langage», *Pour la science*, dossier hors série, «Les langues du monde», octobre 1997, p. 26).

6. Patrick Trevor-Roper, *op. cit.*

7. Comme le fait remarquer Michael S. Gazzaniga (*op. cit.*, p. 11), tout a peut-être commencé par la perception d'un fragment de pigment contrasté qui a permis à l'animal de différencier la clarté de la pénombre, le jour de la nuit.

8. Anne Treisman, «L'attention, les traits et la perception des objets», dans Daniel Andler (dir.), *Introduction aux sciences cognitives*, Paris, Gallimard, coll. «Folio», 1992, p. 153.

9. Il faut lire à ce propos Sydney Shoemaker, «The Mind-Body Problem», dans Richard Wagner et Tedeusz Szubka (dir.), *The Mind-Body Problem. A Guide to the Current Debate*, Cambridge, Massachusetts, Blackwell, 1994, p. 55-60.

10. Michael C. Corballis fait remarquer que, si certaines espèces animales se fabriquent des outils, seuls les premiers hommes manufacturaient «systématiquement» des outils de «pierre». Avec l'émergence de l'*Homo erectus*, la fabrication des outils s'est raffinée («On the Evolution of Language and Generativity», *Cognition*, n° 44, 1992, p. 207).

11. Whitney Davis, «The Origins of Images Making», *Current Anthropology*, vol. XXVII, n° 3, juin 1986, p. 193.

12. Cette hypothèse formulée par Whitney Davis (*loc. cit.*, p. 210) est soutenue par Robert Bernarik («Réponse à Whitney Davis», *Current Anthropology*, vol. XXVII, n° 3, 1986, p. 203), mais rejetée par James C. Faris («Réponse à Whitney Davis», *Current Anthropology*, vol. XXVII, n° 3, 1986, p. 203).

13, Tout en dressant un profil critique des nouvelles façons d'aborder le sujet par rapport à «l'ancienne» anthropologie, Frédéric Joulian juge que l'interdisciplinarité et la pluridisciplinarité sont encore trop sectorielles («L'hominisation et les singes. Une parenté contre nature», *Diogène*, n° 180, octobre-décembre 1997, p. 65-90). À l'inverse, ces tentatives de rapprochement entre disciplines sont encore parfois taxées de réductionnisme. Lire à cet égard Jean-Michel Besnier, *Les théories de la connaissance. Un exposé pour comprendre. Un essai pour réfléchir*, Paris, Flammarion, coll. «Dominos», 1996, p. 104-106.

14. La spectrométrie de masse par accélérateur et la thermoluminescence ont remplacé la méthode du carbone 14 qui comportait une marge d'erreur beaucoup plus élevée. À propos des nouvelles techniques d'analyse, voir Hélène Vallada et Nadine Tisnérat-Laborde («De l'art subtil des datations», *La Recherche*, hors série, n° 4, 2000, p. 51-52) et Thiery Aubry («Une datation objective de l'art», *La Recherche*, hors série, n° 4, 2000, p. 54-55).

15. Paul G. Bahn, «Ne cherchez pas le berceau de l'art», *ibid.*, p. 28.

16. Francesco D'Errico est un de ces chercheurs qui explorent systématiquement des parties du globe jusque-là négligées par ses collègues. Il appelle à la prudence ceux qui sont tentés d'attribuer quelque fonction symbolique à des pierres sculptées par la nature et qui ont accidentellement pris la forme de corps ou de visages schématisés («Sur les traces de l'Homo Symbolicus», *La Recherche*, hors série, n° 4, 2000, p. 22-25).

17. Les créationnistes s'opposent à la théorie de l'évolution dont l'enseignement est encore parfois interdit dans les écoles et collèges américains comme en Arkansas et en Alabama. En 2001, au Kansas, dans un vote de sept contre trois, les membres de la Commission de l'éducation de l'État ont cependant renversé une décision prise en 1999 qui réitérait l'interdiction légiférée au début du xxe siècle, mais cela avec réserve, car les professeurs peuvent maintenant enseigner la théorie de Darwin. Cependant, s'ils le désirent, ils peuvent en lieu et place prôner les théories évolutionnistes. Au Québec, nous avons peut-être fait preuve d'une plus grande ouverture à la science, mais comme exemple des réticences qui perdurent, en janvier 2001, se tenait à l'Université de Montréal un débat qui opposait précisément créationnistes et évolutionnistes (Valérie Dufour, «Kansas. La théorie de l'évolution a de nouveau droit de cité», *Le Devoir*, le 27 février 2001, p. A5). La partie n'est pas gagnée pour les évolutionnistes, car, au début de 2002, sous la pression de deux groupes chrétiens ultra-conservateurs, l'État de l'Alabama reconduisait sa politique de 1996 en vertu de laquelle tout livre de biologie doit arborer un autocollant stipulant que

l'évolution est une «théorie controversée» («Le ciel et l'enfer», [SAP], *Le Devoir*, le 19 janvier 2002, p. B12).

18. Stephen Jay Gould fut un des grands défenseurs de cette idée du hasard comme moteur des bonds cognitifs (*Le sourire du flamant rose. Réflexions sur l'histoire naturelle*, Paris, Seuil, coll. «Points», 1988). Gould a également rédigé un ouvrage critique de première importance où il analyse les deux grandes métaphores, celle de la flèche du temps et celle du déroulement cyclique de la nature, qui ont servi de source aux réflexions les plus courantes jusqu'à ce jour (*Time's Arrow, Time's Cycle. Myth and Metaphor in the Discovery of Geological Time*, Cambridge, Massachusetts, Harvard University Press, 1987).
19. Francesco D'Errico, *loc. cit.*, p. 25.
20. En Afrique, ces pré-australopithèques se déplaçaient déjà sur leurs pattes postérieures. Puis vinrent les australopithèques aux traits moins simiens qui apparurent vers 3,5 millions d'années avant notre ère pour s'éteindre il y a un million d'années seulement (Jean-Pierre Changeux, *L'homme neuronal*, Paris, Fayard, 1983, p. 311-312). Les australopithèques étaient nomades, se dressaient sur les pattes de derrière mais grimpaient encore aux arbres (http://perso.wanado.fr//enotero//homprehis.htm).
21. À peu près contemporain de l'australopithèque, l'*Homo habilis* était franchement bipède, ses dents se sont adaptées à une alimentation omnivore et sa capacité crânienne est en moyenne de 638 cm (Jean-Pierre Changeux, *op. cit.*, p. 312). L'*Homo habilis* était nomade et vivait de cueillette, de pêche et de chasse (http://perso.wanadoo.fr).
22. À partir de l'Afrique, les hommes modernes se seraient dispersés vers l'Eurasie où ils auraient remplacé les hominidés archaïques. On n'a toujours pas de réponse à l'énigme du «Out of Africa», car rien n'explique pourquoi les hommes modernes et prémodernes sont partis de l'Afrique il y a 50 000 ans et pas avant (Richard G. Klein, «L'art est-il né d'une mutation génétique?», *La Recherche*, hors série, n° 4, 2000, p. 18-21).
23. Le néandertalien (en Europe) avait un volume crânien interne qui, curieusement, dépassait sensiblement celui de l'*Homo sapiens sapiens* (Jean-Pierre Changeux, *op. cit.*, p. 212-213).
24. L'*Homo erectus*, aussi appelé homme de Java et homme de Pékin en Asie, aurait récupéré le feu des incendies naturels (perso.wanadoo.fr).
25. David Lewis-William (réponse à John Halverson), *Current Anthropology*, vol. XXVIII, n° 1, 1987, p. 79.
26. Richard G. Klein, *loc. cit.*, p. 19.
27. Randall White, «Un Big Bang socioculturel», *La Recherche*, hors série, n° 4, 2000, p. 14-15.
28. Luc Allemand, «Dessine-moi un axe de recherche», *ibid.*, p. 32.
29. E. R. Leach qualifie de simpliste l'idée que l'homme sans langage vivait dans une nébuleuse («Art in its Social Context», dans Walter Goldsmith [dir.], *Exploring the Ways of Mankind*, New York, Holt, Rinehart and Winston, 1960, p. 592).
30. *Ibid.*, p. 12.
31. Cette hypothèse émise par Michael C. Corballis suppose que le langage se serait développé par sélection naturelle (*loc. cit.*, p. 197, p. 214).
32. Juan C. Gomez et Encarnacion Sarria, «Gestures, Persons and Communication: Socio-cognitive Factors in the Development and Evolution of Linguistic Abilities», *Behavioral and Brain Sciences*, vol. XIV, n° 4, 1991, p. 563-563.
33. Wendy K. Wilkins et Jennie Wakefield, «Brain Evolution and Neurolinguistic Preconditions», *Behavioral and Brain Sciences*, vol. XVIII, n° 1, 1995, p. 170.
34. C'était l'opinion maintenant contestée de Leslie White, «Symbol. The Basis of Language and Culture», dans Walter Goldsmith (dir.), *op. cit.*, p. 73.
35. Whitney Davis, *loc. cit.*, p. 201.
36. Nathan Kogan suggère que ces solutions ont été encodées dans le programme génétique («On Aesthetics and its Origin: Some Psychological and Evolutionary Considerations», *Social Research*, vol. LXI, n° 1, 1994, p. 144).
37. *Ibid.*, p. 158.
38. Jean-Pierre Changeux, *Ce qui nous fait penser. La nature et la règle*, Paris, Éditions Odile Jacob, 1998, p. 161.
39. Paul G. Bahn (*loc. cit.*, p. 25) et John Halverson défendent néanmoins l'idée que les premiers humains pouvaient sculpter ou dessiner par simple plaisir («Art for Art's Sake in the Paleolithic», *Current Anthropology*, vol. XXIV, n° 1, 1987, p. 63-71).
40. Francesco D'Errico, *loc. cit.*, p. 25.

41. Deux chercheures s'opposent catégoriquement à cette notion de la «gratuité»: Whitney Davis (réponse à John Halverson, *Current Anthropology*, vol. XXVIII, n° 1, 1987, p. 75) et Ana Maria Llamazares (réponse à John Halverson), *ibid.*, p. 80.

42. Comme le note Jean-Pierre Changeux, si Haeckel et Darwin n'avaient pas eu cette audace, nous ne saurions presque rien sur nos propres origines (*L'homme neuronal, op. cit.*, p. 317).

43. Iain Davidson et William Noble considèrent cette nuance comme importante («The Archeology of Perception», *Current Anthropology*, vol. XXX, n° 2, 1989, p. 125-126).

44. C'est le cas, entre autres, de Gregory L. Murphy et Douglas L. Medin qui soulèvent l'aspect idéologique, voire politique, d'une telle théorie («The Role of Theories in Conceptual Cohérence», *Psychological Review*, vol. XCII, n° 3, 1985, p. 289-316). On lira également à ce propos Michael S. Gazzaniga, *op. cit.*, p. 14.

45. Jacques Mehler et Emmanuel Dupoux présentent une brève synthèse critique des théories qui soutiennent l'adéquation entre l'enfant moderne et l'homme préhistorique (*Naître humain*, Paris, Éditions Odile Jacob, 1990, p. 59-60).

46. Merlin Donald, «Representation: Ontogenesis and Phylogenesis», *Behavioral and Brain Sciences*, vol. XVII, n° 4, 1994, p. 715.

47. Michael Tomasello, «Objects are Analogous to Words, not Phonemes or Grammatical Categories», *Behavioral and Brain Sciences*, vol. XIV, n° 4, 1991, p. 575.

48. Cette habitude remonte au début du XXᵉ siècle. En 1920, le psychologue français Georges-Henri Luquet y faisait référence en ces termes: «Les formes enfantines rejoignent dans une certaine mesure celles que nous ont laissées les civilisations archaïques.» (dans Todd Lubart *et al.*, «Art des enfants, enfance de l'art», *La Recherche*, hors série, n° 4, 2000, p. 97)

49. Plusieurs chercheurs font appel à une plus grande rigueur au sujet de la datation des premiers vestiges et soulignent qu'il est imprudent de ne considérer que la peinture (James Faris, *loc. cit.*, p. 203 et Alexander Marschack [réponse à Whitney Davis], *Current Anthropology*, vol. XXVII, n° 3, 1986, p. 205-206).

50. À l'exception de la grotte de Chauvet qui n'est pas accessible, j'ai eu le loisir d'observer *de visu* toutes les images préhistoriques illustrées dans cet ouvrage.

51. C'est le cas de Harry Hoijer («The Nature of Language», dans Walter Goldsmith [dir.], *op. cit.*, New York, Holt, Rinehart and Winston, 1960, p. 80). Pour un panorama critique des divers modèles d'embranchement, il faut lire Gérard Lucotte, *Introduction à l'anthropologie moléculaire. «Ève était noire»*, Paris, Lavoisier, coll. «Technique et Documentation», 1990, p. 10-15.

52. Le mot se serait beaucoup plus tard déformé pour devenir *digit* en latin, puis *toe* en anglais (Merrit Ruhlen, cité dans Philip Ross, *loc. cit.*, p. 21-22).

53. Edgar Morin, *Le paradigme perdu: la nature humaine*, Paris, Seuil, coll. «Points», 1973, p. 82-83.

54. *Ibid.*, p. 84.

55. Ralf-Axel Müller présente d'excellentes mises en garde («Innates, Antonomy, Universality?, Neurobiological Approaches of Language», *Behavioral and Brain Sciences*, vol. XIX, n° 4, 1996, p. 611).

56. William Noble et Iain Davidson, «Evolving Remembrance of Times and Future», *Behavioral and Brain Sciences*, vol. XIV, n° 4, 1991, p. 230.

57. W. J. T. Mitchell, *Iconology, Image, Text. Ideology*, Chicago, The University of Chicago Press, 1986, p. 76. Il est un peu triste de voir un tel axiome émis par un spécialiste des arts visuels!

58. Cet axiome est soutenu par Henri Boyer *et al.*, *Anthropologie de l'écriture*, Robert Laffont (dir.), Paris, Centre Georges Pompidou, 1984.

59. C'est la thèse fondamentale de Walter Goldsmith («Introduction», Walter Goldsmith [dir.], *op. cit.*, p. 3) déjà présente chez Claude Lévi-Strauss (*The Savage Mind*, Chicago, The University of Chicago Press, 1966, p. 1-33) par opposition à Franz Boas qui ne considérait pas la langue comme unique conditionnement de la culture et de l'esthétique («The Aesthetic Experience», dans Walter Goldsmith [dir.], *op. cit.*, p. 516-630).

60. «La Genèse», 1.1-26, *La Bible de Jérusalem*, traduite en français sous la direction de l'École biblique de Jérusalem, Paris/Montréal, Les Éditions du Cerf/Les Éditions Fides, 1973, p. 31, 32, 41.

61. «La création de l'homme», *Le Zohar. Le livre de la splendeur*, textes choisis et présentés par Gershom Scholem, traduction d'Édith Ochs, Paris, Seuil, coll. «Points», 1980, p. 31.

62. «Sourate» 11, *Le Coran*, traduction de Kasimirski, chronologie et préface de Mohammed Arkoun, Paris, Garnier-Flammarion, 1970, p. 43.

63. On pense surtout à Ludwig Wittgenstein (*Tractatus logico-philosophicus* suivi de *Investigations philosophiques*, traduction de Pierre Klossowski, introduction de Bertrand Russell, Paris, Gallimard, coll. «Tel», 1961) et à Roland Barthes (*L'empire des signes*, Paris, Flammarion, coll. «Champs», 1970). Il faut lire à ce propos l'excellent texte critique de P. M. S Hacker, «Naming, Thinking and Meaning in the Tractatus», *Philosophical Investigations*, vol. XXII, n° 2, 1999, p. 19-135.

64. André Leroi-Gourhan, *Le geste et la parole. La mémoire et les rythmes*, Paris, Albin Michel, 1965, p. 10, 100.

65. Michael C. Corballis, *loc. cit.*, p. 213.

66. *Ibid.*, p. 215.

67. Julien Camacin, «L'arrivée en force de la syntaxe», *La Recherche*, hors série, n° 4, 2000, p. 84.

68. A. Marshack, cité dans Iain Davidson et William Noble, *loc. cit.*, p. 128.

69. Ellen Dissanayake n'a aucune hésitation à interpréter ces habitudes comme activités symboliques et esthétiques (*op. cit.*, p. 96).

70. Ce sont les découvertes réalisées par l'équipe de Larry Barham rapportées par Francesco D'Errico (*loc. cit.*, p. 24).

71. Emmanuel Guy, «Des écoles artistiques au Paléolithique?», *La Recherche*, hors série, n° 4, 2000, p. 60-61

72. Iain Davidson et William Noble, *loc. cit.*, p. 125.

73. *Ibid.*, p. 125.

74. *Ibid.*, p. 138.

75. *Ibid.*, p. 138.

76. *Ibid.*, p. 146.

77. Lydia. T. Black rejette totalement la thèse de Davidson et Noble qu'elle accuse de manquer de justesse sur à peu près tous les points qui y sont soulevés. («Réponse à Iain Davidson et William Noble», *Current Anthropology*, vol. XXVIII, n° 1, 1987, p. 138).

78. Sur la conjoncture langage/fabrication d'outils, voir Paul Bloom, «Generativity whithin Language and other Cognitive Domains», *Cognition*, n° 51, 1994, p. 177.

79. À propos du problème de «l'universalité» de la représentation chez les hominidés, voir David F. Armstrong qui met également en doute la datation suggérée par Davidson et Noble («Réponse à Iain Davidson et William Noble», *Current Anthropology*, vol. XXX, n° 2, 1989, p. 137).

80. Gordon W. Hewes, «Réponse à Iain Davidson et William Noble», *ibid.*, p. 145.

81. Paul Graves s'oppose particulièrement à l'idée d'une origine unitaire de l'humanité, «Réponse à Iain Davidson et William Noble», *ibid.*, p. 143.

82. William H. Calvin, «Réponse à Iain Davidson et William Noble», *ibid.*, p. 139.

83. Gerald M. Edelman, *Biologie de la conscience*, traduction d'Ana Gerschenfeld, Paris, Éditions Odile Jacob, 1992, p. 194.

84. Antonio R. Damasio et Hanna Damasio, dans Alvin I. Goldman (dir.), «Brain and Language», *Readings in Philosophy and Cognitive Science*, Cambridge, Massachusetts, The MIT Press, A Bradford Book, 1993, p. 585.

85. Whitney Davis, «Réponse à Iain Davidson et William Noble», *Current Anthropology*, vol. XXX, n° 2, 1989, p. 141.

86. *Id.*, «The Origins of Images Making», *loc. cit.*, p. 210.

87. Steven Pinker, *The Language Instinct*, New York, William Morrow and Company, Inc., 1991, p. 22.

88. Pour un examen judicieux des retombées d'un tel parti pris sur l'anthropologie et la linguistique, voir Mary C. Black et Glenn G. Gilbert, «A Reexaminaton of Bickerton's Phylogenesis Hypothesis», dans Francis Byrne et Thom Huebner (dir.), *Development and Structures of Creole Languages. Essays in Honor of Derek Bickerton*, Philadelphie, John Benjamin's Publishing Company, 1991, p. 109-120.

89. On voit, par exemple, Steven Pinker, pourtant attentif à la perception visuelle, partager l'axiome de Fodor: «Language is simply grafted on top of cognition as a way of overly express thoughts that occur independently of it». Pinker soutient que l'acquisition du langage verbal dépend d'un module spécifique inné distinct de l'intelligence générale

(«Language Acquisition», dans Michael I. Posner (dir.), *Foundations of Cognitive Science*, Cambridge, Massachusetts, The MIT Press, A Bradford Book, 1991, p. 359).

90. C'est en se fondant sur des bases scientifiques que John C. Eccles, à la suite de Dobzhansky (*op. cit.*, p. 270-273), déclare la conscience de soi comme étant la caractéristique la plus fondamentale de l'humanité.

91. Claude Lévi-Strauss est peut-être l'anthropologue qui a le plus porté attention aux rituels alimentaires dans les mythes et la tradition verbale (*Le cru et le cuit*, Paris, Librairie Plon, coll. «Mythologiques», 1964; *Du miel aux cendres*, Paris, Librairie Plon, coll. «Mythologiques», 1968; *L'origine des manières de table*, Paris, Librairie Plon, coll. «Mythologiques», 1968).

92. C'est le cas de Luc Allemand (*loc. cit.*, p. 29).

93. John Onians, «Les Grecs, les Latins et la naissance de l'art», *La Recherche*, hors série, n° 4, 2000, p. 35.

94. *Ibid.*

95. John Halverson (*loc. cit.*, p. 64-65) voit le jeu comme le début de la conscience esthétique.

96. Whitney Davis,«The Origins of Images Making», *loc. cit.*, p. 196-197, 202.

97. Richard G. Klein, *loc. cit.*, p. 18. Il faut lire également l'ouvrage analytique majeur de Jean-Thierry Maertens, *Le jeu du mort*, Paris, Aubier, 1979.

98. À ce propos, il serait utile de faire une relecture de l'étude stylistique trop négligée de Gottfried Semper qui, au XIXe siècle, a été le premier à étudier l'art primitif pour le situer dans une histoire comparée des styles. Il suggère que la guirlande tressée est l'archétype de l'œuvre d'art, mais qu'elle vient du nœud qui est peut-être le plus ancien symbole technique et l'expression des premières idées cosmogoniques chez les peuples les plus anciens. Les classifications illustrées de Semper sont présentées dans le texte de Joseph Rykwert, «Semper et la conception du style», *Macula*, n°s 5/6, 1979, p. 176-189.

99. Paul G. Bahn, *loc. cit.*, p. 26.

100. On ne sait toujours pas quand, exactement, les hommes ont commencé à se peindre le corps, à se tatouer, à se scarifier, à se coiffer ou à se parer, mais la présence de pigments colorés très anciens sur divers sites africains et australiens suggère que la pratique de la décoration corporelle s'est répandue très tôt dans le monde (Paul G. Bahn, *loc. cit.*, p. 28). Pour une analyse extrêmement fine de ces habitudes, il faut se référer à deux ouvrages de Jean-Thierry Maertens (*Le dessin sur la peau. Ritologiques 1*, Paris, Aubier, 1978, et *Le corps sexionné. Ritologiques 2*, Paris, Aubier, 1978).

101. Whitney Davis, «The Origins of Images Making», *loc. cit.*, p. 194. Ailleurs, l'auteure précise qu'il est difficile d'attribuer le statut de symbole aux premiers marquages linéaires. Mais s'ils étaient symboliques, ils annonçaient l'écriture («More on the Origins and Originality of Image Making: Reply to Delluc and Delluc», *Current Anthropology*, vol. XXVII, n° 5, 1986, p. 515).

102. Jon Muller, «Comments» (réponse à Whitney Davis), *ibid.*, p. 207.

103. D'après Ellen Dissanayake (*op. cit.*, p. 89), il faut nuancer les choses et ne pas sauter à la conclusion qu'un triangle blanc, par exemple, symbolise automatiquement la corne d'un morse! Nous constatons que, parfois, même chez les animaux, certaines choses semblent être prises pour autre chose. Cela ne revient pas à dire qu'il s'agit de la création ou de la reconnaissance de symboles.

104. C'est la grande leçon que nous a laissée André Leroi-Gourhan (*Le geste et la parole. La mémoire et les rythmes*, *op. cit.*, p. 265-266).

105. Alexander Marschack, *loc. cit.*, p. 205.

106. Francesco D'Errico, *loc. cit.*, p. 24.

107. Cette opinion fort contestée fut émise par Whitney Davis, «The Origins of Images Making», *loc. cit.*, p. 1986.

108. David Carrier reprend ici les hypothèses de H. G. Gombrich, ajoutant que les ombres portées furent probablement les premiers espaces de projection symbolique («Réponse à Whitney Davis», *Current Anthropology*, vol. XXVII, n° 3, 1986, p. 203).

109. George Kubler tient fermement à cette hypothèse («Réponse à Whitney Davis», *ibid.*, p. 205). Avec beaucoup de prudence et sans imputer les débuts de la figuration à la vision eidétique, Rudolf Arnheim s'est finement penché sur ce phénomène visuel (*Art and Visual Perception. A Psychology of the Creative Eye*, Berkeley, University of California Press, 1974, p. 107-108).

110. Des statistiques qui remontent à 1971 laissent supposer que de 8 à 40 % des individus jouissent d'une telle habileté (George Kubler, *loc. cit.*, p. 205).

111. Paul G. Bahn, *loc, cit.*, p. 26.
112. Gordon W. Hewes, «Réponse à Whitney Davis», *Current Anthropology*, vol. XXVII, n° 3, 1986, p. 204.
113. A. Marschack, cité dans Paul G. Bahn, *loc. cit.*, p. 27.
114. Randall White, *loc. cit.*, p. 15.
115. L'hypothèse de Whitney Davis est qu'il se serait produit un développement esthétique à même le marquage des premières surfaces qui auraient été reconnues comme espaces symboliques («The Origins of Image Making», *loc. cit.*).
116. À preuve que la figuration n'a pas succédé à la géométrisation, à la fin de l'ère glaciaire, le mobilier ne disparaît pas, mais les motifs deviennent moins figuratifs, plus géométriques (Paul G. Bahn, *loc. cit.*, p. 27).
117. Cette hypothèse des étapes en «progression» est avancée par John Halverson (*loc. cit.*, p. 66).
118. Cela nous reporterait à G. W. H. Hegel selon qui les formes d'art particulières considérées comme totalité présenteraient une «progression», une «évolution symbolique» (*Esthétique*, troisième volume, traduction de S. Jankélévitch, Paris, Flammarion, coll. «Champs», 1979, p. 6).
119. C'est la thèse de Iain Davidson et William Noble, *loc. cit.*, p. 128.
120. John Halverson, *loc. cit.*, p. 69.
121. Cette mouvance de l'environnement soutient toute la théorie de Rada Dyson-Hudson («An Interactive Model of Human Biological and Behavioral Adaptation», dans Rada Dyson-Hudson et Michael A. Little [dir.], *Rethinking Human Adaptation: Biological and Cultural Models*, Boulder, Colorado, Westview Press, 1983, p. 2).
122. Whitney Davis est une des rares anthropologues à faire mention de l'aspect psychologique qui a poussé les hommes de la préhistoire à fabriquer des images («The Origins of Image Making», *loc. cit.*, p. 193, 194, 196).
123. Pascale Binant et Éric Boëda, «L'outil est-il un objet d'art?», *La Recherche*, hors série, n° 4, 2000, p. 53.
124. Par la force des choses, à l'ère glaciaire, on pratiquait un art à «l'air libre», mais dans les couches sédimentaires on a trouvé de nombreux artefacts qui témoignent d'une production soutenue (Paul G. Bahn, *loc. cit.*, p. 28).
125. Je remercie l'artiste qui a eu la gentillesse de me renseigner sur les étapes préparatoires à son tableau.

Chapitre 4

Proto-langage, pré-langage, hypo-langage

4.1 Le «beau» et la bête

Si la pulsion symbolique se manifeste sous toutes sortes de formes et se propage en quelque sorte par atavisme sans différenciation ethnique[1], nous pouvons nous demander si cette faculté est exclusive à l'espèce humaine ou si d'autres espèces répondent à un tel élan. Sur ce point, la question centrale qui préoccupe les chercheurs, surtout ceux qui s'intéressent aux grands singes, est de savoir si la pensée humaine est en continuité avec l'équipement cognitif d'autres créatures ou si elle est structurellement distincte[2]. Leurs interrogations rejoignent parfois explicitement des préoccupations qui concernent l'esthétique (humaine) et l'on constate que les choses ne sont pas aussi tranchées qu'elles pourraient le paraître de prime abord.

Comme pour toute autre avenue de recherche, les opinions se croisent et s'appuient sur des partis pris idéologiques qui se sont modifiés au cours des décennies et qui, de nos jours, tendent quelquefois à renverser systématiquement les *a priori* d'antan. Ainsi, après avoir pendant des siècles catégoriquement dissocié les animaux des êtres humains et ne jamais avoir admis qu'ils puissent former leurs propres croyances[3], voici que ces dernières années un vent «d'égalitarisme» semble avoir emporté tout autant l'éthologie et la primatologie que l'anthropologie et l'ethnologie.

Une vision plutôt romantique préfère récuser le fait que, même si nous partageons probablement avec les chimpanzés un ancêtre commun maintenant disparu, ils ne sont que des cousins bien éloignés[4]. Dans une optique anthropomorphiste expéditive et superficielle qui frôle la fabulation, on tente de se donner bonne conscience et de se convaincre que les singes sont intelligents comme nous ou presque… Quoique plusieurs chercheurs sérieux dénoncent de tels raccourcis[5], on aime croire qu'un langage comportemental partagé permettrait aux primates de nous «rejoindre[6]» et un tel vœu vise en quelque sorte à racheter l'attitude d'exclusion défendue par la philosophie au cours des siècles[7].

Il est confirmé qu'une parenté chromosomique évidente nous rapproche des chimpanzés[8], mais il est incontestable que nous possédons les uns et les autres un cerveau qui se développe différemment[9], ainsi que des fonctions cérébrales sensiblement spécifiques[10], l'une d'entre elles étant, chez l'homme, la possibilité d'être savamment pervers. Il est possible que l'homme ait commencé à se distinguer du règne animal en adoptant le camouflage vocal de certains animaux dans un projet de chasse et de survie[11], et sa première cible aurait été le modèle qu'il tentait de consciemment imiter pour mieux le piéger. Certes, les animaux peuvent également leurrer grâce à une conscience minimale mais tout de même récursive [12] ; c'est le cas de certaines espèces de singes qui ont recours à des feintes, parfois même à celle de la mort, pour s'approprier leur proie. De plus, les animaux utilisent des stratégies de séduction dans un but de procréation et communiquent entre eux (question de survie collective) ; ils « connaissent » des choses et peuvent, entre autres, distinguer des espèces de fruits et d'animaux et ils savent, par exemple, que malgré des apparences semblables les serpents ne sont ni des pierres ni des brindilles [13]. Mais ces connaissances et ces habiletés visent une gratification immédiate reliée à un instinct de survie biologique et les animaux ne parviennent toujours pas à « se » leurrer eux-mêmes, à développer une conscience subjective.

Seule l'espèce humaine a le pouvoir, le privilège de détourner le sens des choses, de changer volontairement l'environnement, et ce, pas toujours pour le mieux, c'est-à-dire pas toujours en faveur de la conservation de l'espèce. Elle est également la seule à convertir la simple détection de l'information venant de l'extérieur en symboles complexes, c'est-à-dire en amalgames de pistes sémantiques superposées et condensées en un seul porteur ; elle a surtout la possibilité d'accorder des significations arbitraires et aléatoires à des formes géométriques simples en les transformant en icônes polysémiques et en amalgamant un nombre infini de formes et de matières en un tout sur lequel des symboles peuvent être édifiés.

Les chimpanzés, eux, utilisent des symboles visuels simples [14] et, malgré une certaine capacité analytique visuelle [15], ils ne peuvent procéder qu'à des combinaisons de différenciation très succinctes et s'en tiennent à la monosémie de l'unité [16]. Si l'on admet que, grâce à un certain savoir inné, ces symboles peuvent avoir pour eux un contenu sémantique [17], celui-ci serait limité à un stock fini de signes et à un nombre extrêmement restreint de combinaisons. De plus, s'ils apprennent certaines choses qui ne font pas partie de leur monde immédiat et qui leur sont enseignées en laboratoire, ils ne transmettent pas ces informations d'une génération à une autre. Cette absence de transmission des savoirs appris au contact des humains pourrait être attribuée à leur impossibilité de prévoir en vue d'une quelconque amélioration ou dégradation de leur condition [18].

En outre, les singes ont une capacité de récupération mnésique épisodique très pauvre par comparaison avec celle des humains [19]. Des études menées auprès de différentes espèces ont montré que les bêtes possèdent deux types de mémoires innées : la mémoire rythmique, qui régule les phénomènes cycliques des organes, et une mémoire circadienne, qui module les activités diurnes et nocturnes. On a cependant observé que par des apprentissages divers ils apprennent à s'adapter à des rythmes répétés et induits de l'extérieur. Ce sont des « temps appris [20] ». Les humains, eux, peuvent se référer volontairement à leurs propres expériences, y réfléchir, s'en inquiéter [21], voire les nier consciemment ou inconsciemment, construire du temps et des rythmes, prévoir un avenir hypothétique de soi et des autres au delà de la mémoire strictement biologique et procédurale.

On sait, par ailleurs, que sous plusieurs aspects les performances visuelles des grands singes sont comparables à celles des humains[22]. Ces animaux peuvent distinguer les stimuli tactiles, visuels ou kinesthésiques[23] et catégoriser les choses jusqu'à un certain point. Chez les humains, la catégorisation commence par la discrimination, puis la rotation des choses perçues ouvertes à des concepts qui, eux, entraînent des relations abstraites, tandis que les animaux, surtout les singes, atteignent parfois la quatrième étape, celle de la formation de concepts, mais avec beaucoup de difficulté et c'est à la dernière étape, celle des relations abstraites, que le fossé se creuse entre eux et nous[24]. Or, ils savent bien différencier les formes et distinguer les couleurs[25] et ils ont même des préférences pour les couleurs vives, tels le rouge, l'orangé et le jaune. Contrairement aux oiseaux qui préfèrent les brindilles bleues pour cerner leur territoire et attirer le sexe opposé, les grands singes, comme les humains, auraient développé leurs préférences en débutant par l'autre bout du spectre chromatique[26].

Au début du XXe siècle, on avait déjà commencé à travailler en laboratoire avec des chimpanzés — on les encourageait à dessiner et à peindre —, mais c'est au milieu du siècle que les expériences se multiplièrent et firent des remous[27]. Avec un certain étonnement, on constatait que les primates étaient capables de réaliser des dessins circulaires, cruciformes et en éventail selon des styles personnalisés, quoiqu'ils n'aient jamais réalisé de représentations figuratives.

Évidemment, le sujet est délicat et il l'était peut-être encore plus au moment de la diffusion publique des résultats de recherche au milieu du siècle, car il coïncidait avec la grande marée de l'art abstrait et de la critique formaliste. Les images produites par les grands singes ressemblaient à s'y méprendre à celles de tout un courant d'art qui, à la même époque, visait à se libérer de la gangue figurative au profit de la mise en valeur de l'acte même de créer et de penser le monde en termes d'espaces non euclidiens. Les similitudes formelles étaient embarrassantes.

Il faut bien admettre que les zoologues d'alors s'étaient eux-mêmes attiré l'ire du milieu artistique en utilisant les termes « art » et « art pur » pour désigner les productions picturales des chimpanzés, tout particulièrement celles d'un jeune mâle « doué » nommé Congo (ill. no 12). Ils postulaient que, mis en possession d'un équipement approprié (support, pigments, pinceaux, etc.), les hommes et les grands singes réagiraient de façon fondamentalement identique[28]. Dans divers milieux, on traita bien vite d'imposture l'hypothèse que les singes éprouvaient foncièrement le même besoin que les humains de s'exprimer par le moyen artistique. Peut-être encore plus offusquant, les zoologues suggéraient que dans le champ des arts, en raison de la prise en charge de la figuration par d'autres médias, dont la photographie et le cinéma, on pouvait se demander si l'artiste humain avait maintenant plus de raisons qu'un chimpanzé de continuer à peindre[29] ! Ces déclarations provocantes font peut-être sourire maintenant mais, malgré leur impertinence, elles démontrent bien le piège du concept d'une « esthétique pure » qui ne répondrait qu'à une pulsion « d'auto-récompense [30] » et qui s'appliquerait à la production des images abstraites, peu importe qui les aurait réalisées (homme ou singe).

Les responsables des expérimentations largement médiatisées [31] ont tout de même concédé certaines différences d'intentionnalité en admettant qu'ils n'avaient jamais vu un chimpanzé peindre ou dessiner quoi que ce soit sans y être encouragé et placé en contexte de production. Cela suffirait à marquer une certaine différence entre les singes et les artistes. Cette théorie, on le voit bien, est pleine de contradictions et de concessions douteuses, car on ne peut pas à la fois défendre l'idée d'une pulsion partagée de l'expression artistique chez l'homme et chez le singe et admettre que ce dernier ne peint jamais par choix. Le jeune se lasse d'ailleurs très rapidement de l'activité même au cours d'une seule séance et, à l'adolescence, il s'en désintéresse complètement au profit d'activités plus érotiques [32].

Des expériences plus récentes, moins médiatisées et mieux contrôlées, montrent que, si les singes semblent catégoriser ce qu'ils perçoivent, on n'a jamais découvert d'indice définitif de leur habileté à dévier d'un mode d'expression plastique à un autre et qui laisserait soupçonner qu'ils procéderaient par superpositions sémantiques [33]. Cependant, quoique la conscience d'un certain flou référentiel semble leur être niée, ils peuvent voir les images et même différencier un dessin, une peinture et une photographie [34], compléter la perception de formes partielles, ce qui démontre qu'ils peuvent apparier des propriétés abstraites. Mais cela ne revient pas à les « interpréter » comme signes [35]. Cette défaillance à faire signifier arbitrairement va de pair avec leur inaptitude à choisir, à faire et à défaire volontairement, à corriger, à retravailler le même dessin, à l'effacer, à le conserver ou à le rejeter, à l'utiliser comme tremplin d'une création continue. C'est sur cette base que, lorsqu'elles sont octroyées aux grands singes, les expressions « pulsion artistique [36] » et « pulsion esthétique » deviennent gênantes, et l'est encore plus l'idée de comparer leurs manifestations picturales avec les premières expressions symboliques de nos ancêtres préhistoriques [37] qui, elles, comme celles d'aujourd'hui, découpent le temps biologique au profit de temps et d'espaces construits.

Mais une autre question se pose qui nous oblige à demeurer très attentifs au concept de la création intentionnelle : les dessins colorés produits par les grands singes sont-ils des « images » ? Il faut certainement répondre par la négative si l'on tient compte de qui les a faits. Si imager c'est *faire comme si* l'espace marqué représentait un point de vue particulier sur le monde et une intervention conséquente, malgré la diversité de leurs productions et les choix variés dans l'utilisation des couleurs, les singes ne produiraient pas « d'images ». Leurs dessins ne seraient pour eux que de simples réflexes musculaires et sensoriels, car ils n'auraient pas de projet esthétique dans le sens d'une conscience interprétative.

Or, du côté de la réception, la nôtre, leurs productions engagent l'évaluation des grandes coulées chromatiques nerveusement étalées, le jaugeage des superpositions et des juxtapositions de plans plats, ainsi que l'interprétation de l'organisation spatiale équilibrée qui couvre une quantité considérable du fond et crée en somme une bonne *gestalt*, une topologie confortable que l'on pourra juger séduisante. Si la surface colorée est considérée comme attrayante, c'est bien que le jugement puise à même un tronc commun d'agents cognitifs en quête d'harmonie. Sur ce point, la marge est bien mince entre les singes et nous. Et nous n'avons pas à nous en scandaliser. Mais pour le spectateur avisé, ces dessins ne sont pas des images proprement dites, en ce sens qu'elles ne sont pas le signe d'une appropriation et d'une conversion consciente de l'espace dans le but d'y inscrire une identité propre au regard d'un avenir senti comme incertain. La reconnaissance de la différence entre les aspects formels du dessin et les concepts auxquels il peut renvoyer dans un contexte particulier est ce qui marque le schisme cognitif entre les grands singes et nous.

Leur inhabileté à accéder à quelque intentionnalité esthétique a été imputée à l'absence du langage verbal qui leur permettrait d'assimiler des conventions culturelles[38]. De prime abord, comme tant d'autres hypothèses de ce genre, l'argument est agaçant, car il pose expéditivement le langage verbal comme seule et unique source de la créativité sensible et pensée. Mais il a l'avantage de porter à réfléchir sur la différence entre communication et langage.

Il est évident que les membres de toutes les espèces animales communiquent entre eux à propos de situations reliées à un danger imminent ou à la présence d'une proie. Les animaux et les insectes utilisent diverses manières de communiquer par des mouvements du corps, parfois en dégageant des odeurs spécifiques à la situation[39], alors que les singes bougent de manière signalétique et émettent des cris qui peuvent même varier selon le type d'objet détecté[40]. On a qualifié ce mode de communication de «proto-syntaxe[41]». En laboratoire, les chiens, les perroquets se plient également à des manœuvres de communication qui leur sont enseignées par des entraîneurs qui prennent parfois leurs réactions comme preuve de la compréhension et de l'utilisation d'un langage.

Or, tout type de langage implique la création de relations complexes entre les choses et les événements et il n'est pas uniquement une expression vocale ou une gestualité communicative[42]; il est l'expression d'une saisie interrelationnelle[43], d'une reconnaissance d'un nombre indéfini de messages, incluant les nouveaux, et dont le sens mouvant peut être déduit sur la base d'embranchements contextualisés[44]. Sous toutes ses formes, le langage comme expression de la pensée crée des espaces de signification ouverts à des interprétations possiblement divergentes.

Misant sur l'aptitude des singes à socialiser et à communiquer, on a réussi avec plus ou moins de succès[45] à leur enseigner l'utilisation d'une certaine quantité de signes à l'aide du langage des sourds et muets[46], mais on ne sait toujours pas jusqu'à quel point ils les comprennent[47], sans compter que l'initiative de la communication vient des expérimentateurs et non des singes eux-mêmes. Pour qu'un lien existe entre les comportements de communication et un langage, le sujet doit comprendre l'aspect communicatif du langage, ses règles et ses conséquences[48]. Il faut bien reconnaître que seuls les humains inventent des structures linguistiques qui assurent la conservation des savoirs[49], comme ils sont également les seuls à «vouloir» utiliser et construire des langages qu'ils désirent transmettre d'une génération à une autre[50].

Nous ne sommes pas des chimpanzés à qui on aurait ajouté le langage[51], lequel a d'ailleurs évolué en tant que modification cognitive plutôt que communication adaptative[52]. Dit autrement, le langage n'est pas un prolongement de la communication[53], mais une manière plus indirecte, plus aléatoire de communiquer[54] qui, au cours de l'évolution, a peut-être émergé de façon différente de celle qui prévaut maintenant dans le développement ontogénétique de l'enfant moderne[55]. La différence entre les grands singes et nous est fondamentalement qualitative[56]. Les humains ont l'avantage (et c'en est un) de s'exprimer subjectivement, de dire l'inverse de ce qu'ils pensent et de commettre des erreurs d'interprétation en raison d'un éventail de facteurs physiques, psychiques et encyclopédiques; ils ont la prérogative d'instaurer du sens nouveau à toutes sortes de formes et de circonstances grâce à la possibilité innée d'opérer des changements de paradigmes; ils ont le privilège de survivre à leurs égarements, mieux encore, d'en tirer profit, et ce, au moment même où ils commencent à peine à balbutier.

4.2 Babillage et gribouillage

À la lueur de ces états de fait, il semble incontestable que les négociations et les renégociations de sens médiatisées par le langage verbal tracent une démarcation majeure entre les humains et les animaux[57]. Contrairement au jeune singe, l'enfant humain, parce qu'il est génétiquement programmé pour le faire, apprend sa langue maternelle par simple immersion dans le milieu familial et social. Les traces de la langue maternelle se déposent dans le réseau de connexions synaptiques en formation et y laissent leur empreinte[58]. À moins qu'on ne lui interdise de s'exprimer verbalement et qu'on ne le réduise ainsi à une introspection excessive (moins on parle, moins on a envie de parler[59]), la parole devient pour l'enfant un véhicule socialisant important.

Cependant, toute réaction sonore ne participe pas *a priori* d'un langage verbal dans le sens moderne du terme, et une première distinction s'impose entre le *proto-langage* qui aurait précédé le langage proprement dit chez les hominidés aux cours de l'évolution, le *pré-langage* qui se manifeste sous la forme d'un babillage chez les jeunes enfants et l'*hypo-langage* qui, même chez les adultes, reproduit certains réflexes proto-linguistiques et travaille sous le langage, entre autres, dans la réception des images.

Dans les chapitres précédents, à plusieurs reprises, il a été question du rabattement de l'épigenèse sur la phylogenèse comme point de départ de l'explication de l'apparition des langages au début de l'humanité. Les études menées auprès des animaux servent aussi parfois d'ancrage comparatif. Les modes de communication enseignés aux singes se situeraient entre le système d'appel (*call system*) naturellement utilisé par un nombre considérable d'animaux et d'oiseaux[60] et les apprentissages proprement linguistiques auxquels les enfants s'initient.

On a remarqué, entre autres, que les chimpanzés élevés dans un environnement humain produisent des vocalisations erratiques en situation d'excitation, tandis qu'ils ont recours à un mode gestuel de communication mieux contrôlé dans des circonstances plus calmes, moins chargées de stimulations extérieures. Or, même produits dans un état agité, leurs cris ne semblent pas totalement dépourvus de référence ou de catégorisation selon les stimuli[61]. De là, il n'y avait qu'un pas à franchir pour suggérer que, comme les singes, les premiers hominidés auraient utilisé un *proto-langage* gestuel[62] et vocal[63] exclusivement composé de voyelles. Ce proto-langage a-syntaxique mais catégoriel[64] utilisé par l'*Homo erectus* se serait cependant transformé en langage moderne lors d'un saut qualitatif important[65], d'où l'hypothèse d'une sorte de langue mère[66]. Ce passage aurait conduit à «l'émergence catastrophique de la syntaxe[67]» et à l'explosion créative. Il est aisé d'admettre que les singes, eux, n'ont jamais passé le cap d'une communication proto-linguistique et proto-syntaxique.

Pour leur part, les jeunes enfants utilisent un *pré-langage* après avoir passé un premier stade a-catégoriel très bref[68], celui du cri joliment qualifié de «point de départ du monde[69]». Spontané et explosif à la naissance[70], sans être un mot ou un symbole dans le sens strict[71], le cri ne demande aucun apprentissage, mais devient rapidement un comportement social[72], une arme efficace et redoutable pour les parents qui se font prendre au jeu du *fort-da*[73]. Vers l'âge de deux mois, alors que le cri perdure comme expression momentanée et symptomatique d'un malaise physique ou d'une sensation de plaisir[74], commence la période de babillage, qui ne diffère pas d'une culture ou d'une langue à une autre. Par exemple, les bébés japonais distinguent les sons «r» et «l», mais la langue japonaise ne contenant pas ces sons, ils en perdent l'habitude et, en vieillissant, ils éprouvent quelques difficultés à les différencier[75].

Grâce à une forme de structuration générative innée[76], à une «horloge biologique» efficace[77], le babil servira de base au développement du langage proprement dit dans une ou des langues spécifiques[78]. À huit mois, l'enfant utilise un pré-langage complexe garni d'intonations variables accompagnées d'une gestualité significative qui témoignent de la reconnaissance de l'existence spatiale environnante[79] et il s'intéresse au langage pour lui-même[80], c'est-à-dire à la forme des jeux sonores[81], à leur sonorité et à leur rythme, et il les utilise pour exprimer ses émotions[82]. Il commence bientôt à imiter les vocalisations de son environnement (c'est le babillage canonique[83]) et il prononce ses premières consonnes et ses premières voyelles en concordance avec la langue qui l'entoure (c'est le babillage culturel[84]). Vers deux ans et demi, imitant les accents de la langue de son entourage proche, il se compose parfois une syntaxe complexe que les adultes perspicaces arrivent à décoder, voire même à emprunter, dans lequel cas il ne s'agit plus d'un soliloque ludique mais bel et bien d'un langage, d'un partage structuré de l'information ayant parfois les intonations de la langue parlée par la famille[85]. Il y aurait une relation de parenté entre les premières phrases construites par l'enfant et une gestualité qui souvent l'accompagne. Une proposition grammaticale qui comprend un sujet, un verbe et un complément logiquement agencés refléterait la structure ou la syntaxe du geste humain qui implique un actant (la partie du corps qui agit), une action, la désignation et parfois l'appropriation d'un objet[86].

Mais, comme les enfants de tous les âges, les adultes expriment parfois des réactions viscérales de surprise, de douleur, de plaisir, de délectation, de dégoût ou même de déception par des vocalisations monosyllabiques[87]. Ces exutoires sonores en apparence spontanés ne sont pas tous des cris. Contrôlés subcorticalement[88], ils participent d'un *hypo-langage* différent du proto-langage et du pré-langage. Les «aha[89]», «ha!», «ho!», «ouf!», «ph!» «bah!», «mm!», qui n'appartiennent pourtant à aucune langue particulière, n'ont pas tous la même portée sémantique. Sous le langage proprement dit, certains expriment le contentement ou l'étonnement, d'autres le rejet ou le doute et tous résultent d'une catégorisation non seulement de la chose perçue, mais du type de stimuli qu'elle engendre. Chaque culture a son code de bienséance et de telles exclamations ne sont évidemment pas nécessairement encouragées, du moins en public. Néanmoins, en tant que réactions spontanées et économiques, par exemple devant les images, elles énoncent un jugement de valeur et sont peut-être ce qui se rapprocherait le plus de la «traduction» des émotions.

Revenons à la période de babillage qui coïncide chez l'enfant avec celle du gribouillage (entre un an et demi et quatre ans)[90]. Au cours de cette période, l'enfant s'adonne à des marquages spontanés et l'irrégularité des traits relève d'une gaucherie musculaire. C'est le gribouillage canonique[91]. L'enfant utilise même spontanément sa nourriture comme matière et son corps comme support, et ces modes d'expression marquent la différence entre le jeune humain et le jeune singe qui, lui, ne semble jamais manifester quelque propension naturelle au marquage.

On a vu plus haut que les jeunes singes, du moins ceux que l'on a retenus pour les expériences, répondent à la stimulation externe d'une manière assez semblable, à la condition, cependant, d'être correctement orientés face au support[92]. De plus, ils se lassent très vite de cette activité et, laissés à eux-mêmes avec tous les matériaux nécessaires, ils ne manifestent aucun intérêt à montrer leurs dessins, qu'ils ont d'ailleurs tendance à déchirer dès que l'observateur tente de les leur soutirer[93]. Le jeune enfant, au contraire, non seulement semble se complaire dans la répétition de ses griffonnages, mais cherche l'approbation affective qui renforce la reprise de l'activité. Le gribouillage sociabilise l'enfant et le fait entrer dans la culture, ne serait-ce que par l'utilisation des matières particulières mises à sa disposition. C'est le gribouillage culturel.

Bien avant d'apprendre à nommer les formes et avant que les icônes deviennent pour lui des représentations symboliques, l'enfant se délecte du geste répétitif qui, comme le babillage, devient un processus d'auto-apprentissage, de structuration cognitive suivant le développement de sa dextérité musculaire et de sa stabilité perceptuelle[94]. Qu'il se barbouille le corps ou toute autre surface déjà marquée ou non, il a une «théorie» de l'espace différencié qui va d'ailleurs perdurer jusqu'à l'âge adulte[95]. Le gribouillage est une centration[96], une construction signifiante et heuristique nécessairement tendue, en ce sens que, dès le plus bas âge, s'installe chez l'enfant une sorte de compétition entre ce qu'il ressent, perçoit, entend et parvient à produire plastiquement.

Le fait que, vers l'âge de deux ans, il soit capable de produire une grande variété de motifs[97] qu'il nomme d'habitude rétrospectivement montre, premièrement, que le langage verbal se pratique et se teste en étroite relation avec l'apprentissage des marquages de formes sur un fond; deuxièmement, que cette complémentarité repose sur le parallélisme des capteurs sensoriels qui s'arriment les uns aux autres sans se confondre. Sans que l'on ait eu à le lui apprendre, le corps de l'enfant «sait» comment différencier l'espace externe où il se produit plastiquement et verbalement et l'espace interne où se forment les représentations mentales. Il sait différencier et distancier l'objet externe de son propre corps, qu'il comprend comme sujet cognitif. Sur cette base, on a conclu qu'un premier processus *pré-linguistique* serait responsable de faire éventuellement signifier les images (figuratives ou abstraites), c'est-à-dire conduirait à les catégoriser précisément comme images[98].

On a longtemps cru que, à moins de troubles moteurs sérieux, tous les jeunes enfants du monde passaient par les mêmes étapes de gribouillage, allant du marquage formellement indifférencié et fortement automatique à la réalisation de la spirale plus contrôlée, puis à des assemblages géométriques composites[99] et enfin à des jaillissements figuratifs[100]. On supposait qu'à moins d'un trouble psychologique ou musculaire, après avoir connu leurs premières expériences plastiques où ils ne recouvraient qu'une partie du support, ils élargissaient automatiquement leur composition jusqu'en périphérie.

Or, depuis que les recherches se font sur une base comparative entre de jeunes sujets de différentes cultures, on observe trois phénomènes qui contestent ces passages d'un mode à un autre. Premièrement, la culture ambiante influence dès le bas âge les formes de tracés ainsi que les médiums d'expression (bidimensionnels ou tridimensionnels); deuxièmement, le développement ne suit pas nécessairement la même trajectoire du dessin indifférencié à la figuration; troisièmement, toujours en raison des influences ambiantes, c'est-à-dire des images qu'ils voient régulièrement, tous les enfants ne passent pas nécessairement d'un remplissage partiel du support à un recouvrement de l'entièreté du subjectile[101]. Toutes ces différences reposent donc largement sur la motivation que l'enfant reçoit de son entourage, mais il est incontestable que les dessins figuratifs, quand ils émergent, commandent une certaine maturation musculaire et psychologique.

Les attitudes en puériculture ont changé au cours des dernières décennies et il n'est pas du tout certain que tous les parents encouragent encore le jeune enfant à faire «une vraie» image figurative. La culture occidentale, qui accorde une valeur de pertinence esthétique aux arts abstraits depuis plus de cinquante ans, a peut-être contribué à modifier les opinions de certains parents et tuteurs. Or, s'il ne semble pas y avoir de principes universels dans la séquence étapiste des marquages au cours des premières années de l'enfance [102], la preuve est faite que tous les bambins ont une propension innée à l'expérience du gribouillage et que leurs premières expériences sont spontanées. Progressivement, ils s'appliquent à organiser leurs marquages sur un fond, à cerner certains contours par superposition des formes de fond, cela au fur et à mesure qu'ils prennent conscience des points d'équilibre de la composition, en même temps qu'ils convertissent les influences externes (environnement visuel et verbal) en concepts et les introduisent dans leurs productions plastiques. En mots simples, le jeune enfant se donne déjà des balises de «goût», de préférences, de critères de jugement.

Prenons le cas de Zoé qui, encouragée par ses parents, a préparé une carte de souhaits qu'elle a offerte à sa grand-maman pour la fête des Mères (ill. n° 13). Elle ouvrait ainsi son univers sémantique à sa famille élargie, s'initiait à une modulation rituelle dans sa culture et, de surcroît, prenait conscience du don de soi. Extrêmement attentive et appliquée, Zoé a l'habitude de retracer les formes à plusieurs reprises, au point qu'elle déchire parfois le support par mégarde et prend ainsi d'autant plus conscience des rapports forme/fond qu'elle expérimente jusqu'à leurs limites. Ces palimpsestes témoignent d'une ré-appropriation consciente et réfléchie du tracé initial, d'un sens juste de l'équilibre et d'une distanciation accomplie entre l'exécutante et le produit de sa création.

On a malheureusement établi bien des comparaisons douteuses entre les griffonnages produits par les enfants et l'art abstrait réalisé par les adultes, pour voir dans celui-ci une sorte d'Arcadie enfantine retrouvée par les artistes [103]. On n'a pas hésité à comparer les gribouillages aux «graphismes sauvages tracés par un adulte en refus de sa culture [104]». Ces assertions manquent de sérieux. Quel que soit leur type de réalisation, les créateurs adultes pensent et repensent leur culture, s'en écartent plus ou moins; toujours et en tout temps, ils font des choix réfléchis qui n'ont rien de «sauvage» ni de régressif. Le grand problème est que l'on a établi une fausse équivalence entre maturité et figuration.

Le cas classique d'un artiste qui a recréé le monde «abstraitement» est évidemment celui du peintre américain Jackson Pollock, qui a brutalement bousculé les habitudes en cours en favorisant un marquage linéaire rapidement appliqué par coulées de pigments sur de très grandes surfaces posées au sol. Il est vrai que la liberté du geste laisse libre cours à des superpositions aléatoires de courbes et de spirales résultant d'une trajectoire gestuelle apparentée à celle des jeunes enfants qui barbouillent les espaces en laissant la main et le bras pivoter aux jointures [105]. Mais il n'y a rien d'enfantin à ces expressions plastiques, ni dans le projet ni même dans la forme, car l'artiste a, entre autres, pris soin de bien découper le pourtour pour éliminer les zones vierges et présenter des organisations de poids équivalents sur la totalité des images qu'il a fait pivoter à la verticale. Surtout, en tant qu'artiste dans le champ des arts visuels de son époque, il a eu l'audace de conceptualiser un projet qui le mettait en marge de toute la tradition picturale occidentale. S'il est juste de reconnaître que ces images abstraites sont des peintures du corps mobile, il faut également noter qu'elles sont le témoin d'une manière particulière de repenser sciemment le monde et elles sont en quelque sorte l'antithèse tout autant des premiers gribouillages enfantins que des mandalas auxquels elles ont également été faussement comparées.

4.3 Mantras et mandalas

À tort, le mantra et le mandala ont été qualifiés d'expressions primitives ou enfantines. Cette habitude de créer automatiquement des similitudes entre des formes vocales ou plastiques en apparence simples manque d'exactitude et ne rend pas justice ni aux uns ni aux autres modes d'expression. Contrairement au babillage et au barbouillage, le mantra et le mandala sont des manifestations symboliques contrôlées qui, aussi introspectives qu'elles puissent paraître, incorporent une panoplie de codes et exigent une maturité conceptuelle accomplie qui jauge l'interrelation mobile du langage plastique et du langage verbal.

Issu du brahmanisme, le mantra est une combinaison monophonique de syllabes sacrées devant former un noyau énergétique spirituel [106]. Il est une pensée (*man*) qui protège (*tra*, *traî*) [107], une incantation vibratoire répétitive traditionnellement transmise de génération en génération, et sa répétition même à travers les âges a pour but de produire un réservoir de force accrue. À travers les siècles, il a reproduit une sonographie conventionnelle et d'ailleurs très ancienne qui incorpore, dans tous les sens du terme, une attitude culturellement réglée qui devient, pour le pratiquant, un lieu d'action para-verbal structuré en vertu de l'enfilade réglée des sons et non de mots dans le sens strict du terme. Le mantra est donc une question de rythme soutenu par lequel le sujet se construit, se « crée » un lieu de purification et de méditation [108]. Centration et économie maximale des énergies du corps qui s'entend et se régénère grâce à la répétition sonore, entre le silence et la parole, le mantra est une rétention contrôlée du langage verbal et, sans appartenir à quelque proto-langage, il se rapproche d'un hypo-langage. A-catégoriel, introspectif et méditatif et non dénotatif, il est une mise en son d'une présence au monde et à soi-même.

Dans son acception première, le mandala est pour sa part conçu comme un chaos ordonné [109] qui tient lieu de « fenêtre sur l'invisible [110] » et d'écoute de l'indicible [111] ; il est ainsi l'envers du concept occidental de l'image comprise comme « fenêtre sur le monde » où se déroule une histoire. En sanskrit, *mandala* signifie « cercle » et désigne des formations géométriques circulaires organisées de manière concentrique ; il est habituellement tracé à partir de l'extérieur en allant vers le centre, symbole du noyau de la force cosmique[112]. Le choix des couleurs et de la matière, souvent le sable, participent d'une iconographie qui connaît quelques variantes d'une région à une autre, mais qui règle invariablement l'accès à la spiritualité (ill. nº 14). Dans l'hindouisme et le bouddhisme, le mandala est en relation directe avec l'expression vocale, car il a pour fonction d'évoquer des sons intériorisés (les mantras); il sert de support à la méditation et représente l'espace, le temps et l'activité sacrée[113]. Y sont parfois introduites des paroles tout aussi sacrées qui ne doivent pas être prononcées par n'importe lequel des fidèles et seuls des élus désignés ont droit à la prière verbalisée au nom de tous les autres participants[114]. Par contre, pour d'autres sectes, la production et la contemplation d'un mandala subsument une concentration intériorisée et tout à fait silencieuse de la part de tous. On ne parle pas et on n'en parle pas en dehors des séances, car les règles doivent être tenues secrètes et le motif doit être détruit une fois la prière terminée. Le silence méditatif, dont on ne sait pas encore avec assurance s'il a recours ou non à quelque structuration linguistique non verbalisée[115], fait partie de la convention.

De nos jours, ayant été récupérés par des cultures populaires qui n'ont pas grand-chose à voir avec les fondements mystiques initiaux, les mandalas et les mantras ne sont plus secrets[116] et ont par là même perdu leur sens sacré[117]. Or, gardés privés ou récupérés par un public élargi, ils représentent toujours le monde de manière symbolique par la reprise la plus exacte possible de la «bonne forme» (sonore/visuelle), de celle qui tend vers l'équilibre et qui se pratique dans un rituel gestuel plus ou moins conventionnel. Leur répétition dans l'espace et dans le temps contribue à l'autogestion du corps qui apprend à se maîtriser et, en tant que lieu de méditation, ils sont toujours un outil de contrôle, plus encore, un moyen d'apprentissage de ce contrôle. Les relations codifiées entre la pratique plastique du mandala et le langage verbal (le mantra ou les incantations) marquent non seulement une conscience du parallélisme des deux modes d'expression, mais encore la présence constante de leur complémentarité, comme si, par convention, l'un ne pouvait être «pensé» sans l'autre.

Par référence à leur forme concentrique[118], on a souvent qualifié les dessins d'enfants ou même ceux des singes de «mandalas[119]». Bien entendu, les enfants ne suivent aucune règle, ne commencent pas toujours le dessin par les courbes extérieures et, comme les jeunes chimpanzés, ils remplissent fréquemment le centre par des formations cruciformes. Mais à travers ces premiers jeux d'équilibre, les enfants usent d'imagination pour s'initier au contrôle du marquage plastique (abstrait ou figuratif) et plus tard à l'écriture[120].

Certaines formes géométriques, dont le cercle et la spirale, ont également été rapprochées du mandala et cette association n'est pas tout à fait fortuite, car les effets visuels qu'elles produisent incitent à la concentration à l'intérieur du pourtour (du cercle) ou sur la trajectoire même du motif (la spirale). Ces formats tolèrent cependant l'implantation de codes de représentation et de symboles variables.

Perceptuellement, toute forme circulaire encourage un décodage visuel concentrique allant du pourtour vers le centre, peu importe le rituel de mise en forme. Dans la pratique, les concepteurs de différentes cultures ont su jauger ces forces et réaliser des images complexes et réversibles tout autant en art figuratif qu'en art géométrique. Selon leur projet, les artistes peuvent baliser la poussée concentrique du cercle et provoquer une perception qui décode la composition en lui prêtant du relief virtuel ou en lui accordant un mouvement alternatif de contraction et de décontraction du pourtour vers le centre et vice versa.

Par exemple, dans le tableau de Raphaël *La madone à la chaise* (ill. n° 15), la composition concentrique des motifs accentue l'effet de centration produit par le support circulaire tandis qu'en contrepartie la carrure, la dorure et le bas-relief de la moulure (actuelle [121]) équilibrent cette pression en poussant le regard vers les coins. L'axe de la profondeur illusoire des personnages et des visages principaux tournés vers le spectateur (arrière/avant) est donc inversé par celui du plan plat général (droite/gauche). Tous les éléments de forme, de couleur et d'orientation sur la verticale et l'horizontale concourent à former une composition cruciforme en volume virtuel, laquelle supporte le symbole de la croix comme hypo-icône du sujet explicite de représentation, préfigurant de la sorte la Passion du Christ.

Il en va tout autrement avec le tableau de Claude Tousignant *Accélérateur chromatique, 48* (ill. n° 16), où la juxtaposition des cercles vivement colorés incite le regard à balayer la surface dans un mouvement constant d'aller-retour pourtour/centre, arrière/avant. Les oscillations visuelles ont pour conséquence de produire des sensations de pulsations de l'ensemble de la surface. Ces deux images (ill. nos 15 et 16) résultent d'un contrôle savant et raffiné des formations graphiques, mais elles ne sont pas des mandalas au sens strict, ni par leur fonction ni par leur forme. Quoique le tableau de Raphaël tolère la nomination des composants internes et que celui de Tousignant suscite plutôt le rappel d'une vibration sonore, ils ne commandent ni n'interdisent *a priori* aucune articulation verbale complémentaire. «Pouvoir» nommer les composants de l'image n'est pas synonyme de «devoir» le faire. Si ces deux images reproduisent des principes de structuration spatiale qui ne peuvent pas tout à fait éliminer les effets perceptuels occasionnés par la circularité, elles démontrent les principes d'extension et de variabilité formelles et symboliques propres à l'humanité qui sait toujours faire «autrement» à partir d'un même substrat formel de base.

Puisque la spirale a aussi été fréquemment associée au mandala, elle mérite que l'on s'y attarde, d'autant que le motif fait partie d'un vaste patrimoine plastique trans-historique. Par opposition au cercle, la spirale est une extension, un déploiement graduel dans l'espace, un devenir formel, et il n'est pas étonnant qu'on lui ait attribué des codes symboliques reliés à la notion d'infini. Cependant, au cours de l'histoire, le motif a évoqué différents concepts additionnels qui n'ont cependant rien de contradictoire avec l'idée de base. Son point central a parfois été compris comme double représentation du commencement et de la fin [122], alors que d'autres cultures ont dédoublé la symbolique du motif en considérant sa trajectoire concentrique (du dehors vers le point central) comme symbole négatif de destruction, de mort et de calamité et la trajectoire excentrique (du point central vers le bout de la ligne courbe) comme signe positif rappelant la naissance, la croissance et la résurrection [123].

Quoique l'on ait perdu la symbolique des formations spiralées complexes encore visibles dans de nombreux sites de Bretagne, d'Angleterre et d'Irlande (ill. n° 17), et qui auraient eu une filiation directe avec la civilisation celtique, la forme même du tracé se prêtait alors, comme elle peut encore le faire, à des concepts et à des croyances associées au temps qui s'écoule dans l'espace, et certains concepteurs contemporains ont utilisé la même forme pour en faire de véritables marqueurs de temps.

Par exemple, au début du XXe siècle, l'artiste russe Vladimir Tatlin avait conçu une structure spiralée (ill. n° 18) qui devait servir de modèle pour la construction d'un monument qui ne fut cependant jamais réalisé. L'artiste avait prévu que le complexe fonctionnerait comme une véritable «horloge», puisque trois parties de verre externes à la structure métallique auraient eu à accomplir des rotations sur elles-mêmes : une annuellement, une mensuellement, une autre quotidiennement [124]. En deçà de la portée esthétique du projet, une telle dynamique structurale traçait l'image d'une nation en renouvellement et axée vers le futur.

Nous pourrions également donner en exemple les artistes du *land art* qui ont fréquemment adopté la forme de la spirale et celles qui s'y apparentent (demi-cercles, labyrinthes comme formes fétiches [125]). Ces formes de base servent certes de gabarit à la fusion des cultures, tellement elles se rapprochent de certaines installations archaïques. Cependant, elles ne sont pas des archétypes dans le sens d'une reconduction récurrente de la même symbolique ayant survécu dans l'inconscient collectif; elles sont plutôt des points de départ à des mutations, des changements de paradigmes qui témoignent d'une haute capacité analytique visuelle autorisant des combinaisons inédites et individuelles de la part des concepteurs qui saturent volontairement la forme simple de concepts hiérarchisés selon les conventions en cours.

Les artistes ne se «lassent pas» d'interroger l'extension possible des formes en inventant des métalangages rassembleurs qui, cependant, éveillent chez le regardant des concepts invariablement reliés à l'espace-temps vécu confronté à l'espace-temps construit et proposé par l'image. Et c'est bien cette double conscience en tiraillement qui distingue l'être humain constamment aux prises avec ses propres structures cognitives excédant la monosémie et tolérant des dépenses d'énergie fructueuses.

1. Jacques Mehler et Emmanuel Dupoux, *Naître humain*, Paris, Éditions Odile Jacob, 1990, p. 63.
2. Kathleen R. Gibson, «Continuity Versus Discontinuity Theories of the Evolution of Human and Animal Minds», *Behavioral and Brain Sciences*, vol. XIV, n° 4, 1991, p. 560. Les

mêmes bases théoriques furent reprises pour remettre en question la continuité et la discontinuité dans le développement du jeune enfant (Susan Carey, «Continuity and Discontinuity in Cognitive Development», dans Edward E. Smith et Daniel N. Osherson [dir.], *An Invitation to Cognitive Science. Thinking*, volume 3, Cambridge, Massachusetts, The MIT Press, A Bradford Book, 1995, p. 101-129).

3. Sur la rigidité et l'immédiateté des croyances des animaux et la différence entre l'intentionnalité objective qui les caractérise et l'intentionnalité subjective qui est le propre de l'homme, il faut consulter Pascal Engel («Les croyances des animaux», *La représentation animale*, études rassemblées par Jacques Gervet, Pierre Livet et Alain Tête, Nancy, Presses universitaires de Nancy, 1992, p. 59-75).

4. Steven Pinker a dressé des tableaux fort intéressants des théories jugées fausses (linéaires) et des théories considérées comme justes (rhizomatiques) à propos des embranchements au cours de l'évolution (*The Language Instinct*, New York, William Morrow and Company, Inc., 1994, p. 343-345).

5. Steven Pinker (*ibid.*, p. 334-336) dénonce le caractère racoleur des reportages télévisés qui montrent de jolies jeunes femmes tentant de communiquer avec les singes. En plus de croire que les singes pourraient en venir à nous «rejoindre» par le langage dans un avenir immédiat, on spécule parfois sur l'évolution à venir. À l'encontre de ces croyances naturalistes à outrance, Tim Ingold invalide la démarche ridicule qui consiste à tracer une ligne évolutive vers un futur où les chimpanzés muteraient éventuellement en humains («An Archeology of Symbolism», *Semiotica*, vol. XCVI, n°s 3/4, 1993, p. 309-310).

6. Paul Ricœur a bien raison de rappeler que c'est toujours sur la base d'un point de vue humain que nous interprétons le comportement des animaux (En collaboration avec Jean-Pierre Changeux, *Ce qui nous fait penser. La nature et la règle*, Paris, Éditions Odile Jacob, 1998, p. 215).

7. Élisabeth de Fontenay a écrit un ouvrage tout à fait exceptionnel sur la manière dont la philosophie a traité la question animale au cours des siècles (*Le silence des bêtes. La philosophie à l'épreuve de l'animalité*, Paris, Fayard, 1998).

8. Les plus proches de l'homme sont l'orang-outan, le gorille et le chimpanzé qui ont 48 chromosomes alors que l'homme en a 46. L'homme, cependant, n'a pas «perdu» 2 chromosomes au cours de l'évolution, car les bandes caractéristiques de deux chromosomes du singe se retrouvent dans un même chromosome humain (Jean-Pierre Changeux, *L'homme neuronal*, Paris, Fayard, coll. «Pluriel», 1983, p. 307).

9. Ces différences ont une origine génétique et sont liées à des mécanismes inscrits dans l'ADN des chromosomes (*ibid.*, p. 236).

10. Par exemple, le cerveau d'un enfant humain s'accroît beaucoup plus que celui d'un singe nouveau-né, mais il prend en moyenne beaucoup plus de temps pour atteindre son volume cérébral définitif (Jean-Pierre Changeux, *op. cit.*, p. 319).

11. Sur le mimétisme vocal (humain) et le mimétisme facial (des singes), voir Jacques Ninio, *L'empreinte des sens. Perception, mémoire, langage*, Paris, Éditions Odile Jacob, coll. «Points», 1991, p. 245-248.

12. Certains symptômes de la conscience de soi sont mis en évidence par le test du miroir (Jean-Pierre Changeux, *L'homme de vérité*, Paris, Éditions Odile Jacob, 2002, p. 168, 169).

13. *Ibid.*, p. 82.

14. À propos de la vision, Jean-Pierre Changeux établit des nuances importantes entre les espèces. Chez les mammifères primitifs, le nombre de représentations de la rétine ne dépasse pas 3 ou 4 ; chez les primates et les carnivores, il est situé entre 15 et 20 ; chez le macaque, il atteint 32, alors que chez l'homme, le nombre est supérieur. Quand on passe du singe à l'homme, le nombre d'aires anatomiquement distinctes dans le lobe frontal augmente de manière spectaculaire. Du chimpanzé à l'homme, on observe une augmentation d'au moins 70 % des connexions possibles entre les neurones du cortex préfrontal qui se trouvent disponibles dans l'espace de travail (*L'homme de vérité, op. cit.*, p. 48, 169).

15. Andy Clark, *Being There. Putting Brain, Body, and World Together Again*, Cambridge, Massachusetts, The MIT Press, A Bradford Book, 1999, p. 134-135.

16. Patricia M. Greenfield, «Language, Tools and Brain: The Ontogeny and Phylogeny of Hierarchically Organized Sequential Behavior», *Behavioral and Brain Sciences*, vol. XIV, n° 4, 1991, p. 545-551.

17. Jon Barwise et John Etchemendy, «Model-Theoretic Semantics», dans Michael I. Posner (dir.), *Foundations of Cognitive Science*, Cambridge, Massachusetts, The MIT Press, A Bradford Book, 1991, p. 203.

18. John Lewis et Bernard Towers, *Naked Ape or Homo Sapiens*, préface de Bernard Towers, New York, New American Library, A Mentor Book, 1973, 119 p.

19. Merlin Donald, «Representation: Ontogenesis and Phylogenesis», *Behavioral and Brain Sciences*, vol. XVII, n° 4, 1994, p. 714.

20. Marc Richelle et Helga Lejeune, «La perception du temps chez l'animal», *La Recherche*, n° 182, novembre 1986, p. 1332-1339.

21. La conscience de sa propre finitude demeure évidemment sous-jacente à toute prévision de l'avenir et il semble bien qu'elle fasse défaut à toutes les espèces animales. Sur le comportement des animaux face à la mort de ceux de leur espèce, on lira Colin Allend et Marc D. Hauser, «Concept Attribution in Nonhuman Animals: Theoretical and Methodological Problems in Ascribing Complex Mental Processes», dans Marc Bekoff et Dale Jamieson (dir.), *Readings in Animal Cognition*, Cambridge, Massachusetts, The MIT Press, A Bradford Book, 1996, p. 52-59.

22. Francis Crick, *L'hypothèse stupéfiante. À la recherche scientifique de l'âme*, traduction d'Hélène Prouteau, Paris, Plon, 1994, p. 27, 47, 155. C'est également l'opinion de Steven J. Luck *et al.* dont l'équipe a mené des recherches poussées sur le sujet («Bridging the Gap Between Monkey Neurophysiology and Human Perception: An Ambiguity Resolution Theory of Visual Selective Attention», *Cognitive Psychology*, n° 33, 1997, p. 64-87).

23. Martha Wilson, «Brain Mechanism in Categorical Perception», dans Stevan Harnad (dir.), *Categorical Perception. The Groundwork of Cognition*, Cambridge, Massachusetts, Cambridge University Press, 1987, p. 408.

24. R. J. Hernstein, «Levels of Stimulus Control. A Functional Approach», dans C. R. Gallistel (dir.), *Animal Cognition*, Cambridge, Massachusetts, The MIT Press, A Bradford Book, 1992, p. 133-134.

25. David Premack, *Intelligence in Ape and Man*, Hillsdale, New Jersey, Lawrence Erblaum Associates, Publishers, 1976, p. 307. Quoique les écrits de Premack n'aient pas fait l'unanimité, ils sont encore incontestablement la source majeure à laquelle se réfèrent les primatologues. M. Watkins a pour sa part longuement analysé la reconnaissance des couleurs par les chimpanzés («Do Animals See Colors? An Anthropologist's Guide to Animals, The Color Blind, and Far Away Places», *Philosophical Studies*, n° 94, 1999, p. 189-209). Chez le singe, on a même mis en évidence des cellules qui répondent spécifiquement à une catégorie donnée et qui servent à établir la carte cérébrale des catégories chromatiques (Jacques Mehler et Emmanuel Dupoux, *op. cit.*, p. 85).

26. Patrick Trevor-Roper, *The World Through Blunted Sight. An Inquiry into the Influence of Defective Vision on Art and Character*, New York, The Robbs-Merrill Company, Inc., 1970, p. 62.

27. Les études de P. H. Schiller ont donné le pas («Preference in Drawings of Chimpanzees», *Journal of Comparative and Physiological Psychology*, n° 44, 1951, p. 101-111), mais c'est surtout le zoologue Desmond Morris qui, à la fin des années cinquante, a continué le travail de P. Schiller. Avec le recul, il vaut la peine de relire cette étude extrêmement détaillée à propos du protocole de recherche et à laquelle les primatologues se réfèrent encore (*Biologie de l'art. Étude de la création artistique des grands singes et de ses rapports avec l'art*, Paris, Stock, 1961).

28. *Ibid.*, p. 165-166. Desmond Morris est lui-même un peintre qui a connu un succès modeste avec ses représentations surréalistes qu'il qualifie d'anthropomorphistes dans un catalogue de ses œuvres dont il a rédigé le texte (*The Secret Surrealist. The Paintings of Desmond Morris*, introduction de Philip Oake, Oxford, Phaidon Press Limited, 1987).

29. Desmond Morris, *Biologie de l'art, op. cit.*, p. 161.

30. C'est l'expression utilisée par Desmond Morris pour désigner à la fois les peintures des chimpanzés et celles des peintres qui s'adonnent à l'abstraction (*ibid.*, p. 169).

31. À cette époque, on organisait des expositions de peintures exécutées par les singes et, lors de son émission hebdomadaire télévisée en Angleterre, Desmond Morris faisait des expériences en direct.

32. D. A. Smith a noté que les singes sont facilement distraits et que leur attention n'est que de courte durée, quelle que soit l'activité en cours («Systematic Study of Chimpanzee

Drawing», *Journal of Comparative and Physiological Psychology*, vol. LXXXII, n° 3, 1973, p. 406-414).

33. Des chercheurs ont avancé que les grands singes feraient preuve de capacité d'abstraction et de pensée amodale (Kathleen R. Gibson, «Solving the Language Origin Puzzle: Collecting and Assembling All Pertinent Pieces», *Behavioral and Brain Sciences*, vol. XVIII, n° 1, 1995, p. 190). Cependant, Wendy K. Wilkes et Jennie Wakefield nient entièrement cette possibilité dont on n'a aucune preuve («Brain Evolution and Neurolinguistic Preconditions», *ibid.*, p. 169).

34. Ellen Winner et George Ettlinger, «Do Chimpanzees Recognize Photographs as Representations of Objects?», *Neuropsychologia*, vol. XVII, n° 420, 1979, p. 413-420; Whitney Davis, «The Origins of Image Making», *Current Anthropology*, vol. XXVII, n° 3, juin 1986, p. 197; R. K. Davenport *et al.*, «Cross-Modal Perception in Apes: Altered Visual Cues and Delay», *Neuropsychology*, vol. CXIII, 1975, p. 229-235; R. K. Davenport et C. M. Rogers, «Perception of Photographs by Apes», *Behavior*, n° 39, 1971, p. 318-320; James C. Tolan *et al.*, «Cross-Modal Matching in Monkeys: Altered Visual Cues and Delay», *Neuropsychologia*, vol. XIX, n° 2, 1981, p. 289-300.

35. Telle était l'hypothèse de David Premack maintenant validée par Jacques Mehler et Emmanuel Dupoux (*op. cit.*, p. 38-39).

36. Edward O. Wilson insiste sur cette expression, «pulsion artistique», qu'il attribue au fait que les singes semblent prendre plaisir à faire de la peinture (*Sociobiology. The Abridged Edition*, Cambridge, Massachusetts, The Belknap Press of Harvard University Press, 1980).

37. C'est la comparaison qu'opère Edward O. Wilson pour tenter de convaincre que les singes ont cette pulsion artistique (*ibid.*, p. 289).

38. C'est l'opinion de William Noble et Iain Davidson, «The Evolutionary Emergence of Modern Human Behavior: Language and its Archeology, *Man*, vol. XXVI, n° 2, 1991, p. 223-253.

39. James Flood et Peter H. Salus, *Language and the Language of Arts*, New Jersey, Prentice-Hall, Inc., 1984, p. 2.

40. On a remarqué que les singes poussent des cris différents lorsqu'ils se trouvent en face d'au moins trois catégories de prédateurs distincts: léopards, aigles et serpents. Or, ces cris d'alarme ne seraient pas des signaux d'alerte générale et ne refléteraient pas non plus des niveaux de peur. Ils font référence à un objet déterminé, se substituent à cet objet et provoquent la genèse de sa représentation chez les partenaires du groupe social. Mais à la différence des humains, ce partenaire serait incapable de les reproduire et de les transmettre à ses congénères (Jean-Pierre Changeux, *L'homme de vérité, op. cit.*, p. 208-209).

41. Ralph Axel Müller «Innates, Autonomy, Universality? Neurobiological Approaches of Language», *Behavioral and Brain Sciences*, vol. XIX, n° 4, 1996, p. 612-613.

42. Quoique l'opinion générale nie aux animaux quelque forme de syntaxe, Marc D. Hauser et Nathan D. Wolfe sont d'avis qu'il est beaucoup trop tôt pour en arriver à une telle conclusion («Human Language: Are Nonhuman Precursors Lacking?», *Behavioral and Brain Sciences*, vol XVIII, n° 1, 1995, p. 190).

43. À ce propos, on consultera Walter Goldsmith qui consacre à ce sujet l'entièreté de l'ouvrage collectif qu'il a dirigé (Walter Goldsmith [dir], *Exploring the Ways of Mankind*, New York, Holt, Rinehart and Winston, 1960).

44. Sur la construction de nouveaux messages verbaux, il faut lire Margaret Harris, «Language Acquisition», dans Michael W. Eysenck (dir.), *The Blackwell Dictionary of Cognitive Psychology*, Andrew Ellis, Earl Hunt et Philip Johnson-Laird (conseillers), Cambridge, Massachusetts, Blackwell, 1994, p. 198-202.

45. Un des problèmes majeurs qui empêche d'aboutir à des résultats percutants est celui de trouver un protocole méthodologique adéquat qui ne consisterait plus à calquer le modèle linguistique humain sur le processus de communication des grands singes. Si peu de chercheurs soulignent l'incongruité méthodologique, Dominique Lestel y porte une attention primordiale et invite à plus de discernement quant aux conclusions fondées sur les circonstances actuelles de la recherche en laboratoire (*Paroles de singes. L'impossible dialogue homme-primate*, Paris, Édition La Découverte, série Sciences cognitives, 1995, p. 47-53).

46. Il y a eu quelques expériences visant à faire communiquer les primates entre eux au moyen du langage des sourds et muets, dans l'espoir qu'ils puissent s'instruire respectivement et enseigner le langage à d'autres chimpanzés. Quoique les résultats soient quelque peu

décevants, on observe cependant qu'un chimpanzé de cinq ans et demi (nommé Kanzi), sans interférence des humains, accomplissait des gestes en recourant à des vocalisations et en pointant «spontanément» les doigt vers les objets. On a également remarqué qu'il avait la capacité de se référer à des objets absents (*ibid.*, p. 44-46). Or, pour Steven Pinker (*op. cit.*, p. 336), il est absolument impossible que des primates aient réussi à maîtriser le langage des sourds et muets qui a une morphologie et une syntaxe très complexes.

47. Les singes semblent comprendre que l'usage de ces signes et leur réaction hautement valorisée par les expérimentateurs leur mérite parfois quelque récompense (Jacques Mehler et Emmanuel Dupoux, *op. cit.*, p. 181-187).

48. Paul Morissette *et al.*, «Les relations entre l'attention conjointe au cours de la période préverbale et le développement de la référence verbale», *Journal international de psychologie*, vol. XXX, n° 4, 1995, p. 481-498. Sue Savage-Rumbaugh et Karen E. Brakke qui soutiennent l'idée d'un «langage» des singes admettent, cependant, que leur manque d'initiative à entamer la communication pose problème («Animal Language: Methodological and Interpretative Issues», dans Marc Bekoff et Dale Jamieson [dir.], *op. cit.*, p. 272-273).

49. Contrairement aux humains qui enseignent leurs connaissances à leur progéniture, rien ne permet de dire que les singes adultes donnent à proprement parler un enseignement aux jeunes ou qu'ils contrôlent les connaissances acquises (Jean-Pierre Changeux, *L'homme de vérité*, *op. cit.*, p. 211) .

50. Pour Hanuš Papoušek, la conservation des codes symboliques est ce qui différencie foncièrement l'homme de l'animal («Transmission of the Communicative Competence: Genetic, Cultural, When, and How?», *International Journal of Psychology*, vol. XXVIII, n° 5, 1993, p. 711). Cette assertion est partagée par Charles J. Lumsden et Edward O. Wilson (*Genes, Mind, and Culture. The Coevolutionary Process*, Cambridge, Massachusetts, Harvard University press, 1981, p. 6).

51. Michael S. Gazzaniga, *The Mind's Past*, Berkeley, University of California Press, 1998, p. 4 et Michael C. Corballis, «How to Grow a Human», *Behavioral and Brain Sciences*, vol. XIX, n° 4, 1996, p. 632-633.

52. Wendy K. Wilkins et Jennie Wakefield (*loc. cit.*, p. 162) ont posé l'hypothèse qu'au cours de l'évolution le langage ne serait pas le simple prolongement de la capacité de communiquer. Il se serait même développé à partir de structures différentes utiles à la hiérarchisation et à l'interprétation.

53. Jo Liska se dit d'accord avec Wilkins et Wakefield sur les principes de base, mais suggère que le langage a suppléé et donné des extensions à la communication («Semiogenesis as a Continuous, not a Discrete Phenomenon», *Behavioral and Brain Sciences*, vol. XVIII, n° 1, 1995, p. 198-199).

54. Cette double fonction apporte un argument de plus à la thèse de l'extension de la communication par le langage plutôt que d'une substitution (Frederick J. Newmeyer, «Conceptual Structure of Syntax», *ibid.*, p. 202).

55. Selon William Noble et Iain Davidson (*loc. cit.*, p. 230), le développement ontogénétique de l'homme aurait cependant émergé du contexte initial de l'acquisition du langage.

56. Comme l'écrivait André Leroi-Gourhan, ce n'est pas par son corps que l'homme se distingue des autres espèces, mais par l'usage qu'il en fait (dans Bruno Huisman et François Ribes, *Les philosophes et le corps*, Paris, Dunod, 1992, p. 137). Noam Chomsky est également d'avis que l'on ne peut pas conclure en termes de «plus» ou de «moins», mais plutôt comprendre qu'il y a un principe d'organisation entièrement différent entre les singes et nous, et ce principe explique que nous sommes les seuls à posséder une structure linguistique innée («Language and Nature», *Mind*, vol. CIV, n° 413, 1995, p. 104-105; «On the Nature, Use and Acquisition of Language», dans Alvin I. Goldman [dir.], *Readings in Philosophy and Cognitive Science*, Cambridge, Massachusetts, The MIT Press, A Bradford Book, p. 518).

57. Jerome Bruner comprend ces négociations répétées comme étant le bond qualitatif majeur au cours de l'évolution et sans lequel les cultures n'auraient pu se développer (*Acts on Meaning*, Cambridge, Massachusetts, Harvard University Press, 1990, p. 67).

58. Jean-Pierre Changeux, *Ce qui nous fait penser. La nature et la règle*, *op. cit.*, p. 161.

59. Il y a déjà quelques décennies, Bruno Estrangin, spécialiste des théories de l'information, a expliqué comment, dans la pratique soutenue de l'informatique, les sujets (adultes) en viennent à se définir au sein même des réseaux qu'ils exploitent, une telle intégration ayant

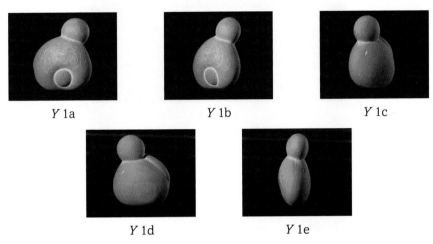

Y 1a *Y* 1b *Y* 1c

Y 1d *Y* 1e

Ill. n° 1
Pierre volcanique,
5,4 cm x 4 cm x 1,3 cm.
Photo : Jean-André Carrière.

Ill. n° 2
Coucher de soleil à Notre-Dame-du-Portage,
15 cm x 10,2 cm, 2001.
Photo : Nycole Paquin.

Ill n° 3
Thomas Moran, *The Grand Canyon*,
huile sur toile, 215 cm x 366 cm, 1872.

Ill. n° 4
Visage-masque,
dessin sur relief naturel,
Bernifal (Dordogne),
environ 15 000 ans.

Ill. n° 5
Jean Paquin,
Effigie,
1990.
Photographie.

Ill. n° 6
Poisson préhistorique,
bas-relief sur pierre,
abri du Poisson, Les Eyzies-de-Tayac
(Dordogne), environ 15 000 ans.

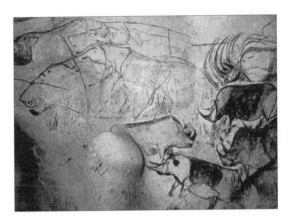

Ill. n° 7
Panneau du rhinocéros,
pigments colorés
sur support de pierre,
grotte de Chauvet,
environ 35 000 ans.

Ill. n° 8
Marquages abstraits,
caverne de Niaux,
pigments colorés sur
support de pierre,
environ 25 000 ans.

Ill. n° 9
Réticulé sur dalle en écusson,
Mané-Kerioned, Carnac (Bretagne),
environ 5 000 ans.

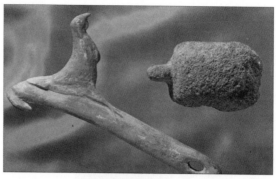

Ill. nº 10
Propulseur en bois de renne et *Tortue de pierre*,
Paléolithique supérieur, époque magdalénienne.

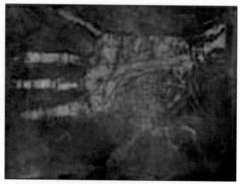

Ill. nº 11
Angèle Verret,
Trans/paraître,
acrylique sur toile, 148 cm x 204 cm, 1997.
Photo : Guy L'heureux.

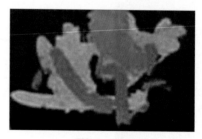

Ill. nº 12
Peinture au pinceau,
gouache réalisée
par le singe Congo, 1957.

Ill. nº 13
Zoé Trudel (3 ans),
dessin au crayon de couleur.

Ill. nº 14
Réalisation d'un mandala tibétain,
sable coloré, 2001.

Ill. nº 15
Raphaël,
La madone à la chaise,
huile sur bois, diam. 71 cm,
v. 1514.

Ill. nº 16
Claude Tousignant,
Accélérateur chromatique, 48,
huile sur toile,
diam. 122,7 cm.
1967,
Musée d'art contemporain de Montréal.

Ill. nº 17
Formation spiralée complexe, chambre funéraire
de Newgrange (Irlande),
fin du 4e millénaire av. J.-C.

Ill. nº 18
Vladimir Tatlin.
Monument en l'honneur de la IIIe Internationale,
maquette préparatoire,
métal, bois, verre,
1919-1920.
Hauteur prévue du monument : 1 300 pi.

Ill. n°s 19-20
Martin Boisseau
Premier temps : sabotage visuel,
installation multimédias, 1996-1997.
Photo : Marie-Christine Simard et Martin Boisseau.

Ill. n° 21
André Fournelle,
Le cercle de feu,
installation-performance,
tissus et gazoline,
le cap Blanc-Nez, Calais,
France, 2001.
Photo : Éric Daviron.

Ill. n° 22
Guerrier,
statue Itara,
bois sculpté,
Atouro, Océanie,
XIXe siècle.

Ill. n° 23
Mark Prent,
Laughing Patocyclist…,
polyester, bois, pigments colorés,
1974.

Ill. n° 24
Anonyme (Chine),
Après la pluie,
encre sur papier,
99 cm x 43 cm,
1349.

Ill. n° 25
Pieter Bruegel,
*La parabole des
aveugles*,
huile sur toile,
122 cm x 34 cm,
c. 1568.

pour conséquence de réduire la fluidité verbale (*Penser le sujet aujourd'hui*, Colloque de Cerisy, Paris, Méridiens Klincksieck, 1988, p. 199-207).

60. Cette position est défendue par Derek Bickerton («Finding the True Place of Homo Habilis in Language Evolution», *Behavioral and Brain Sciences*, vol. XVIII, n° 1, 1995, p. 182-183).

61. Ralph-Axel Müller, *loc. cit.*, p. 612.

62. Michael C. Corballis, «On the Evolution of Language and Generativity», *Cognition*, n° 44, 1992, p. 216.

63. Derek Bickerton, «An Innate Language Faculty Needs Neither Modularity Nor Localization», *Behavioral and Brain Sciences*, n° 19, 1996, p. 631-632.

64. Cependant, de l'avis de James R. Hurford et Simon Kirby, le proto-langage n'aurait pas fonctionné de façon catégorielle («Neural Preconditions for Proto-language», *Behavioral and Brain Sciences*, vol. XVIII, n° 1, 1995, p. 193).

65. En réponse à l'interprétation de sa théorie à laquelle on reproche d'avoir postulé un changement abrupt entre le proto-langage et le langage, Bickerton se défend d'avoir jamais prétendu à une totale discontinuité («Syntax is not as Simple as It Seems», *Behavioral and Brain Sciences*, vol. XIV, n° 4, 1991, p. 553).

66. Ce saut qualitatif aurait peut-être sauvé nos ancêtres de l'extinction graduelle provoquée par un déséquilibre dans les comportements sociaux (Bernard Victori, «Débat sur la langue mère», *Pour la science*, hors série, octobre 1997, p. 28-32).

67. L'expression est de Derek Bickerton, cité dans Julien Camacin, «L'arrivée en force de la syntaxe», *La Recherche*, hors série, n° 4, novembre 2000, p. 85.

68. Rush Rhess, «Language as Emerging from Instinctive Behavior», *Psychological Investigations*, vol. XX, n° 1, janvier, 1997, p. 1-14.

69. André Jacob, *Anthropologie du langage. Construction et symbolisation*, Liège, Pierre Margada éditeur, coll «Noëlla Barquin», 1990, p. 178.

70. Harry Hoijer, «The Nature of Language», dans Walter Goldsmith (dir.), *Exploring the Ways of Mankind, op. cit.*, p. 80-83.

71. Le neurologue John C. Eccles (prix Nobel de médecine en 1964) reprend la classification proposée par Bühler et Popper, à l'effet qu'il y aurait quatre niveaux de langage : deux primaires (la fonction expressive ou symptomatique ; la fonction de signal) ; deux secondaires (la fonction de description ; la fonction de discussion argumentée). Au premier niveau de la fonction expressive, l'animal, comme l'homme moderne, exprime par des cris un état émotionnel ou un sentiment. En communiquant un message symptomatique par le cri, il vise à provoquer une réaction chez le récepteur. Les deux niveaux secondaires sont cependant le propre de l'homme (*Évolution du cerveau et création de la conscience*, Paris, Flammarion, coll. «Champs», 1989, p. 98).

72. Jerome Bruner, *op. cit.* ; Michael Tomasello, *op. cit.*, p. 112-124 ; 165-173. Jean-Pierre Changeux décrit comment la nature et la règle expliquent la durée du développement neuronal et psychologique de l'enfant après la naissance (plus longue que chez toute espèce animale) et facilitent les mises en place de représentations culturelles dans le cerveau sous forme d'empreintes réutilisables de multiples fois dans la vie du sujet (*Ce qui nous fait penser. La nature et la règle, op. cit.*, p. 231).

73. Le *fort-da* désigne deux aspects du même principe. L'un d'eux concerne l'utilisation de cris par le bébé qui tente ainsi de convier la présence d'un adulte (père, mère ou autre), suivie d'un apaisement soudain lorsqu'ils se pointent, puis la reprise des sons stridents dès qu'ils s'éloignent et ainsi de suite. L'autre aspect consiste pour le bébé à faire disparaître de sa vue un objet quelconque, puis à le ramener et à l'oblitérer de nouveau. Le *fort-da* est une stratégie de contrôle que les bébés expérimentent sans que l'on ait à la leur enseigner. Le concept venait de Sigmund Freud, mais Jacques Lacan en a fait le moteur de ses études psychanalytiques, soutenant que par ce jeu l'enfant apprend à symboliser le monde en vertu des présences et des absences (*Écrits*, Paris, Seuil, 1966, p. 318-319, 690-691).

74. On sait que la modalité auditive prédomine chez les enfants jusqu'à l'âge de dix mois (Jacques Mehler et Emmanuel Dupoux, *op. cit.*, p. 79), mais on a constaté que même l'enfant sourd exposé exclusivement au langage gestuel passe par un stade de «babillage» signalitique spontané de manière analogue au babillage vocal des enfants normaux (Michael C. Corballis, «On the Evolution of Language and Generativity», *loc. cit.*, p. 213).

75. François Rastier, *Sémantique et recherches cognitives*, Paris, Presses universitaires de France, 1991, p. 230. Voir également P. D. Eimas, « Categorization in Early Infancy and the Continuity of Development », *Cognition*, n° 50, 1994, p. 83-93.

76. Steven Pinker (*op. cit.*, p. 266) compare le babil à l'élaboration d'un manuel d'instructions. Le jeune enfant possède déjà les commandes neuronales nécessaires pour s'écouter babiller et se donner ainsi une bonne utilisation de ses muscles en vue de dupliquer le langage qu'il entend. L'enfant s'apprend à parler.

77. Jacques Mehler et Emmanuel Dupoux, *op. cit.*, p. 56.

78. Jacques Michel Robert s'est particulièrement intéressé à ces modifications chez le nourrisson (*Comprendre le cerveau*, Paris, Seuil, coll. « Sciences », 1982, p. 11). L'interaction de la performance motrice et de la perception contribuerait à l'organisation du babillage par sélection jusqu'à douze mois (Jean-Pierre Changeux, *L'homme de vérité, op. cit.*, p. 311).

79. Avec beaucoup d'acuité, Richard A. Eltin explique comment la reconnaissance d'une existence spatiale est intimement reliée à l'évaluation préverbale de la situation du sujet dans le monde (« Aesthetic and the Spacial Sense of Self », *The Journal of Aesthetics and Art Criticism*, vol. LVI, n° 1, hiver 1998, p. 10-11).

80. Cette utilisation du langage pour lui-même serait, dans l'optique de Jerome Bruner, une poussée vers la construction narrative qui détermine l'ordre et la priorité au sein desquels les formes grammaticales sont maîtrisées (*op. cit.*, p. 77).

81. La répétition d'articulation de syllabes dans la phase de babillage est contrôlée par une activité neuronale dans le cortex préfrontal inférieur, tandis que des neurones spécifiques dans le système auditif sont stimulés par les sons produits (Friedemann Pulvermüller, « Words in the Brain's Language », *Behavioral and Brain Sciences*, vol. XXII, n° 2, 1999, p. 258).

82. On nomme communément ces jeux « intonations » (Jean-Pierre Changeux, *L'homme de vérité, op. cit.*, p. 214).

83. *Ibid.*

84. *Ibid.*

85. Ce phénomène comporte des avantages et des désavantages. J'ai bien connu une petite fille élevée dans un milieu bilingue et qui s'était inventé deux babillages « savants » : un pour le français, un autre pour l'anglais, chacun avec un « vocabulaire » spécifique d'intonations et de prononciations. Elle a longtemps préféré ces babillages aux langues conventionnelles, car, dans un renversement d'imitation, son entourage a « appris » ses dialectes et les a utilisés pour communiquer avec elle. Il en résulta qu'elle développa très vite son imagination et sa créativité, mais que l'apprentissage de sa langue maternelle (le français) fut long et ardu, encore plus que celui de l'anglais.

86. Danielle Bouvet, « Métaphores du corps dans les langues gestuelles », *Diogène*, n° 175, 1996, p. 29.

87. Contrairement à ce que soutient Arthur Janov, le cri n'est pas strictement une expression de désarroi qui remonterait à la douleur première de la naissance. En 1970, Janov publiait un ouvrage (*The Primal Scream. Primal Therapy the Cure for Neurosis*, New York, A Delta Book, 1970) qui a connu un certain retentissement dans le public. L'objectif de l'auteur était thérapeutique et consistait à encourager les patients à crier, à retourner à ce qu'il qualifiait de « cri primal » afin de libérer les tensions qui naissaient de la douleur initiale de voir le jour. Cet essai n'a pas reçu l'approbation des milieux scientifiques et il a fallu une bonne décennie pour qu'il soit réhabilité par Roger Gentis, qui y voyait un complément utile aux théories psychanalytiques de Freud et de Lacan (*Leçons du corps*, Paris, Flammarion, coll. « Champs », 1980).

88. Selon Steven Pinker, *op. cit.*

89. Sur la théorie du « aha » comme expression de plaisir lors de la résolution d'un problème, il faut lire T. G. Bever (« The Aesthetic Basis for Cognitive Structures », dans Myles Brandt et Robert M. Harnish [dir.], *The Representation of Knowledge and Belief*, Tucson, The University of Arizona Press, 1986, p. 327).

90. Alexander Alland Jr., « Affects and Aesthetics in Human Evolution », *The Journal of Aesthetics and Art Criticism*, vol. XLVII, n° 1, hiver 1989, p. 9, et Jean-François Vezin, *Complémentarité du verbal et du non-verbal dans l'acquisition de connaissances*, Paris, Éditions du Centre national de la recherche scientifique, 1980.

91. Nous rabattons ici les concepts de Jean-Pierre Changeux (babillage canonique, babillage culturel) sur le gribouillage.

92. Desmond Morris, *op. cit.*, p. 50.

93. *Ibid.*, p. 50-53.

94. Une littérature considérable couvre les troubles langagiers et perceptuels chez les enfants et les adultes, dont la dysphasie motrice ou sensorielle (troubles souvent dus à des lésions des centres cérébraux) ; l'aphasie (trouble de l'expression ou de la compréhension du langage oral) ; l'apraxie (incapacité d'effectuer des mouvements volontaires) ; l'ataxie (mauvaise coordination des mouvements ou absence de coordination entre le geste et le regard) ; l'agnosie (incapacité de reconnaître ce qui est perçu) ; l'alexie (incapacité de reconnaître à la lecture les éléments du langage). Toutes les recherches montrent qu'une affliction peut, à moyen et à long terme, affecter l'ensemble du système cognitif.

95. Il faut lire les belles pages de Pierre Francastel sur les arts visuels de quelque époque que ce soit qui manifestent la négation du caractère absolu de l'espace («Espace génétique et espace plastique», *Revue de philosophie*, n° 1, 1948, p. 349-380).

96. Le concept de centration est ici tiré des études de Fernande Saint-Martin portant sur les dessins d'enfants (*Les fondements topologiques de la peinture. Essai sur les modes de représentation de l'espace, à l'origine de l'art enfantin et de l'art abstrait*, Montréal, Éditions HMH, coll. «Constantes», 1980, p. 39-40).

97. Todd Lubart *et al.*, «Art des enfants, enfance de l'art», *La Recherche*, hors série, n° 4, novembre 2000, p. 94-95.

98. C'est la thèse défendue par David Summers («Real Metaphor: Towards a Redefinition of the Conceptual Image», dans Norman Bryson, Michael Ann-Holley et Keith Moxey [dir.], *Visual Theory. Painting and Interpretation*, Grande-Bretagne, Icon Éditions, Harper Collins, 1991, p. 234).

99. La théorie a d'abord été élaborée par Rhoda Kellogg, *Analysing Children's Art*, Palo Alto, Mayfield Publishing Co., 1970.

100. Arno Stern a développé un concept fort intéressant à propos de la préfiguration chez les jeunes, c'est-à-dire de la production d'ensembles quasi figuratifs dans lesquels la géométrie joue un rôle prédominant. Ce seraient des «jaillissements», le motif reconnaissable ne servant que de «prétexte» à la composition imaginaire («Le degré zéro du signe», *Communication et Langages*, vol. LXXI, 1987, p. 8-9.

101. Par exemple, au Bali, à Taïwan, et surtout au Ponape, la représentation n'est pas nécessairement un aboutissement. Tous les enfants ne commencent pas par des cercles et dans certaines régions ou villages, ils vont plutôt dessiner des zigzags. On a également constaté que pour les bambins de certains villages, le remplissage de la surface ne peut absolument pas être interprété comme preuve d'un développement progressif «normal» (Alexander Alland Jr., *loc. cit.*, p. 10).

102. *Ibid.*, p. 10.

103. C'est l'opinion de Ellen Dissanayake, *Homo Aestheticus. Where Art Comes From and Why*, Seattle, University of Washington Press, 1995, p. 79-80.

104. Ce sont les termes d'Arno Stern, *loc. cit.*, p. 4.

105. Le même geste de rotation de la main sert au gribouillage chez les adultes (*doodling*) et il est fréquent que les jeunes et les moins jeunes reprennent la même gestualité dans des situations de stress. L'enfant, par exemple, s'il est gêné, va tourner une mèche de sa chevelure ou agripper un pan de son vêtement qu'il fait tournoyer sur lui-même.

106. Le mantra le plus connu et qui chapeaute d'ailleurs tous les autres est *om mani padme hum*. C'est le mantra dit de la Compassion et par lequel on émet des vœux de bien-être pour tous les êtres. Des mantras de soutien tel *om* (représentation de l'Infini), *ah* (essence vraie de l'existence), *hum* (imprégnation de l'énergie vitale de tout ce qui a été créé) font partie d'un ensemble d'incantations sacrées (John Blofeld, *Les mantras ou la puissance des mots sacrés*, traduction de Dominique Boubouleix, Paris, Dervy-Livres, 1977, p. 101).

107. Chaque mantra a six aspects: rishi (voyant), râga (mélodie), devatâ (déité régnante), bîja (son originel), shakti (pouvoir) et kîlaka (pilier) (Shivânanda Râdhâ, *Mantras. Paroles de pouvoir*, traduction d'Antonia Leibovici, Paris, Éditions Guy Trédanel, 1996, p. 21).

108. John Blofeld, *op. cit.*, p. 105.

109. Le mandala est chaotique dans la mesure où les codes et les lois qui en guident la formation désorientent le ou les producteurs. La création du cercle auto-existant est censé représenter en premier lieu l'ignorance. Une fois produit, il représente une structure ordonnée,

une conquête sur le désordre (Chögyam Trungpa, *Mandala. Un chaos ordonné*, traduction de Richard Gravel, préface et postface de Shebab Chödzin, Paris, Seuil, 1994, p. 1-2).

110. Pour une étude comparative entre le caractère «abstrait» du mandala et les fondements théologiques (bibliques) de l'aniconisme, on lira Jean-François Clément («L'image dans le monde arabe: interdit et possibilités», dans G. Beaugé et J. F. Clément [dir.], *L'image dans le monde arabe*, Paris, CNRS Éditions, 1995, p. 11-42).

111. Du point de vue de la poétique, Jérôme Peignot a finement relié le caractère introspectif du mandala au pouvoir d'abstraction du mantra dont les sons ont pour fonction d'appeler l'énergie divine, d'évoquer des idées plutôt que des choses (*Les jeux de l'amour et du langage*, Paris, UGE, coll. «10/18 Inédit», 1974, p. 62-68).

112. Pour qui a la patience de découvrir les textes sérieux, le réseau Internet offre de très nombreux articles didactiques sur le sujet. On peut lire, entre autres, une étude consciencieuse (accompagnée de notes et d'une bibliographie impressionnante) à asianart.com/mandals/structure.html.

113. Elisseeff Wadine, *L'art oriental*, Lausanne/Barcelone, Bibliothèque Laffont des Grands Thèmes, Éditions Grammont/Salvat Éditions, 1976, p. 143.

114. Dans la tradition thaïe, par exemple, on croit que le roi bouddhiste possède des pouvoirs extraordinaires d'interprétation et de communication. Lui seul peut interpréter la cause des actions en découvrant par la vision et la parole les intentions des hommes. Images (mandalas) et langage sont deux différents aspects d'une même matérialité et reproduisent l'essence de la morale. Chez les bouddhistes et les hindouistes, parler est un acte moral qui exprime et crée à la fois la place de chacun dans une hiérarchie morale et affecte la chance pour chaque individu de se réincarner (Christine Gray, «Hegemonic Images: Language and Silence in the Royal Thai Polity», *Man*, n° 26, 1991, p. 43-65).

115. Par opposition à John Searle, pour qui le silence, la communication avec soi-même, est une pensée verbalisée, Noam Chomsky demeure convaincu que nous pouvons penser sans verbaliser (*Réflexions sur le langage*, traduction de Judith Milner, Béatrice Vautherin et Pierre Fiala, Paris, Flammarion, coll. «Champs», 1977, p. 72-73). À l'aide de l'électromyographie, on a observé qu'au cours d'une lecture silencieuse ou de toute tâche de mémorisation reliée à l'utilisation du langage verbal, les lèvres s'activent nerveusement, tandis que pendant une activité strictement visuelle, les muscles des lèvres et de la langue restent tranquilles, mais les pulsations des paupières augmentent (Jerry Livesay *et al.*, «Covert Speech Behavior During a Silent Language Recitation Task», *Perceptual and Motor Skill*, n° 83, décembre 1996, p. 1355-1362).

116. Traditionnellement, ces formes d'expressions étaient tenues secrètes et pratiquées par les initiés. Le réseau Internet abonde maintenant en illustrations (graphiques et plastiques) de mantras et de mandalas (vrais ou faux..., anciens et contemporains).

117. Afin de pallier la laïcisation abusive de ces traditions sacrées, le présent Dalai Lama a préfacé un site consacré au sujet. Sand Mandala, http://www.artnetwork.com/Mandala/

118. Rhoda Kellogg a longuement étudié les formations mandolaïdes à la base de toute construction simple ou complexe au cours du développement de l'enfant (*op. cit.*, p. 64-75). Elle a établi des catégories de développement du dessin auxquelles se sont référés plusieurs spécialistes: les griffonnages, les schèmes, les combinaison et, enfin, la figuration. Desmond Morris a d'ailleurs utilisé cette hiérarchie de base pour établir des équivalences comparatives entre les singes et les enfants (*ibid.*, p. 125-126). Ces catégories ont été récemment reprises d'une manière critique par Thierry Lenain, *La peinture des singes. Histoire et esthétique*, Paris, Syros-Alternatives, 1990.

119. Desmond Morris avait remarqué que tout jeunes les chimpanzés commençaient par faire des griffonnages semblables à ceux que produisaient les très jeunes enfants, mais ceux-ci se montraient très tôt beaucoup plus inventifs (*op. cit.*, p. 116).

120. En tant qu'historienne de l'art, j'ai souvent constaté qu'au cours de leur production les artistes avaient tendance à fredonner des airs qui, sans être des mantras, s'en rapprochaient par la structure répétitive et la tonalité monotone. Il serait peut-être pertinent de pousser la recherche.

121. Il est fort probable que le tondo de Raphaël ait été conçu en prévision d'un autre cadre. Or, du point de vue de la perception, l'image produit des effets relatifs à sa présentation et non à ce qui aurait pu être. Le cadre, comme le socle ou la niche, est d'ailleurs la «clé» de l'ajustement perceptuel (Nycole Paquin, «The Frame as a Key to Visual Perception», dans

Gerald Cupchik et Janos Laszlo [dir.], *Emerging Visions of the Aesthetic Process. Psychology, Semiology and Philosophy*, Cambridge, Massachusetts, Cambridge University Press, 1992, p. 37-47).

122. Mark Verstock écrit des pages fort éclairantes sur les variations symboliques attribuées à la spirale à travers les temps et dans des cultures différentes (*The Genesis of Form. From Chaos to Geometry*, Anvers, Muller, Blond and White, 1987, p. 63-69).

123. *Ibid.*

124. Il était prévu que le monument atteindrait une hauteur deux fois plus imposante que celle de l'Empire State Building (New York). La structure spiralée devait être recouverte d'un cylindre, d'un cône et d'un tube de verre. Le cylindre de verre aurait été tourné sur son axe une fois par année ; le cône aurait accompli une révolution chaque mois et le cube aurait complètement tourné sur lui-même une fois par jour (Camilla Gray, *The Russian Experiment in Art 1863-1922*, Londres, Thames & Hudson, 1976, p. 226-227).

125. Lucy Lippard associe la récupération de la forme ancestrale à la séduction de quelque chose de perdu (*Overlay. Contemporary Art and the Art of Prehistory*, New York, The New York Press, 1983, p. 11).

Chapitre 5

Économies, réserves et dépenses

5.1 Le partage des tâches

Dans le chapitre précédent, nous avons vu que le très jeune enfant sait automatiquement distinguer ses propres systèmes de détection (auditifs, visuels) et qu'en utilisant un proto-langage il prend plaisir à rendre opératoire la complémentarité de ces systèmes qui ne se confondent jamais. Ainsi, son babillage, ses propres jeux sonores contribuent à le rendre conscient de son statut de sujet.

Les sciences cognitives se sont particulièrement intéressées au parallélisme des divers modes de captation sensorielle et ont observé que, tant chez l'enfant que chez l'adulte, l'organisme, pour éviter la confusion, catégorise et hiérarchise différents stimuli grâce à des détecteurs hautement spécialisés et distincts, du moins à un premier niveau de perception, dit niveau périphérique, où certains traits sont sélectionnés en primeur.

Des modules relativement indépendants enregistrent des qualités différentes au premier stade de détection, chacun établissant sa propre série de «cartes topographiques» en codant la localisation des traits particuliers. C'est le principe du *pop out*[1]. Cependant, au cours de l'expérience, pour des raisons qui touchent divers facteurs émotionnels ou encyclopédiques, d'autres zones ou d'autres fragments peuvent émerger comme étant aussi prégnants que les premiers. La perception, qui a parfois recours à plusieurs modes de traitement sensoriels, est un mouvement et non un mécanisme figé qui ne prêterait attention qu'aux tout premiers stimuli éveillés, quoique ceux-ci laissent une empreinte persistante. Ainsi, la perception vagabonde de *pop out* en *pop out* tout au long de l'expérience en cours.

Ce filtrage continu et mouvant, qui hiérarchise les stimuli et qui est en somme une économie d'espace et de temps, se réalise dans tout un réseau de sous-systèmes qui prévient l'engorgement sensoriel, et il est essentiel[2], par exemple, à l'appréciation de l'opéra, du théâtre, du cinéma, enfin de toutes les formes d'expression qui exigent la différenciation visuelle, linguistique, musicale et autre[3]. Grâce à un processus d'interrelation des excitations, il se produit dans le réseau interne un réglage qui localise les stimuli, les canalise et les relie à la mémoire[4]. Cette opération s'appuie sur des connaissances implicites (non apprises) et intégrées à l'organisme qui se manifestent dès le bas âge[5] et engagent un traitement mobilisant des modules divisés en unités spécialisées[6].

Au sein d'un même type de traitements, des détecteurs spécialisés s'occupent de divers aspects de la cible visée. Par exemple, au cours de la perception visuelle, différents sous-systèmes traitent, entre autres, les couleurs, les formes et le mouvement[7]. On sait que plus la cible perceptuelle demande une discrimination ardue des stimuli, plus elle éveille le spectateur, qui doit nécessairement tenter de démêler les pressions sensorielles.

De nos jours, dans le domaine des arts visuels, certaines formes de création déboussolent les automatismes de détection et de discrimination à un tel point que le spectateur ne peut faire autrement que de prendre conscience du partage des tâches perceptuelles. Ces manifestations n'expliquent pas le mécanisme interne de la répartition des activités parallèles, lequel doit nécessairement être observé de l'intérieur dans des conditions cliniques[8], mais elles peuvent néanmoins tenir lieu de laboratoire, de point de départ à une réflexion qui touche précisément l'apport des capteurs sensoriels dans le jugement *signesthétique*.

L'installation de Martin Boisseau, *Premier temps: sabotage visuel*[9] (ill. nos 19-20), en est un puissant exemple qui va nous servir de modèle. Pour comprendre à quel point cette création chamboule la perception (visuelle, auditive) et laisse le spectateur en état de doute sur ce qu'il voit et entend, il faut commencer par un événement de pré-production qui déjouait les «yeux les plus savants». À la première étape, l'artiste s'était filmé sur bande viodéographique pendant qu'il dessinait successivement cinq cercles, cinq carrés, cinq triangles, cinq hexagones et cinq pentagones sur des feuilles individuelles. Ces dessins étaient tracés à main levée et toutes les formes étaient différentes les unes des autres. Il demanda alors à vingt-cinq intervenants du milieu des arts visuels montréalais (artistes, critiques, historiens, théoriciens) de décrire une de ces images vidéo (environ cinq minutes), chacun des participants ayant consenti à ce que ses commentaires soient intégrés à l'installation définitive, qui était encore à l'état de projet.

Lors des séances individuelles tenues dans l'atelier de l'artiste, chacun décrivait à haute voix le morceau qui lui était présenté en silence. Tous les fragments visionnés avaient en commun de montrer deux mains en mouvement: la main gauche du dessinateur qui semblait tracer la forme géométrique et sa main droite qui donnait l'impression de se retirer partiellement et ponctuellement en hors champ au rythme du marquage. Les représentations vidéographiques, pourtant dépourvues de tout artifice de superposition ou de brouillage d'images, causaient toutefois un problème, car il était difficile pour les intervenants de discerner la ou les sources de mouvement. Était-ce la caméra, la main tenant le crayon ou la feuille de papier qui bougeait sur une table tournante? L'artiste ne fournissant aucun indice verbal, chacun restait confronté à sa perception hésitante. Si ce «sabotage» n'était que le signe avant-coureur de ce qui allait suivre dans l'installation, Boisseau avait certainement créé un malaise chez les spécialistes qui arrivaient mal à interpréter le mouvement représenté et, par conséquent, avaient peine à décrire ce qu'ils voyaient, et ce, malgré leur expérience dans l'analyse et le commentaire verbal de toutes sortes d'images.

En fait, sous l'objectif de la caméra fixe, la main discrète (la main droite) faisait bouger la feuille de papier alors que l'autre, la main gauche, la «fausse» main habile, suivait la trajectoire et dessinait sans se déplacer. Étant droitier, l'artiste avait opté pour une inversion du travail habituel de ses mains et le subterfuge avait accentué l'inconfort, puisque les gestes semblaient rigides, voire un peu gauches. À cette étape de la mise en forme de l'œuvre, la difficulté de donner un sens à la représentation ne tenait pas à quelque superposition de différents modes d'expression, mais bien à la quasi-impossibilité de saisir la cohérence de ce qui était offert à la vue.

Boisseau venait de donner aux connaisseurs une belle leçon de perception en dérangeant leur système de détection du mouvement, pourtant élémentaire et primaire. Il leur fournissait également la preuve que le langage verbal «suit» nécessairement la perception [10] et que, sans un arrimage visuel confortable, les mots partent à la dérive selon l'angle conceptuel sélectionné par chacun des narrateurs, l'incongruité des images pouvant cependant faire l'objet d'un propos cohérent mais assez éloigné de la représentation comme telle [11].

Après chaque séance, l'artiste conservait intact chacun des enregistrements sonores (commentaires recueillis), mais retirait le fragment visionné du boîtier vidéographique et étirait la pellicule à son maximum pour en faire un fil qu'il torsadait afin de lui donner la forme géométrique correspondant à celle qui avait été dessinée initialement et commentée par l'intervenant. Par exemple, si le dessin d'un cercle avait fait l'objet de l'expérience, la minuscule sculpture linéaire fabriquée à même la bande vidéographique empruntait cette même forme (ill. n° 19). Ces vingt-cinq petites sculptures furent alors déposées dans autant de niches encastrées dans cinq grands panneaux de bois peints en noir et pendus au mur où une fiche prête à recevoir des écouteurs côtoyait chacune des alcôves (ill. n° 20).

Avant d'avoir accès aux bandes sonores, le visiteur devait brancher les écouteurs aux fiches aménagées à cet effet. Cet élan visuel et haptique vers l'objet de cognition n'est pas anodin, car il contextualisait les relations entre l'apparence formelle de l'œuvre et la trame auditive qui l'accompagnait. Ce geste est apparenté à une gestualité qu'opèrent fréquemment les jeunes enfants pour désigner la source de leurs stimuli. Ce mouvement vers la cible atteste d'un désir primaire d'appropriation manuelle des espaces environnants qui a pour but de réduire l'écart, la tension, entre le corps et la source des stimulations. Cette tentative de toucher, de palper en complément de la vision, serait d'ailleurs un comportement en étroite relation avec le langage verbal, qui est également un mouvement qui se déroule dans l'espace et dans le temps [12]. Même chez les adultes, le pointage est souvent utilisé pour compenser un retard d'interprétation causé par l'étonnement ou l'incompréhension de la chose observée ou une difficulté de nommer due à une hésitation mnésique [13].

Boisseau misait sur la curiosité spontanée et la croyance du visiteur qui se faisait en quelque sorte promettre un ajout, un complément, voire une explication et une interprétation stabilisatrices de la présentation énigmatique en raison de la présence même des écouteurs. Une fois à l'écoute, le visiteur pouvait suivre deux parcours visuo-auditifs différents : un vertical sur chacun des panneaux (de haut en bas ou l'inverse), un autre horizontal sur l'ensemble des cinq tableaux (de la droite vers la gauche ou vice versa). S'il sélectionnait le premier type de parcours du haut vers le bas, peu importe le panneau, il voyait dans l'ordre un cercle, un triangle, un carré, un hexagone et un pentagone et, au fur et à mesure, il entendait un commentaire qui se rapportait vaguement à chacun des motifs. S'il optait pour un parcours horizontal en commençant par la rangée du haut (allant de droite à gauche ou l'inverse) et descendait d'une rangée à l'autre vers le bas, à chaque palier, il se faisait raconter cinq « histoires » plus ou moins cohérentes, d'abord à propos des cercles (première rangée), puis des triangles (deuxième rangée) et ainsi de suite jusqu'au dernier niveau des pentagones.

Ainsi, inversant le cours habituel des choses, Boisseau demandait au visiteur de mimer une gestualité primaire, spontanée, voire archaïque, celle d'empoigner la source sonore pour mieux entendre et mieux comprendre, mais plutôt que de le conduire à une stabilisation complémentaire des stimuli, il lui faisait entendre des propos dans plusieurs cas hésitants et balbutiants qui, loin d'ancrer la perception visuelle, allaient à contre-courant de l'équilibre et de la sobriété de l'objet. Le visiteur prenait nécessairement conscience de l'incongruité de la rencontre entre un ensemble plastique sobre et ordonné et des énoncés verbaux qui ne pouvaient que sembler erratiques par rapport à ce qui était vu.

Contrairement aux séances de pré-production, ce n'était plus l'image qui troublait, mais les discours qui avaient pour effet de saturer la perception tout entière, auditive et visuelle. Paradoxalement, la parole des autres, des spécialistes des arts visuels, dont le timbre de la voix pouvait facilement être reconnu, loin d'expliquer et de contrer l'incongruité, renforçait la tension entre le langage plastique et le langage verbal.

Or, même en de telles circonstances, la perception globale ne peut éviter les tentatives de raccordement et elle demeure opérante, car la bonne catégorisation des stimuli (visuels, haptiques, auditifs), les tentatives d'arrimage entre la parole et l'image et la conservation du décalage entre les deux sont autant d'interventions qui participent d'une sémantique globale. En d'autres mots, pour qu'il y ait frustration (qui n'est pas synonyme d'un jugement négatif), il faut qu'il y ait identification des différences et de l'incompatibilité entre les stimuli, et ce sont ces suspensions que les sciences tentent de comprendre et de modéliser.

5.2. Redistribution générative

Malgré la reconnaissance des étranges relations entre ce qui est montré et ce qui est énoncé verbalement, l'expérience est invariablement synthétisée et installée dans la mémoire. Il est légitime de demander comment nous pouvons en arriver à nous faire une idée globale de ce que nous percevons, et ce, même dans des circonstances aussi troublantes que celles dont il vient d'être question [14].

À ce jour, on ignore si les opérations de partage à un premier niveau de détection des stimuli et aux niveaux des raccordements sémantiques sont physiologiquement localisées [15] ou non localisées [16] et l'on discute encore à savoir si elles sont toutes innées [17] ou acquises [18] ou si certaines d'entre elles, plus complexes, progresseraient au cours du développement [19]. Non sans objections venant de toutes parts, il a même été suggéré qu'à la naissance tous les langages (plastique, visuel ou autre) partageraient une base commune et que la différenciation interne ne se produirait chez les enfants qu'à l'âge de deux ans, au moment où les activités commencent à se départager [20]. On l'a vu plus haut, que les systèmes s'appuient ou non au départ (au premier stade fœtal) sur une base commune, la discrimination des stimuli immédiats se manifeste dès les premières semaines, voire les premiers jours de la vie.

En plus de ces débats, une des hypothèses importantes concernant la régulation des détections non concordantes, et qui expliquerait la possibilité de porter un jugement *signesthétique* global et synthétique sur l'installation de Boisseau, reconnaît au cerveau un mécanisme capable de résoudre tous les problèmes structurels indifféremment des accrochages à la première étape [21]. Il est couramment accepté que, dans l'adaptation à l'environnement, un réseau énergétique de distribution (et non un lieu) [22] permet à chaque individu de faire la part des choses, de reconnaître les conflits perceptuels (même s'ils ne peuvent pas tous être réglés [23]) et de filtrer les informations jugées pertinentes à un cadrage spécifique.

Ce réseau de redistribution à un très haut niveau de traitement cautionnerait la formation d'un sens global qui pourrait être attribué aux ensembles complexes même les plus déroutants. Éprouver quelque inconfort sensoriel et sémantique à relier un ensemble discordant à un concept global n'est donc pas synonyme de faiblesse perceptuelle, d'ignorance ou d'incapacité intellectuelle à construire un sens [24]. C'est dire que si l'œuvre de Martin Boisseau éveille la conscience aux obstacles de transition entre les systèmes, elle requiert une opération à un haut degré d'interprétation où les incompatibilités (visuelles, auditives) sont retenues de sorte que leur mésalliance crée un sens en tant que tel. D'où l'articulation des discours hésitants mais néanmoins intelligibles lors de la pré-production de l'œuvre de Boisseau, chacun des intervenants ayant choisi un axe d'interprétation qu'il croyait évidemment pertinent; d'où également la possibilité de l'interprétation des incongruités de la part des visiteurs de l'installation, qui réalisaient très bien qu'ils étaient pris à un piège dont la clé résidait précisément dans la reconnaissance des transmodulations visuelles/verbales ardues.

Cette redistribution est cependant le résultat d'un cheminement complexe du premier niveau de détection au dernier niveau abstrait. Trois grandes propositions ont été posées à cet égard: une première, dite modulariste [25], selon laquelle la division des tâches persisterait jusqu'à un dernier niveau cognitif a-modal, automatique et interprétatif [26] et éviterait tout danger de contamination dans la formation du sens qui se produirait, non pas par enchevêtrement graduel, mais par stabilisation du parallélisme constant des systèmes ; une seconde qui soutient l'idée que l'information ne demeurerait encapsulée qu'à un certain niveau intermédiaire[27] entre la perception et la conceptualisation[28], où l'information serait entreposée sous la forme de propositions de relations abstraites, et cette réserve suffirait à l'interprétation centrée sur un objet ou un phénomène spécifique. Il y aurait imbrication graduelle de concepts d'un niveau à un autre. Enfin, une troisième, qualifiée de connexionniste, argumente que, les unités étant perméables les unes aux autres, du moins jusqu'à un certain point[29], les chevauchements ou interconnexions commenceraient dès le premier niveau de détection et il n'y aurait pas de lieu unique d'emmagasinage jusqu'au dernier niveau[30]. Il ne pourrait donc y avoir de perception pure qui s'inscrirait dans la mémoire sans retenir quelque souvenir des circonstances ambiantes, et l'expérience retiendrait toujours quelque chose des premières stimulations environnantes comme bruit de fond.

Apparentée à cette dernière hypothèse, une autre voie suggère qu'en raison de l'extension topographique de chaque système sensoriel et des zones de convergence qui encodent les fragments détectés, des aspects biologiques différents mais complémentaires[31] s'occuperaient de la représentation cognitive[32]. Si c'est le cas, il s'agirait alors beaucoup plus d'intercommunication soutenue[33] que de fusion des stimuli à un niveau supérieur de traitement[34] ; il s'agirait beaucoup plus d'interrelation et de jaugeage d'approximation que d'imbrication absolue des données dans un seul ensemble de concepts non transférables à quelque autre expérience[35]. Si l'on endosse cette hypothèse des vases communicants sans que s'installe la confusion entre les divers types de stimuli (auditifs, visuels, etc.), il faut conclure que le jugement *signesthétique* est forcément saturé par des stimuli vernaculaires à la cible proprement dite et que, tout au long du processus, les opérations de translation d'un niveau à un autre greffent de nouvelles représentations mentales et de nouveaux souvenirs au fur et à mesure de l'expérience, dont certains aspects peuvent être récupérés et servir à l'interprétation d'autres types d'événements et d'objets.

La question ne touche évidemment pas uniquement les œuvres multimédias qui nécessitent la discrimination des stimuli à un premier niveau de détection tout en tolérant des connexions dynamiques à toutes les étapes. Quel que soit le type d'images et les circonstances de leur présentation, il y a toujours un certain degré de saturation ambiante qui s'infiltre dans l'événement en cours. Par exemple, une visite de musée ou de galerie d'art est une expérience qui exige la différenciation et la hiérarchisation des stimuli pertinents aux objets de centration. Ce cadrage, cependant, n'est pas tout à fait étanche et l'on peut très clairement se souvenir de détails non pertinents à la centration proprement dite, tels le bruit des pas, les voix, même les paroles, les odeurs, etc., et ces infiltrations travaillent fréquemment sous la conscience pour parfois revenir en mémoire à des moments inattendus. C'est précisément cette polyvalence cognitive associée aux émotions et même à la culture du visiteur[36] qui stimule l'imagination et autorise les artistes à concevoir des créations qui évoquent des souvenirs reliés à des perceptions autres, lesquelles ont nécessairement été expérimentées dans un contexte pragmatique particulier qui ne peut évidemment pas être entièrement dupliqué. Contrairement à l'ordinateur qui a l'habileté de fonctionner en vase clos et étanche, nous, les êtres humains, sommes plus fragiles aux impertinences sensorielles et nous demeurons gagnants de ces extensions et de ces rabattements indus.

La flexibilité, voire l'instabilité[37] dans la re-description des données qui se régénère de ses recommencements et de ses errances[38] est unique à notre espèce et explique l'inventivité[39] et tous les égarements imaginatifs qu'elle présuppose[40], dont la conversion des savoirs implicites obtenus à partir d'un domaine particulier en savoirs explicites dans un autre domaine[41]. Cette souplesse autorise, entre autres, pour la même image, des interprétations comparatives avec d'autres images ou d'autres événements qui appartiennent à des cultures différentes ou qui transgressent toute barrière culturelle.

Certaines créations en arts visuels favorisent un tel nomadisme. Par exemple, l'installation-performance d'André Fournelle (ill. n° 21) traverse les temps et les cultures malgré son inscription évidente dans l'art occidental contemporain. Lors de l'événement, tant par le site (extérieur et venteux), la matière (le feu), l'odeur (l'émanation odorante du combustible), la forme (le cercle), le moment (la pénombre) que par la durée (environ trois heures), l'œuvre éveillait des stimuli différents mais complémentaires et rappelait des rites chamaniques et des mythes très anciens, en même temps qu'elle se faisait la porte-parole d'une façon actuelle de penser les arts dans un contexte se donnant la permission de tels rabattements ; elle misait sur le caractère éphémère de la performance comme écart critique du concept traditionnel de « l'objet d'art » conçu et compris comme élément stabilisateur et porteur permanent de l'intervention créatrice.

Différemment de Boisseau, dont la production rendait le visiteur conscient des transmodulations (visuelles et auditives) et le retenait ainsi dans un présent affolant, Fournelle encourageait un agencement des sensations visuelle, thermique et olfactive, et même auditive (le bruit du crépitement), plus aisément raccordables à un tout sémantique logique. Mais cette complémentarité sans heurt des systèmes sensoriels avait pour effet de projeter le spectateur bien au delà de la performance, car l'idée du rituel initiatique du feu reportait l'événement ailleurs, partout, à tous les temps, hors du lieu et du moment présent qui était d'ailleurs de courte durée.

Cette extension conceptuelle repose sur l'emboîtement de savoirs implicites (ceux qui concernent la préhension sensorielle) et de savoirs explicites (ceux qui s'appuient sur des connaissances, des pratiques et des souvenirs transculturels). Ici, la pluralité des stimuli éveillés et les souvenirs que chacun rapatriait dans l'expérience de l'événement exigeait aussi le partage des tâches de détection, mais le raccordement fluide des percepts et des concepts évoqués tissait une trame sémantique axée sur la reconnaissance même de leur appariement. Paradoxalement, la conjoncture «logique» des systèmes de traitement autour du concept du feu avait pour conséquence d'annuler les frontières spatiotemporelles, et ce renversement était dû à la flexibilité cognitive et aux déplacements qu'elle autorisait.

5.3 Confort (et inconfort) de la reconnaissance

En toute occasion, l'interprétation des images se développe au fur et à mesure que les sensations et les idées s'entrecroisent et s'entrechoquent; elle n'est jamais directe ou immédiate, même dans le cas de la performance de Fournelle, car elle commande invariablement une évaluation de la combinaison des éléments formels et thématiques. Elle peut parfois sembler aller de soi, alors que, dans les faits, elle investit un nombre inouï d'opérations sensorielles et mentales et peut provoquer des modifications et des accumulations d'axes interprétatifs au cours de la même expérience. Parce que la redistribution des stimuli à un haut niveau de traitement aiguillonne l'imagination, parce qu'elle n'est opérante que pour une seule expérience mais qu'elle autorise certaines greffes conceptuelles, elle est temporaire, plus encore, toujours instable. C'est bien l'avantage de la flexibilité du système cognitif qui, tout en cherchant le familier, se réjouit et se régénère des extensions et des égarements sémantiques.

Or, pour que l'interprétation soit satisfaisante, pour qu'elle procure un sentiment de *faire*, elle doit évoquer un minimum de souvenirs, d'où le rôle essentiel de la mémoire [42]. Redisons-le, le sentiment d'incompréhension ou de malaise occasionné par un brouillage sensoriel a recours à un bassin mnésique (savoirs implicites et savoirs explicites), d'où, précisément, la possibilité d'une sensation d'inconfort.

La rencontre fructueuse qui *fait image* dépend de la convergence d'une image mentale et de la cible [43]. Sans être un analogon du phénomène extérieur, la représentation interne introduit à la perception des intervenants de divers ordres qui accentuent le désir d'une prégnance adéquate, même dans un cas difficile à régler, celui, par exemple, d'un motif dont le contenu ou l'iconographique spécifique échapperaient totalement ou partiellement à l'entendement. Dans ce cas, le système de détection va vers d'autres motifs plus vraisemblables, tente de les relier et recommence une nouvelle distribution des valeurs générales jusqu'à ce qu'il en arrive à choisir la meilleure combinaison selon un principe d'économie auquel participent le plus grand nombre de morceaux, et ce, jusqu'à ce qu'un élément extérieur vienne à son tour les perturber [44].

Les éléments perturbateurs, c'est-à-dire ceux qui sont jugés superflus ou impertinents, sont mis à l'écart sans être toutefois oblitérés. Certaines de ces opérations mnémoniques sont inconscientes [45], mais l'expérience ne peut aboutir qu'à la condition que le spectateur soit conscient du fait qu'il se passe quelque chose [46]. Pour qu'il y ait prégnance, l'objet de perception et d'interprétation doit être «exemplifié», c'est-à-dire pris comme espace de formation d'une image mentale, peu importe la saturation due à une perturbation sensorielle irrésolue, comme c'est le cas dans l'expérience de l'œuvre de Martin Boisseau. Ce va-et-vient dit abductif[47] entre l'image interne et l'image externe, ce *templum*[48], sert de cadre de référence global en constante animation.

L'exemplification de l'image qui commande une identification de l'appartenance catégorielle du véhicule d'expression et de l'image[49] (*qu'est-ce que c'est* et *qu'est-ce que ça représente*) est sujette à l'erreur, et c'est tant mieux, car des artistes ont précisément misé sur l'ambiguïté des médiums et des motifs (on l'a vu à propos de l'œuvre d'Angèle Verret [ill. n° 11]) et en ont fait le sujet de leur activité créatrice. Que l'identification et la catégorisation de ce qui est perçu soient justes ou erronées par rapport aux états de fait, elles visent un rapport heureux, une stabilisation qui donne l'impression d'avoir bien sélectionné et canalisé les références; elles sont le fruit de la reconnaissance d'un minimum de points communs avec ce qui est déjà connu et elles procurent ainsi un sentiment de permanence et de pertinence[50]. C'est que l'organisme s'accommode mal des chocs répétitifs[51]. Alors que trop de répétitions peuvent ennuyer, trop d'inconnu peut dérouter et trop de réalisme peut choquer[52]. Dans le jugement *signesthétique*, tout est question d'évaluation entre le familier et l'étranger; d'économie, de réserve et de dépense interprétative.

On croit que la totalité des formes rencontrées quotidiennement pourrait être réduite à une quarantaine de composantes combinées de façons différentes[53], car la même configuration géométrique générale peut convenir à plusieurs objets. Par exemple, un cube ou un ensemble de petites formes cubiques rapprochées les unes des autres et étalées à l'horizontale ou à la verticale peuvent représenter une figure humaine schématisée (ill. n° 22) en tant que meilleure combinaison des parties, mais jamais une mappemonde ou une chaise[54]. Si toutes sortes de variations fondées sur l'imaginaire et porteuses d'une forte charge symbolique sont économiquement construites à même la forme géométrique de base, il en reste un gabarit général, une réserve suffisante au confort de la reconnaissance du profil général comme porteur symbolique.

Pour des raisons qui ont longuement été analysées et expliquées par les ethnologues et les anthropologues, une grande majorité des cultures qui s'adonnent à l'expression plastique ont privilégié la représentation du corps humain qui encourage la projection d'un soi réincarné, et ce, même dans des images extrêmement schématisées. À juste titre, ils ont fait grand cas de la façon dont les être humains sont amenés à réaliser leur propre corps comme premier objet de retouche culturelle, ne serait-ce qu'à travers l'auto-esthétisation[55], c'est-à-dire le maquillage, la scarification, le tatouage, le *piercing* (anciens ou contemporains).

Ironie de l'histoire, et pas uniquement de la nôtre, le motif le plus spontanément et le plus aisément reconnaissable, le corps humain, est celui qui a le plus suscité la controverse. Ces représentations touchent directement la mémoire de la chair, qui est une mémoire implicite et en constante opération et non un souvenir archaïque dont on ne se souviendrait que vaguement comme d'un reste. La même mémoire du corps a poussé les iconoclastes d'antan à jeter de grands interdits sur la représentation de la figure humaine. Mais la négation autoritaire montre précisément ce qu'elle tente d'oblitérer, et ce camouflage discursif traverse toutes les cultures selon des variantes qui essaient de mater le corps d'une manière ou d'une autre. Néanmoins, le corps échappe toujours partiellement au contrôle externe et c'est peut-être là une des causes de la fascination pour le corps «jouissif» comme thème de représentation et sujet de théorisation.

Le cas de la représentation sculpturale du corps est particulier, car le motif emprunte un volume tridimensionnel universellement reconnaissable et évoque de ce fait des sensations immédiates, surtout quand les personnages sont de grandeur «nature» et travaillés avec des résines qui trompent l'œil et font croire à de véritables chairs, plus encore s'ils empruntent des postures et des accoutrements familiers. Tous les codes vestimentaires ont d'ailleurs pour première fonction de marquer l'entrée en culture du corps représenté et différemment idéalisé selon les lieux et les époques[56]. Des images trop réalistes, trop familières, par exemple les représentations sculpturales hyperréalistes des artistes du pop art, ont ceci de particulier qu'elles affrontent la société de plein fouet en lui renvoyant une image d'elle-même qui n'est pas toujours flatteuse. Surtout en sculpture, des textures et des attitudes excessivement réalistes opacifient la catégorisation du médium au profit de la catégorisation de l'image (*ce sont de véritables personnages*) et déstabilisent l'observateur à un point tel que la reconnaissance de l'image de soi réfléchie l'emporte sur l'identification de l'autre (représenté) en tant qu'objet. Cela implique qu'il existe une redistribution des modalités d'expression et de traitement au sein même d'un seul médium, d'une seule image qui fait strictement appel à la vision à un premier stade d'interprétation.

Par ailleurs, la représentation sculpturale extrêmement réaliste d'un corps nu évoque des sensations viscérales. La mémoire de la chair se fait alors pressante, voire oppressante, et peut susciter des impressions de douleur, de compassion ou de dégoût qui servent de matrice à des évocations symboliques d'un ordre beaucoup plus abstrait. Par exemple, dans le montage de Mark Prent (ill. n° 23), tout n'est que schématisation (raccourcis des jambes démesurément courtes) et leurre (pastiche photographique du Christ). Néanmoins, l'utilisation de résines qui font croire au réalisme des chairs maltraitées du personnage invalidé par la torture devrait suffire à provoquer chez le visiteur une saisie dérangeante, une extrapolation de soi dans le corps souffrant de l'autre confiné à son fauteuil roulant. L'appariement de l'image mentale à la représentation s'accommode de la schématisation partielle du volume. *(Ceci est une sculpture qui représente «tout de même trop bien» un corps torturé.)*

Or, la cohabitation dans le même site de ce corps criblé de coup et de l'image qui le surplombe altère ces sensations fortes. Le pastiche photographique représente un Christ «rieur» couronné d'épines et encadré d'un pan d'étoffe qui rappelle le voile de Véronique. Dans un contexte occidental très large, certainement dans un contexte chrétien, l'ironie n'a de sens que par la reconnaissance de son caractère ludique (une photographie du Christ) et caustique (l'attitude rieuse du Christ torturé). L'identification de la double incongruité teinte nécessairement le personnage conjoint dont les afflictions sont alors, elles aussi, tournées en dérision.

Prent a sélectionné et raillé des symboles en principe intouchables (la bassesse des tortures infligées au corps humain au cours de tensions sociales et la Passion du Christ) pour aménager une combinaison irrévérencieuse dont le cynisme est amplifié par les jeux de mots du titre *Laughing Photocyclist* (photocycliste riant), qui inversent les attitudes des personnages. Sans réserve, d'excès en excès, l'artiste a joué l'un contre l'autre le confort de la reconnaissance des motifs et l'inconfort de leur caractère dérisoire, neutralisant de la sorte les sensations de compassion. L'identification de la raillerie a recours à divers modes de traitement: un sensoriel qui conduit à la sensation de malaise physique devant les corps torturés; un conceptuel et plus spécifiquement fondé sur la tradition chrétienne, sur laquelle repose la reconnaissance de l'iconographie et, partant, celle de l'irrévérence.

Les sensations impliquées dans l'identification des formes et des attitudes des corps représentés agissent en interrelation et cet appariement conduit à la reconnaissance d'une combinaison ironique. Le corps mutilé et le visage d'un Christ torturé mais souriant distingués l'un de l'autre à un premier niveau d'interprétation continuent de s'opposer, mais deviennent des propositions abstraites et interreliées à un haut niveau de redistribution, forcément modal, et éminemment orienté par les souvenirs, les connaissances et la culture de chacun.

Cette œuvre de Prent interpelle de la part du visiteur un traitement grinçant des stimuli et des concepts d'une manière que l'on pourrait qualifier d'intermédiaire entre celle de l'installation de Boisseau et celle de la performance de Fournelle, en ce sens qu'elle mobilise en primeur le système visuel mais évoque des évaluations complémentaires directement reliées à la sensation du corps propre. Contrairement à l'installation de Boisseau qui maintient l'incongruité auditive/visuelle, ici, ce ne sont pas des modes de détection parallèles qui s'affrontent à un premier niveau de détection, mais des idées qui s'entrechoquent, réorientent les sensations et inversent les codes iconographiques au fur et à mesure de la perception globale. La mémoire de la chair vivement interpellée n'est pas occultée de l'expérience, elle est mise en échec, tournée sur elle-même, et l'observateur s'en trouve violenté dans la mesure où il est retenu dans l'inconfort de la reconnaissance tout autant des corps représentés que des codes pervertis.

Par ailleurs, différemment de la performance de Fournelle où tous les modes de traitement (visuel, olfactif, thermique, auditif) convergent vers un même concept au point de transgresser les barrières culturelles et historiques, l'image globale de Prent, malgré la représentation de motifs humains, mise sur la reconnaissance d'une iconographie spécifiquement ancrée dans une culture (occidentale et chrétienne). Et le malaise s'en trouve accentué, car il évoque des assises culturelles, sinon sacrées du moins profondément respectées. Comme nous allons le voir au chapitre suivant, les connaissances et les attitudes culturelles incorporées au «je social» font que les sensations primaires entrent nécessairement en relation avec les attitudes culturelles en cours et, sans cette rencontre, l'irrévérence de l'œuvre de Prent ne pourrait tout simplement pas être saisie. Le corps biologique et le corps culturel sont indivisibles.

1. Anne Treisman, «L'attention, les traits et la perception des objets», dans Daniel Andler (dir.), *Introduction aux sciences cognitives*, Paris, Gallimard, coll. «Folio», 1992, p. 154-159.
2. La théorie d'un filtrage primaire fut surtout développée par D. E. Broadbent («Task Combinaton and Selective Intake of Information», *Acta Psychologia*, n⁰ 50, 1982, p. 253–290). Quoique révisée, cette position est partagée par Stephen Lupker («Picture Naming: An Investigation of the Nature of Categorial Priming», *Journal of Experimental Psychology: Learning, Memory and Cognition*, vol. XIV, n⁰ 3, 1988, p. 445). Pour une synthèse critique des théories du «filtrage», voir Alan Allport, «Visual Attention», dans Michael I. Posner (dir.), *Foundations of Cognitive Sciences*, Cambridge, Massachusetts, The MIT Press, A Bradford Book, 1991, p. 631-682).
3. Pour un profil des différentes théories qui s'intéressent spécifiquement aux traitements parallèles, il faut consulter la synthèse de Joan Gay Snodgrass et Brian McCullough, «The Role of Visual Similarity in Picture Organisation», *Journal of Experimental Psychology. Learning, Memory and Cognition*, 1986, vol. XII, n⁰ 1, p. 147-148.
4. Jacques Ninio, *L'empreinte des sens. Perception, mémoire, langage*, Paris, Éditions Odile Jacob, coll. «Points», 1991, p. 267-268.
5. Kimberly Brenneman *et al.*, «Young Children's Plans Differ from Writing and Drawing», *Cognitive Development*, vol. III, n⁰ 11, 1996, p. 397-419.
6. Historiquement, la question de la division des tâches perceptuelles fut déjà l'objet de nombreux débats au sein de la sémiotique grecque. Les stoïciens établissaient une distinction claire entre le langage verbal et les signes naturels (Umberto Eco, *The Limits of Interpretation*, Bloomington, Indiana University Press, 1990, p. 113). W. J. T. Mitchell fait remarquer que tout le débat prend une telle ampleur, entres autres dans le *Cratyle*, qu'il n'est pas certain que les écrits de Platon en soient la première source et l'on pourrait même se demander si les êtres humains auraient pu se passer de la notion de différence entre le linguistique et le verbal qu'il faut relier à ce qui serait conventionnel par opposition à ce qui serait naturel. La sémiotique actuelle se pose, semble-t-il, les mêmes questions (*Iconology, Image, Text. Ideology*, Chicago, The University of Chicago Press, 1986, p. 76-79)! Pour une synthèse des différentes théories portant sur la modularité de l'esprit depuis Aristote ainsi qu'une bibliographie sélective sur le sujet, on consultera Christine M. Temple, «Modularity of Mind», dans Michael W. Eysenck (dir.), *The Blackwell Dictionary of Cognitive Psychology*, Andrew Ellis, Earl Hunt et Philip Johnson-Lairs (conseillers), Cambridge, Massachusetts, Blackwell, 1994, p. 230-232.
7. Gregory F. Ashby *et al.*, «A Formal Theory of Feature Binding on Object Perception», *Psychological Review*, vol. CIII, n⁰ 1, 1996, p. 165-192, et Antonio Damasio et Hanna Damasio, «Le cerveau et le langage», *Pour la science*, dossier hors série, «Les langages du monde», octobre 1997, p. 3.
8. Les neurologues ont maintenant recours à l'imagerie interne du cerveau transposée sur ordinateur.
9. D'un point de vue plutôt sociologique, Bernard Lamarche a publié un excellent compte rendu de l'installation dans le dépliant de l'exposition («L'art de décrire», *Martin Boisseau, Sculpture-vidéo. Premier temps: sabotage visuel*, Longueuil, Plein sud, Centre d'exposition et d'animation en art actuel à Longueuil, 1997, n.p.).

10. Terrence Biggs et Harvey H.C. Narmaruk, «Picture and Word Naming. Is Facilitation Due to Processing Overlap?», *American Journal of Psychology*, vol. CIII, n° 1, p. 81-100.

11. Il en résulta des commentaires disparates variant du poème à une analyse de l'ambiguïté.

12. Paul Morissette *et al.*, «Les relations entre l'attention conjointe au cours de la période préverbale et le développement de référence verbale», *Journal international de psychologie*, vol. XXX, n° 4, 1995, p. 492.

13. Geoffrey Batti et Jane Coughlan, «An Experimental Investigation of the Role of Iconic Gestures in Lexical Acces. Using the Tip-Of-The-Tonge Phenomenon», *British Journal of Psychology*, n° 90, 199, p. 35-36.

14. Cette question n'est toutefois pas récente et les recherches scientifiques ont débuté à la fin du XIXᵉ siècle. L'objectif est toujours de découvrir les régions du cerveau les plus engagées dans le processus de distribution des stimuli (Friedmann Pülvermuller, «Words in the Brain's Language», *Behavioral and Brain Sciences*, vol. XXII, n° 2, 1999, p. 254).

15. Des cellules spécialisées localisées sur la membrane cellulaire seraient capables de reconnaître des molécules-messages. Les molécules spécifiques (protéines) existeraient en nombre limité dans quelques cellules cibles capables de détecter spécifiquement une seule molécule-message (hormones) et induiraient un effet biologique particulier à la suite de cette interaction (Joël Backaert, «Les récepteurs membranaires», *La Recherche*, vol. XVII, n° 179, 1986, p. 892-900).

16. Au sein d'un réseau d'interrelations, les unités s'influenceraient les unes les autres sans qu'il y ait un seul lieu de storage de l'information (voir Alan Allport, *loc. cit.*). Ce réseau serait composé de connexions dynamiques et interchangeables entre diverses fonctions et traiterait l'information en parallèle dans plusieurs zones à la fois (Klaus Poeck, «L'aphasie et la localisation du langage dans le cerveau», *Pour la science*, dossier hors série, «Les langues du monde», octobre 1997, p. 16-19).

17. Selon Jerry Fodor et Zenon W. Pylyshyn, à qui l'on doit la théorie de «l'encapsulation», le processus alternatif de détection serait prédéterminé, inné par nécessité. Des modules cognitifs séparés et hautement spécialisés, chacun génétiquement déterminé et associé à des structures neuronales distinctes et computationnellement autonomes, géreraient l'interprétation des stimuli et renverraient l'information à un système général commun plus lent, contrôlé et influencé par les connaissances déjà acquises et les croyances. Cette ligne de pensée s'accorde avec l'hypothèse chomskienne d'une grammaire innée («Connectionism and Cognitive Architecture: A Critic Analysis», *Cognition*, n° 28, 1988, p. 3-71).

18. C'est l'opinion encore soutenue par Keith Stenning et Jon Oberlander, «A Cognitive Theory of Graphical and Linguistic Reasoning: Logic and Implementation», *Cognitive Science*, vol. XIX, n° 1, 1995, p. 98.

19. Christine M. Temple, *loc. cit.* L'innéisme s'appliquerait surtout aux principes de base de l'organisation mais très peu aux fonctions cognitives plus élevées, tel le langage (Ralf-Axel Müller, «Innates, Autonomy, Universality? Neurobiological Approaches to Language», *Behavioral and Brain Sciences*, n° 19, 1996, p. 630). Les modules seraient spécifiés, mais la redescription représentationnelle irait au delà de la modularité. Grâce à la plasticité du cerveau, la «modularisation» au cours du développement de l'enfant serait le résultat d'une activité continue. Il s'agit d'un modèle de stade, plutôt que d'un modèle d'état (Annette Karmiloff-Smith, «Précis of Beyond Modularity: A Development Perspective on Cognitive Science», *Behavioral and Brain Sciences*, vol. XVII, n° 4, 1994, p. 693-706).

20. Sur ce sujet, il faut absolument consulter un document substantiel où une quinzaine de chercheurs de différentes disciplines répondent à l'hypothèse de Patricia M. Greenfield («Language, Tools and Brain: The Ontogeny and Phylogeny of Hierarchically Organized Sequential Behavior», *Behavioral and Brain Sciences*, 1991, vol. XIV, p. 531-595).

21. Pour une analyse critique à l'égard de cette opinion répandue dans le milieu scientifique, on consultera Michael S. Gazzaniga, *The Mind's Past*, Berkeley, University of California Press, 1998, p. 15.

22. Il est important d'insister sur le fait que ce que l'on qualifie parfois de «cadre maître» n'est pas un lieu, un point du cerveau ou une région spécifique où se traiteraient toutes les données, mais une réserve énergétique (Nycole Paquin, «Jeu des cartes», *Le corps juge. Sciences de la cognition et esthétique des arts visuels*, Montréal/Paris, XYZ éditeur/Presses Universitaires de Vincennes, 1997, p. 39-49). Voir également Semir Zeki, *Inner Vision. An Exploration of Art and the Brain*, New York, Oxford University Press Inc., 1999, p. 47.

23. T. G. Bever est un des rares chercheurs à intégrer la question des conflits qui ne pourraient être reconnus qu'avec l'apport de la conscience («The Aesthetic Basis for Cognitive Structures», dans Myles Brandt et Robert M. Harnish [dir.], *The Representation of Knowledge and Belief*, Tucson, The University of Arizona Press, 1986, p. 322).

24. Mary Susan Weldon *et al.* se montrent critiques à l'égard des scientifiques qui confondent les systèmes et les sous-systèmes proprement dits et les processus d'interprétation ou de mésinterprétation, lesquels peuvent être imputés, non pas à un système de détection défectueux, mais à un problème de conceptualisation des données («Perceptual and Conceptual Processes in Implicit and Explicit Tests with Picture Fragment and Word Fragment Cues», *Journal of Memory and Language*, n° 34, 1995, p. 281).

25. Max Coltheart et Martin Davies, «Le concept de modularité à l'épreuve de la neuropsychologie», dans Daniel Andler (dir.), *Introduction aux sciences cognitives*, Paris, Gallimard, coll. «Folio essais inédits», 1992, p. 109-130.

26. C'est le point de vue de Fodor et Pylyshyn (*loc. cit.*). Il faut également consulter les études de Martha J. Farah («Knowledge from Text and Pictures: A Neuropsychological Perspective», dans Heinz Mandl et Joel R. Levin [dir.], *Knowledge Acquisition from Text and Pictures*, Amsterdam, Elsevier Science Publishers, 1991, p. 59-71). Sans toutefois nier l'idée de la modularité, Leslie Smith argue que la connaissance est forcément modale («Modal Knowledge and Transmodularity», *Behavioral and Brain Sciences*, vol. XVII, n° 4, 1994, p. 729-730).

27. Jean-Pierre Changeux et Stanislas Dehaene expliquent que le processus cognitif engage des organisations fonctionnelles de divers niveaux associés à des architectures distinctes; plusieurs de ces niveaux neurofonctionnels sont cognitivement pénétrables à certains stades de développement et sont interconnectés grâce à des boucles récursives (*feedback loops*); il s'agit d'un générateur de variations anticipant et vérifiant les données venant de l'extérieur selon sa propre représentation invariante du monde («Neuronal Models of Cognitive Functions», *Cognition*, n° 33, 1989, p. 73). À propos des niveaux intermédiaires, voir John H. Holland *et al.*, «Deductive Reasoning», dans Alvin I. Goldman (dir.), *Readings in Philosophy and Cognitive Science*, Cambridge, Massachusetts, The MIT Press, A Bradford Book, 1993, p. 27-35.

28. Martha J. Farah se montre très critique à l'égard de l'hypothèse encore soutenue d'un encodage simple et qui postule qu'aussitôt encodée à un certain niveau périphérique, l'information des divers stimuli linguistiques et visuels suivrait une trajectoire commune. Ce diagramme serait tout à fait irréaliste, car il n'y a pas qu'un seul niveau de programmation ou de traitement de l'information (*loc. cit.*).

29. Robert Cummings et Georg Schwarz, «Connexionnisme, computation et cognition», dans Daniel Andler (dir.), *Introduction aux sciences cognitives*, Paris, Gallimard, coll. «Folio essais», 1992, p. 364-394; Marc Jeannerod, «La double commande d'une pionce de haute précision», *La Recherche*, n° 309, 1998, p. 54-57. Jerry A. Fodor et Zenon W. Pylyshyn se sont fortement opposés à cette position connexionniste («Connectionism and Cognitive Architecture: A Critical Analysis», *Cognition*, n° 28, 1988, p. 3-71).

30. Selon Changeux et Dehaene, il n'y a presque pas de structures autonomes dans le cerveau. Chacune incorpore des connaissances extérieures à sa spécificité au cours de son épigenèse (*loc. cit.*, p. 70).

31. L'étude des lésions cérébrales suggère que, pourvu que les aires acoustiques et visuelles communiquent entre elles, les savoirs se complètent. Cependant, si une liaison est coupée, une des formes de connaissance disparaît. Il semble alors que les mots soient liés à des îlots de percepts plutôt qu'à des listes de mots (Jacques Ninio, *op. cit.*, p. 259-261).

32. Ralf-Axel Müller, «Innates, Autonomy, Universality? Neurological Approaches to Language», *Behavioral and Brain Sciences*, vol. XIX, n° 4, 1996, p. 627.

33. D'un point de vue biologique, Joël Backaert a démontré qu'une communication multicellulaire était indispensable au développement harmonieux des cellules, à leur organisation en tissus, au contrôle de leur division et à la coordination de leurs activités. Cette intercommunication se fait par molécules «messages» sécrétées par des cellules spécialisées emportées par le flux sanguin et qui agissent sur les cellules cibles dans l'organisme («Les récepteurs membranaires», *La Recherche*, vol. XVII, n° 179, 1986, p. 892-900).

34. John A. Bullinaria et Nick Chater, «Double Dissociation, Modularity and Distributed Organization», *Behavioral and Brain Sciences*, vol. XIX, n° 4, 1996, p. 632.

35. Il y a déjà plus de dix ans, Jean Petitot avait dressé un portrait éclairant des difficultés rencontrées par les sciences cognitives, notamment l'objectivité physique constitutive du monde externe; l'objectivité neuronale-informationnelle constitutive de la structure et du fonctionnement des dynamiques cérébrales; l'objectivité logico-symbolique constitutive des structures syntaxiques et sémantiques des systèmes symboliques et des langages formels en général («Cognition, perception et morphodynamique», *La représentation animale. Représentation de la représentation*, études rassemblées par Jacques Gervet, Pierre Livet et Alain Tête, Nancy, Presses universitaires de Nancy, 1992, p. 35-59). Depuis, si les scientifiques de divers domaines ont réuni leurs efforts et ont profondément questionné l'analogie supposée entre le cerveau humain et l'intelligence artificielle pour y apporter des nuances importantes, ils se heurtent encore aux problèmes majeurs soulignés par Petitot.

36. L'inclusion des contextes culturel et social comme agents participants de la rétention des souvenirs est un point saillant relevé par de très nombreux chercheurs, dont Paul M. Churland, qui s'opposent à la position modulariste («Perceptual Plasticity and Theoretical Neutrality: A Reply to Jerry Fodor», dans Alvin I. Goldman (dir.), *op. cit.*, p. 143-147).

37. L'historien de l'art Ernst H. Gombrich a d'ailleurs souligné que c'est peut-être la convergence des traitements en un seul point sémantique qui occasionne l'instabilité entre la perception visuelle et le langage verbal (*Meditations on a Hobby Horse and Other Essays on the Theory of Art*, New York, Phaidon Press, 1971, p. 62).

38. Sur la régénération des cellules au sein de l'activité de re-description, on lira Antonio et Hanna Damasio, «Brain and Language», dans Alvin I. Goldman (dir.), *op. cit.*, p. 588.

39. Annette Karmiloff-Smith, «Constraints on Representational Change: Evidence from Children's Drawing», *Cognition*, n° 34, 1990, p. 59, 71, et *Beyond Modularity, A Developmental Perspective on Cognitive Sciences*, Cambridge, Massachusetts, The MIT Press, A Bradford Book, 1993, p. 35, 141.

40. T. G. Bever a toujours été d'avis que le rôle de l'art est de stimuler des abductions. Selon lui, le jugement esthétique est avant tout un processus mental qui n'est pas soumis aux modalités spécifiques qu'il transcende. («The Aesthetic Basis for Cognitive Structures», dans Myles Brandt et Robert M. Harnish [dir.], *op. cit.*, Tucson, The University of Arizona Press, 1986, p. 347)

41. Cette explication du transfert des savoirs (et des savoir-faire) proposée par Annette Karmiloff-Smith est réitérée dans les études menées par Kimberly Brennemen *et al.* («Young Children's Plans Differ from Writing and Drawing», *Cognitive Development*, vol. III, n° 11, 1996, p. 397-419). Il faut également considérer que le transfert est dû en partie à un surplus d'information contenu dans les représentations mentales au cours d'une activité spécifiquement orientée (Michel Denis, *Image et cognition*, Paris, Presses universitaires de France, 1989, p. 227; Peter D. Eimas, «Categorization in Early Infancy and the Continuity of Development», *Cognition*, n° 50, 1994, p. 87-88).

42. Allen Newell a présenté une réflexion importante portant sur la construction des objets symboliques en relation avec la mémoire. Son modèle, qui est ici admis, mérite une attention particulière (*Unified Theories of Cognition*, Cambridge, Massachusetts, Harvard University Press, 1994, p. 158-234).

43. Cette liaison est rendue possible par l'activation de cellules nerveuses distribuées dans des régions différentes de l'encéphale (Jean-Pierre Changeux, *Raison et plaisir*, Paris, Éditions Odile Jacob, 1994, p. 23).

44. Christophe Riboud, «La science économique de l'art», *La création vagabonde*, textes réunis par Jacques-Louis Binet, Paris, Hermann, coll. «Savoir», 1986, p. 203-218.

45. Mark Rollins, *Mental Imagery. On the Limits of Cognition Science*, New Haven, Yale University Press, 1989, p. 101.

46. Owen Flanagan, *The Science of the Mind*, Cambridge, Massachusetts, The MIT Press, A Bradford Book, 1984, p. 352-362.

47. Sur l'importance des intérêts pragmatiques dans l'acte d'abduction lors de la solution des problèmes, voir Serge Robert, *Les mécanismes de la découverte scientifique*, Ottawa, Les Presses de l'Université d'Ottawa, 1993, p. 39-49.

48. C'est l'expression et le concept utilisés par Pierre Boudon à propos des processus de catégorisation («L'appréhension catégorielle du corps», dans Nycole Paquin (dir), *Réseau.*

Les ancrages du corps propre. Communication, géographie, histoire de l'art, philosophie, Montréal, XYZ éditeur, 2000, p. 52-85).

49. Sur le moment exact de l'identification de l'un ou de l'autre, les opinions sont partagées. Anne Treisman établit une différence entre voir (dans un premier temps) et identifier les formes (dans un second temps) («Perceiving and Re-Perceiving Objects», *American Psychology*, vol. XLVII, n° 7, 1992, p. 862-875). Par ailleurs, E. Warrington soutient que seule la vision pourrait déclencher une description interne des formes, même quand l'objet n'est pas reconnu dans le sens conventionnel du terme, c'est-à-dire identifié à quelque fonction (dans David Marr, *Vision. A Computational Investigation into the Human Representation and Processing of Visual Information*, New York, W. H. Freeman and Company, 1988, p. 335).

50. Nycole Paquin, «Le "goût" du sens et ses points de repère», dans Nycole Paquin (dir), *op. cit.*, Montréal, XYZ éditeur, 2000, p. 25-49.

51. Nous partageons d'ailleurs ce besoin de redondance avec le règne animal (J. M. Wilding, «Pattern Perception», dans Michael W. Eysenck (dir.), *The Blackwell Dictionary of Cognitive Psychology*, Andrew Ellis, Earl Hunt, Philip Johnson-Laird (conseillers), Cambridge, Massachusetts, Blackwell, 1994, p. 243-248).

52. L'un et l'autre poussent le spectateur à un seuil de tolérance (Eyal M. Reingold et Pierre Jolicœur, «Perceptual Versus Postperceptual Mediation of Visual Context: Evidence for Letter-Superiority Effect», *Perception & Psychophysics*, vol. LIII, n° 2, 1993, p. 166-178; Nycole Paquin, «Plaisir de reconnaître. Regard transhistorique», *ETC Montréal*, n° 32, décembre-janvier 1995-1996, p. 7-11).

53. Irving Biederman, cité dans Claudette Fortin et Robert Rousseau, *Psychologie cognitive. Une approche du traitement de l'information*, Sillery, Presses de l'Université du Québec, 1992, p. 116 et 177.

54. À propos de la rencontre des parties ou du tout dans la reconnaissance des formes familières, voir Robert C. Borenson et M. Kauth, «Perception of Objects from Selected Parts», *The Journal of Psychology*, vol. CXXVI, n° 1, 1992, p. 93-102, Irving Biederman et Eric Cooper, «Priming Contour-Deleted Images: Evidence for Intermediate Representations in Visual Object Recognition», *Cognitive Psychology*, n° 23, 1991, p. 383-419, et Ronald Finke, «Imagerie mentale et système visuel», *Pour la science*, n° 103, 1986, p. 86-93.

55. Il faut surtout lire à ce propos Jean-Thierry Maertens, *Le dessin sur la peau, Ritologiques 1*, Paris, Aubier, 1978, et Michel Thévoz, *Le corps peint*, Genève, Éditions d'art Albert Skira, 1984.

56. De tout temps, le corps sculpté a invariablement joué l'un contre l'autre le corps privé et le corps socialisé (Nycole Paquin, «La sculpture habillée/déshabillée», *Revue Espace*, n° 60, 2002, p. 5-10).

Chapitre 6

L'entrée en culture

6.1 Un gène culturel?

Ce chapitre consacré à la culture fait la boucle avec l'introduction où le cas de *Y* avait servi de premier exemple de l'impossibilité de juger un objet culturel ou naturel sans une évaluation sensorielle intime, cette préhension étant invariablement accompagnée d'une procédure de classement qui situe la cible cognitive dans un groupe catégoriel particulier selon des codes appris. Dans les pages qui suivent, nous verrons plus spécifiquement comment le «je» privé se heurte au «je» social, et ce, dès la petite enfance, grâce à une rythmique interne qui s'accommode de rythmes externes variés, alors que la parole, la sienne et celle des autres, contribue à réconcilier le corps individuel et le corps collectif.

Le XXIe voit poindre des modes de transmission des savoirs et des habitudes culturelles qui obligent à repenser ce raccordement à la lueur des moyens de communication en cours qui affectent toutes les sphères d'activité et de connaissance, y compris le domaine de la création plastique. Malgré la diversité grandissante des opinions sur le statut des objets symboliques, l'attitude occidentale veut encore que l'on différencie la Grande Culture, celle des Arts, celle qui mérite d'ailleurs depuis longtemps d'être théorisée et discutée, de l'autre culture, mineure, plus populaire, celle des artefacts artisanaux, à laquelle s'adonnent toutes les peuplades du monde et qui commence à peine à être sérieusement étudiée dans une optique qui tend à modérer les *a priori* au sujet de leur valeur expressive. Mais la dichotomie persiste, et pour preuve, on érige des musées à vocations bien démarquées pour l'une et pour l'autre. Bien entendu, les points de vue s'assouplissent et on ne peut que se réjouir de l'estompage des préjugés, surtout à l'égard des cultures autres que la nôtre et pour lesquelles la notion même de l'art n'est qu'un concept importé et récemment intégré.

Mais nous avons encore à faire face à des principes toujours bien implantés dans certains champs de recherche scientifique, notamment ceux selon lesquels une culture spécifique est quelque chose de strictement extérieur qui s'apprend par imitation, enseignement, collaboration et intégration quasi aveugle des codes en cours. Pour être mené à bien, le projet qui souhaite, à juste titre, une meilleure compréhension et une meilleure acceptation des différences culturelles doit se départir de l'idée qu'une culture est une entité autonome et parallèle qui surplombe et mate irréversiblement un fond naturel neurophysiologique et biologique[1]. Dans les faits, il n'y a rien de plus «naturel» que l'insertion dans une culture avec laquelle le cortex reste en constante relation, car des structures régulatrices fondamentales et procédurales s'occupent du traitement de toutes les perceptions reliées à l'environnement[2].

Une manière plus positive et peut-être plus «humaine» de penser la culture est de l'aborder de l'intérieur de l'individu. On ne parlerait plus de «la» ou «d'une» culture, mais des manières diverses «d'entrer en culture», qui sont largement inconscientes, voire automatiques, et commencent même avant la naissance en raison de l'influence que le mode de vie de la mère, voire même les intonations de sa voix exercent déjà sur le fœtus au cours de la grossesse. On a observé, par exemple, que dans le sein de la mère, vers trente-six ou quarante semaines, le fœtus peut distinguer l'ordre syllabique «babi» différencié de «biba[3]». Dès ce moment, se rencontrent des «germes» culturels particuliers et des dispositions biologiques et physiologiques, dont certaines sont héritées d'un patrimoine génétique familial tandis que d'autres remontent au début de l'humanité et sont même partagées par l'espèce animale.

Chez l'homme moderne, il n'y a pas de coupure entre la nature humaine et la culture, mais un emboîtement qui a été attribué à un «gène culturel», c'est-à-dire à une évolution bicéphale (génétique et culturelle) héritée des premiers humains et tenue depuis en constante évolution[4]. Les cerveaux humains ont évolué selon un ensemble de lois, celles de la sélection naturelle et de la génétique[5], et l'entrée en culture est essentiellement une force primaire d'adaptation à des contextes divers et changeants[6]. Plutôt relié à des instincts de conservation[7], l'élan naturel vers la culture pousse chaque individu à s'associer à un groupe qui, lui, vise à établir des limites territoriales et des balises sociales par des règles qui métaphorisent les instincts élémentaires[8] et les incorporent à des domaines symboliques en apparence parfois éloignés[9]. C'est d'ailleurs l'amalgame (génétique-culture) qui rend la distinction difficile entre ce qui serait physique, réel et ce qui serait culturel, imaginaire[10]; c'est ce mélange qui fait de l'humain un être pensant, un être créatif et critique à l'égard de l'environnement, c'est-à-dire un individu prédisposé à se positionner dans et face au monde, sachant par atavisme que si l'identité individuelle doit être protégée, la survie de soi ne peut pas s'accomplir en solitaire[11]. En quelques mots, l'entrée en culture est nécessairement le foyer d'une négociation tendue mais équilibrante entre le besoin de la préservation d'une identité propre et le désir incontrôlable de s'identifier à une communauté.

Au cours de l'évolution, la pensée symbolique, la sensibilité esthétique, la structuration de langages se sont nouées comme moyen d'adjonction de l'homme à son environnement et ont donné lieu à ce que l'on désigne maintenant comme l'écologie humaine. De longues traditions se sont établies, défaites et refaites, mais le principe de base demeure inchangé : une culture vit de la souplesse «naturelle» de ses membres à s'y adapter. Si l'entrée en culture résulte d'un besoin épigénétique partagé de calibrer les pulsions d'appropriation, une culture particulière n'est rien d'autre qu'un territoire historiquement négocié et symboliquement marqué plus ou moins ouvert à l'expansion et au métissage.

De nos jours, la porosité des frontières culturelles inquiète de part et d'autre. On s'interroge sur les conséquences sociales de la mondialisation, qui est pour l'heure une tentative d'occidentalisation du monde, et on s'alarme à l'idée d'une uniformisation excessive qui menacerait les cultures individuelles. Cette angoisse reproduit un désir de calibrer et d'équilibrer les rapports entre soi, le groupe immédiat et l'ensemble de la société. Contrairement à la condition actuelle de l'expansion des savoirs, dans les sociétés traditionnelles, relativement imperméables aux influences externes, la transmission se passait plutôt à la verticale, d'une génération à une autre, à l'intérieur du groupe relativement étanche [12]. Maintenant, elle se fait à l'horizontale, à l'intérieur d'une même génération, voire même sur la planète. Ce type de diffusion encouragé par les moyens de communication actuels, qui incitent forcément à un mimétisme élargi, répond à une pulsion irraisonnée d'adaptation aux contextes ambiants, aussi larges soient-ils, et c'est bien sur cette absorption que se joue l'équilibre précaire entre la conservation d'une culture particulière et l'intégration de coutumes plus ou moins apparentées. En somme, elle montre en accéléré des mutations qui s'opéraient auparavant sur des centaines, voire des milliers d'années, et cela devrait mieux nous faire comprendre les conséquences cognitives d'une ouverture au monde qui affecte, entre autres, les habiletés de catégorisation perceptuelle et conceptuelle [13].

Il est vrai que l'uniformisation apparente des objets, des coutumes et des expressions créatrices prend de l'ampleur, et les sources premières semblent se diluer. Mais elle n'est que le résultat de transactions en somme « naturelles » à grande échelle et comme une réplique de ce qui se produit à l'intérieur d'un groupe circonscrit et même d'une famille. Nous y étions préparés depuis toujours, et la différence entre le passé lointain et la société actuelle est que le nomadisme culturel est maintenant précipité par des moyens qui autorisent l'interpénétration des coutumes en accéléré et non plus par propagation lente.

Dans le domaine des expressions visuelles, la standardisation des formes existe depuis de nombreuses décennies et elle n'est certainement pas étrangère à des préoccupations économiques et politiques qui ont régi le marché de l'art dit « international » ainsi que la critique. Mais, comme par le passé, il est inévitable que de nouvelles formes apparaissent à l'intérieur de groupes plus ou moins élargis et il est certain que, malgré une certaine contamination unilatérale, les cultures remodelées donneront lieu à des ancrages qui viseront nécessairement leur propre spécificité, et ce sera encore par eux que s'accomplira pour chaque individu la première entrée en culture.

De toute manière, à moins d'une interruption des systèmes actuels de communication, dont le réseau Internet, la diffusion planétaire des codes et des symboles et toute l'hybridité qui s'ensuit sont irréversibles et, au lieu de s'en affoler, il vaudrait mieux tirer le meilleur parti possible des pertes et des gains et se souvenir que l'invention de l'imprimerie a suscité de semblables inquiétudes ! On sait pourtant à quel point elle a ouvert les esprits et propagé, entre autres, l'idée de la démocratie partout en Occident. Il est à prévoir que, pour le mieux ou pour le pire, la transmission future des coutumes et des croyances par le biais de médias accessibles à un plus grand nombre d'usagers encouragera la mise en place de politiques qui modifieront largement le concept même de culture.

Quel que soit le véhicule de diffusion, tous les remaniements provoqués par des influences étrangères aux normes coutumières ont pour fonction d'encadrer des savoirs tacites ou implicites (non appris) par des savoirs explicites (appris et acquis par expérience dans des circonstances spécifiques[14]), sans que cela entrave l'individualité. De même qu'un environnement géographique et climatique s'apprivoise et informe la pensée[15], une langue s'apprend dans un environnement propice[16], une tournure de pensée aussi, du moins jusqu'à un certain point, mais chaque individu sait des choses qui ne lui furent jamais enseignées[17]. On l'a vu à propos des aptitudes de symbolisation des jeunes enfants, le traitement visuel et l'habileté à différencier les sensations et à éprouver des émotions qui leur sont reliées sont conséquents d'une intuition élémentaire et innée de l'espace et du temps qui facilitera le décodage des déictiques verbaux[18]. Certes, la maturation visuelle demande au nouveau-né quelques semaines d'accommodation[19] et la perception s'habitue à certains schèmes[20] ou à certaines enclaves cognitives[21], et il en résulte une appréciation confortable des choses devenues familières[22], qu'elles plaisent ou déplaisent. Ce qu'il faut retenir, c'est qu'au cours de la maturation (d'un individu ou d'un groupe social), ce ne sont pas tellement les «contenus» culturels comme tels qui sont importants, mais le fait que nous puissions nous en instruire, les évaluer et choisir de les suivre ou de les modifier[23].

Ce sont donc les savoirs tacites mis à l'œuvre et combinés aux expériences qui, grâce à la pensée symbolique, gèrent la conjoncture du corps privé et du corps social et régénèrent biologiquement et culturellement chaque individu[24]. Tout ce qui est su et appris participe d'un ensemble de représentations mentales utiles à l'acquisition et à la création de nouveaux paradigmes. Ainsi, tout ajout de connaissances et d'expériences, y compris des interdits, est d'abord un apprentissage de soi par soi qui garantit à chaque sujet la possibilité de discerner, de juger de sa place et de son rôle au sein de sa propre culture et dans la société en général. Autrement dit, les connaissances et les savoir-faire appris sont d'abord consciemment et inconsciemment «digérés» par le système cognitif à un haut niveau d'abstraction[25].

D'ailleurs, au siècle dernier, on avait remarqué qu'une forme particulière d'intelligence s'était développée au contact des médias visuels complexes depuis l'avènement du cinéma, de la télévision et de la vidéo[26], auxquels il faut maintenant ajouter l'informatique et les réalités virtuelles. L'assimilation de ces nouveaux types de représentation est rendue possible grâce au principe de l'élasticité du système cognitif et aux nouveaux schèmes de pensée qui se construisent à même la perception et conduisent à des préhensions qui deviennent plus aisées avec l'expérience. L'organisme est fait de telle sorte qu'il n'y a pas de fin à l'adaptation et au développement de nouveaux paradigmes, ni pour les individus ni pour les regroupements sociaux [27]. Et l'intégration des nouvelles manières de faire, de percevoir, même de parler, demeure une question de sélection contextualisée qui stimule l'imagination et conduit à d'autres transformations [28]. Nous ne sommes pas « plus » intelligents qu'avant, nous le sommes différemment.

6.2 Changements de rythme : stratégies de raccordement

Parmi les moyens d'expression ayant pour fonction de regrouper les individus autour d'un minimum d'hiatus, celui des rythmes est peut-être le plus important, car il concerne très précisément l'entrée en culture selon des facteurs peut-être moins contrôlables que ceux dont dépend l'acquisition d'une langue. S'il peut être normalisé de l'extérieur, le rythme ne peut pas être dit ; il est ressenti, qualifié, exprimé de diverses manières, par exemple par le mouvement du corps, mais malgré le fait que la parole, la musique et le souffle de l'écriture soient eux-mêmes modulés, il n'y a pas de mots exacts pour traduire la sensation rythmique. L'expression sonore qui parviendrait le mieux à l'exprimer serait une onomatopée répétée, un hypo-langage, une sorte de mantra qui, dans sa cadence, mimerait les pulsations éprouvées. Malgré cela ou peut-être à cause de cela, au cours de l'évolution, toutes les manifestations d'échange ont été ponctuées, tant les cérémonies religieuses ou laïques que les activités quotidiennes (travail et loisir), et elles sont toujours bénéfiques pour tous les membres du groupe tant qu'elles remplissent une fonction de régularisation. Ces périodicités normalisées, en plus d'assurer le bon fonctionnement social, s'avèrent nécessaires à l'épanouissement de l'individu en tant que « sujet ».

La rythmique interne est réglée par un système neurobiologique qui s'accommode avec une relative facilité aux changements. Elle s'accorde avec d'autres systèmes cognitifs qui contribuent à régulariser les alternances de l'éveil et du sommeil, la température corporelle, le rythme cardiaque [29], la circulation du sang et les sécrétions endocriniennes. Mais on sait qu'à moins d'un trouble nerveux spécifique tel que l'épilepsie [30], l'agrégation des neurones qui s'accomplit par décharges selon des types de stimuli (visuels, auditifs, etc.) varie peu d'un individu à un autre. Il y a donc une bonne forme, « une bonne *gestalt* [31], de la périodicité perceptuelle au delà de laquelle survient une impression d'inconfort [32].

Si les cadences normatives qui varient d'une culture à une autre, parfois au sein d'un même groupe, affectent la rythmique interne d'une manière assez semblable chez tous les êtres humains, chacun a son propre seuil de tolérance pour des tempos trop rapides, trop lents, trop saccadés ou trop monotones, et cela se manifeste dès la naissance et même avant [33]. Dit autrement, si tous les individus cherchent la régulation, c'est-à-dire une certaine redondance stabilisatrice, chacun affectionne un type de rythme particulier au sein d'un même mode d'expression sonore, visuel ou autre. Cette préférence individuelle pour certaines cadences plutôt que d'autres, et qui peut d'ailleurs se modifier selon l'âge, les états de santé ou quelque traumatisme psychique, agit souvent en sourdine dans l'inconscient et demeure reliée à l'image du corps et au schéma corporel, c'est-à-dire à la représentation identitaire et à la localisation imaginaire de soi dans l'espace [34].

Ainsi, chaque individu a un comportement sensoriel assez fragile, en raison d'affects personnels, face à une situation précise, d'où, entre autres, la possibilité de porter un jugement (favorable ou défavorable) sur les rythmes externes, qui ne respectent pas nécessairement les conventions en cours. Rythme et «je» sont indissociables [35] et participent du même fonctionnement. C'est dire qu'il n'y a pas d'interprétation impersonnelle d'une image ou de tout autre mode d'expression qui serait celle d'un degré zéro d'une rythmique personnelle.

Depuis que l'être humain réalise qu'il existe dans la nature des cycles récurrents, il a une conscience du rythme, une conscience du temps modulé et, face au monde, il s'accommode des rythmes de la nature ainsi que des cycles de vie des autres espèces et, par un jeu de miroir, il se forge une conscience de sa propre finitude qui le pousse à inventer des rythmes autres que celui de sa rythmique physico-chimique. Cette transgression est à l'œuvre depuis que les humains possèdent un appareil cérébral et un équipement sensoriel aptes à changer de registre, à transformer les sensations en symboles, à s'inventer une durée factice. C'est le beau paradoxe du corps qui «sait» que certains rythmes lui conviennent mieux que d'autres mais qui, question de «sur-vie», crée et extériorise des rythmes plus ou moins confortables et répond de la sorte à la pulsion de l'extension de soi dans l'espace et dans le temps des autres.

Et c'est sur le confort ou l'inconfort ressenti intérieurement, tout autant que sur le désir de projection de soi, que se fonde le jugement porté sur les images. L'accommodation rythmique à divers types d'expression, qui est foncièrement une entrée en culture, varie bien entendu selon le médium et il est évident que la perception des images en mouvement fait appel à des évaluations qui encouragent le récepteur à s'installer dans la durée factuelle de la représentation. Différemment dans les cas de la sculpture, de l'architecture ou de l'installation, le corps tout entier scande l'espace, crée sa propre rythmique en réponse à des stimuli majoritairement visuels, tandis que, malgré des compositions en apparence fluides ou saccadées, les images fixes (picturales) demandent un balayage visuel et une perception pluri-sensorielle complémentaire (haptique, tactile ou thermique) qui soutiennent des déplacements parfois réels devant l'objet, toujours imaginaires dans l'espace de représentation, même dans le cas des images abstraites qui «coupent le souffle», car un espace de représentation qui semble annuler toute évaluation modulée au premier regard encourage néanmoins une circulation visuelle allant de l'image vers son pourtour et vice versa dans un mouvement de pulsation.

Ainsi, guidé par une rythmique procédurale, le spectateur se déplace virtuellement dans ou devant l'espace de présentation, ou les deux, bat la mesure de ce qu'il perçoit, se projette dans l'image et éprouve des sensations d'aisance ou de malaise à partir du décodage de l'organisation des plans, des formes, des textures et des couleurs qui correspondent ou vont à l'encontre d'une rythmique idéale, c'est-à-dire d'un tempo tolérable et confortable pour l'entièreté de son système cognitif.

Il est vrai que certaines topologies encouragent une rythmique perceptuelle qui s'apparente au battement normal du cœur, et certaines cultures ont privilégié des expressions plastiques qui font écho à cette régularité idéale, soit en peinture, en sculpture ou en architecture, en favorisant des agencements réguliers, des cycles formels, des fondus répétitifs, des rimes plastiques, des aménagements graphiques qui suivent la cadence d'un électrocardiogramme; on n'a qu'à penser aux frises décoratives conçues en zigzag et à toutes leurs variantes.

Certaines cultures ont préféré soutenir des organisations spatiales qui incitent le spectateur à suivre des plans de composition fluides et à prendre conscience de la durée de la main qui a tracé, tandis que d'autres ont privilégié des organisations spatiales qui font plutôt appel à une prise perceptuelle plus distanciée, hors du temps et contemplative. Cependant, chaque image, quelle que soit la culture dont elle émerge, suggère des aménagements rythmiques spécifiques [36].

Reprenons l'exemple de l'installation de Martin Boisseau (ill. n°s 19 et 20) qui modélise la complexité de l'adaptation d'une rythmique interne à l'espace environnant. À première vue, cet ensemble s'imposait comme un amalgame de monolithes immuables, autosuffisants et atemporels. Le spectateur pouvait se déplacer d'un panneau à un autre à une cadence qu'il réglait lui-même en commençant par où il le désirait, puisque l'uniformité chromatique et formelle ainsi que l'équivalence des espacements entre les blocs contribuaient à régulariser l'ensemble, sans qu'un module attire l'attention au détriment des autres, sans que l'image globale fournisse au spectateur une durée préréglée dans laquelle il aurait été invité à s'installer.

C'est en se rapprochant d'une niche de son choix et en utilisant les écouteurs qu'il entrait dans l'univers de la modulation linguistique, qu'il suivait forcément la pondération des discours énoncés et qu'il rythmait sa propre expérience visuelle et auditive. Or, en raison des propos vaguement référentiels aux formes sculptées présentées à l'intérieur des niches et surtout à cause des nombreuses hésitations, voire des silences qui ponctuaient les discours, même cette durée-là s'en trouvait interrompue et bousculée. Par conséquent, c'est la rythmique interne de chacun qui s'en trouvait dérangée par tant d'irrégularité. Cependant, de tels écarts et de tels dérèglements ne peuvent qu'éveiller la conscience du temps, et si l'expérience occasionne quelque inconfort, elle est une réalisation corporelle et sémantique de la présence de tempos externes troublants, une projection dans un temps erratique inventé, un élan qui va à l'encontre du mouvement linéaire et irréversible de la flèche du temps, une rencontre avec le temps arbitraire construit par les autres (l'artiste et les auteurs des discours).

Devant les images peintes ou dessinées, la rythmique perceptuelle fonctionne d'une tout autre manière, quoiqu'elle puisse tout autant conduire à des sensations contradictoires par l'évaluation d'un rythme graphique continu mais qui donne l'impression d'un retrait de l'espace de représentation. Par exemple, dans l'encre chinoise *Après la pluie* (ill. n° 24), la délicatesse du tracé, la légèreté du matériau, les dimensions proportionnelles des deux masses principales séparées par un vide, la distance considérable entre ces deux volumes et la gamme chromatique atténuée favorisent une impression de flottement du corps libéré de sa pesanteur, une sensation de distance et de lévitation au-dessus d'un monde diaphane. La présence des deux plans d'écriture dans la partie supérieure amplifie cette sensation d'abstraction (le code est toujours abstrait), comme si deux mondes (pictural, scriptural) cohabitaient dans le même univers éthéré. Sous cet aspect, l'image incite le spectateur à s'imaginer en état de flottement hors du lieu et hors du temps.

Mais en même temps, la gestualité apparente de l'artiste humanise la représentation, rappelle un temps de production, alors que les composants naturels vraisemblables étalés et clairement circonscrits selon un système binaire (en haut et en bas) fournissent un fond stable aux motifs esquissés. S'y juxtaposent le plein et le vide, l'ici (en bas) et l'au-delà (en haut), le mot et l'image, le flou et le solide, l'invraisemblance (de l'espace global) et la vraisemblance (des motifs) dans une composition régularisée où les volumes se répondent en écho de part et d'autre du vide central qui sert de noyau originel tout autant à l'impression de non-lieu qu'à celle de la reconnaissance d'une figuration plausible quoique schématisée.

Au cours de l'expérience de cette image, l'équilibre rythmique du spectateur se réalise donc par un jaugeage qui réconcilie une impression d'arythmie au regard de la composition globale, c'est la force expressive du vide-plein, et par une prise de conscience de la réalité objective naturelle représentée. Sans annuler la vive impression d'apesanteur, un peu comme un battement de cœur, l'uniformité du système binaire de l'image (deux blocs de motifs, deux plages d'écriture) suffit à évoquer une sensation de régulation, et c'est ce balancier qui fait en sorte que la représentation puisse être perçue comme symbole de l'harmonie des lieux et des temps. Si la construction de cette image obéit à des conventions propres au lieu et à l'époque de sa production[37], toutes les caractéristiques formelles et thématiques concourent à évoquer la même impression d'équilibre entre toutes les paires d'opposition, cela chez un public extrêmement élargi qui « rejoint » les codes de représentation grâce à ses propres sensations.

D'autres types de compositions incitent également à l'élévation métaphorique de soi, mais par des moyens qui obligent le spectateur à choisir entre des trajectoires opposées et culturellement codées qui font appel à des savoirs spécifiques. C'est le cas du tableau de Bruegel (ill. n° 25) qui propose un cheminement de gauche à droite au premier plan ou un autre allant de l'avant vers l'arrière. L'organisation spatiale, organisée selon la superposition des plans et donnant l'illusion d'une profondeur resserrée autour d'un point de fuite frontal, participe de conventions établies en Occident depuis la Renaissance[38]. Contrairement à l'encre chinoise (ill. n° 24), *La parabole des aveugles* (ill. n° 25) suscite une déambulation imaginaire sur et entre des plans qui coïncident avec l'espace réel où les corps se déplacent selon une poussée gravitationnelle normale. Il n'est plus question de sensation d'équilibre entre la lévitation spontanée et l'ancrage à des motifs représentant la nature, mais plutôt d'élévation de l'âme, grâce au décodage d'une iconographie spécifiquement chrétienne portée par un motif plein central.

Ce tableau a ceci de particulier qu'il engage différentes évaluations rythmiques clairement contradictoires et donne à réfléchir sur la manière dont les changements de registres demandent au spectateur des ajustements optiques qui alternent entre une perception analytique et une perception synthétique. Au premier plan, l'organisation spatiale exhorte à un balayage visuel sur une trajectoire clairement tracée allant de la gauche vers la droite suivant l'inclinaison de plus en plus accentuée des personnages jusqu'à la chute définitive du dernier corps. Dans ce premier parcours, qui obéit à l'ordre de la chute naturelle des poids, le spectateur se heurte cependant à une descente progressive mais irrégulièrement cadencée par l'espacement inégal entre les personnages qui trébuchent les uns sur les autres, les couleurs vives de certains motifs qui ponctuent le plan et les visages borgnes et aveugles tournés en direction de l'espace de réception.

Dans ce plan, la représentation montre la déchéance des corps malades dans la mesure où l'observateur saisit le *decrescendo* graduel des composants, note au passage les modulations de formes (géométrie et couleurs) au cours de la bousculade et remarque la posture et l'orientation des personnages. Si, grâce à la mémoire procédurale de son propre corps en mouvement et à sa connaissance tacite de la poussée gravitationnelle, il peut sans difficulté s'installer dans la durée de la chute et en anticiper le dénouement logique en suivant la courbe descendante, les marqueurs de ponctuation inégalement répartis dérangent le rythme interne et énervent le système perceptuel forcé d'analyser les relations spatiales entre «là» et «eux» (le plan saccadé des êtres déchus) et «ici» et «je» (l'espace de réception montré par les visages).

Un second plan (avant-arrière/bas-haut), raccourci et moins clairement tracé, conduit au clocher à l'arrière en croisant le premier (gauche-droite-bas) entre deux personnages (un peu décalés à la droite du centre). Cette traversée entre deux personnages, discrètement signalée par la tache blanche du bonnet blanc qui agit en contrepoint, donne accès au symbole de l'Église et, partant, du salut de l'âme. Cette évaluation requiert une appropriation de courte durée, en ce sens que l'œil va directement vers la cible centrale et synthétise le temps et l'espace comme dans un accord musical qui superpose les unités. Ce second axe, s'il est de prime abord moins évident et moins évocateur de sensations directement reliées au corps, une fois détecté, permet au spectateur de franchir rapidement les obstacles, de s'abstraire de la lourdeur charnelle et d'atteindre la rédemption symbolisée par le motif architectural.

Bien avant que la science moderne ne s'intéresse aux principes fonda-mentaux de la détection des images, Bruegel réalisait un tableau qui fait maintenant figure de traité de la perception. Par exemple, on sait que le temps requis pour réagir à de nouveaux stimuli visuels est extrêmement court, tout au plus un dixième de seconde[39]. C'est le temps de l'adaptation simple et hâtive, le temps de choc (qui est d'ailleurs le même pour bon nombre d'animaux), qui laisse des traces. On a également remarqué que l'accommodation à un rythme et à un espace construit (telle une image) demande en plus un certain temps d'adaptation au choix[40], qui consiste à opérer des discriminations et des jointures avec une aisance qui dépend largement de la familiarité du spectateur avec le mode de présentation et de représentation[41]. Plus les formes sont inattendues, difficiles à décoder ou tout simplement moins remarquables, plus elles requièrent de temps pour l'ajustement[42]. Même «l'œil savant» est paresseux et cherche la reconnais-sance aisée des composants et des parcours visuels prédéterminés.

La particularité du tableau de Bruegel est que, mis à part la toute pre-mière évaluation extrêmement rapide de l'entièreté de l'image, il condense en un seul espace des marqueurs qui ont pour effet de tenir en opération constante et en alternance le temps d'adaptation hâtif et le temps d'adap-tation au choix. En principe, après avoir saisi l'ensemble de l'image au cours des premières millisecondes, choc initial qui dérange nécessairement la régularité de la rythmique interne, le spectateur devrait aller au plus évident et au plus expressif, au plus aisé, en suivant la trajectoire du premier plan, d'autant que, on l'a vu, l'expression et l'état pitoyable des personnages touchent des cordes sensibles qui exhortent à une relation d'empathie en rappelant la vulnérabilité du corps[43]. Cependant, l'autre orientation (avant-arrière), déjà décodée lors de saisie initiale de l'ensemble, demeure comme arrière-pensée, comme possibilité de choix tout au long de l'interprétation du premier plan (gauche-droite) et demande un retour, un effort de reposi-tionnement factuel et virtuel.

Peu importe qu'il ait été choisi en second ou en premier, ce parcours de l'avant vers l'arrière s'oppose à l'autre voie. Si la teneur moraliste du tableau est assez explicite pour qui reconnaît l'iconographie, pour parvenir à une telle clarté d'expression, l'artiste a misé sur une organisation spatiale qui confrontait la continuité et la régularité des étapes (premier plan) à un saut qualitatif (avant-arrière), la «bonne voie» ne pouvant être perçue et res-sentie par le spectateur qu'en vertu de sa capacité d'adaptation à des rythmes autres que celui de sa propre rythmique physico-chimique mimée par l'enfilade normale des personnages. Mais cette impression du «je» qui, à l'encontre des personnages représentés, sait bien voir et s'en trouve sauvé de la déchéance, est un «je» qui a entendu et suivi la Parole (des autres), mais cela grâce à un «je» neuromoteur qui s'accommode des croyances dont il a d'ailleurs besoin.

6.3 Le «je» social et le plaisir pervers de la parole

De prime abord, les deux notions «je» et «société» seraient antithétiques, à moins que l'on ne reconnaisse d'emblée que l'entrée en culture n'est pas une perte d'individualité mais, au contraire, une manière de la rendre efficace. Cependant, quoique la culture et la famille circonscrivent un habitat où les participants s'entretiennent à l'aide de langages verbaux et non verbaux et conviennent de certaines avenues sémantiques[44], les connaissances et les croyances partagées n'oblitèrent pas les propensions personnelles qui persistent comme balises d'évaluation du monde. Tout se joue alors à des degrés divers de coordination des désirs : désir d'être soi et désir d'être soi avec les autres, la double volition demeurant en constante réorganisation du «je» intime et du «je» sociabilisé qui s'arriment idéalement l'un à l'autre en une combinaison identitaire heureuse[45].

Si le répertoire des processus cognitifs est le même pour tous à travers les âges (la propension à rencontrer le groupe environnant fait partie de cet héritage et en est même un des aspects les plus importants[46]), les êtres humains ne sont toutefois pas préparés à réagir de la même manière ou à partager les mêmes sentiments et les mêmes émotions dans une situation particulière. Certaines structures cérébrales spécialisées participent de façon sélective à la conscience de soi et leur organisation se répercute dans tous les champs d'activité[47].

Dès lors, une image comme celle de Bruegel (ill. n° 25) peut tout au plus exposer une situation critique et suggérer une voie morale, mais l'adhérence au discours pictural repose tout autant sur les convictions religieuses du spectateur que sur le jugement qu'il porte sur la compétence de l'espace de représentation. Mais au delà de sa compréhension du message véhiculé et de son acceptation possible du discours moralisateur, qu'il aime ou non l'image, que la forme le séduise ou le laisse indifférent, il doit se faire une idée de cet ordre, et son évaluation est la réaction d'un «je» qui sait ce qu'il préfère pour des raisons qui sont les siennes et qui ne viennent pas toutes à la conscience.

En d'autres mots, «je», comme n'importe qui d'autre, peux apprécier positivement le tableau et ne pas approuver la leçon représentée ou, à l'inverse, je peux y adhérer sans nécessairement goûter l'image. Mais, dans un cas comme dans l'autre, je porte un jugement sur la forme et le contenu dont n'est pas absente ma connaissance de la tradition chrétienne, alors que dans le cas de l'encre chinoise, je peux également hiérarchiser mon évaluation, mais étant donné l'universalité des motifs représentés (motifs naturels), je peux comprendre l'image qui, dans sa composition et son sujet de représentation, symbolise l'harmonie et l'équilibre, cela sans m'appuyer sur des connaissances spécifiques relatives à la tradition dont le tableau émane. Ce qui demeure invariable, c'est que ma préférence pour l'une ou l'autre des images est une question de propensions qui excède mes connaissances ou mon ignorance des conventions de production.

Le dicton prétend que *des goûts et des couleurs on ne discute pas*. Mais leur diversité au sein d'une même communauté culturelle, elle, est explicable sur la base de deux types d'assises complémentaires aux savoirs de chacun : un relatif au corps biologique et qui se modifie au cours de la vie, un autre de l'ordre affectif et plus persistant. La différence d'un individu à un autre est fondamentalement qualitative [48] et conséquente du processus par lequel il se réforme de ses propres expériences [49], certaines d'entre elles ne pouvant être imaginées sans avoir été personnellement vécues, telles la douleur et toutes celles qui touchent le corps biologique [50]. De plus, différents facteurs, tels le patrimoine génétique [51], la latéralisation (gauche droite [52]), la pression artérielle [53], la production de certains enzymes [54] et le vieillissement des cellules [55], contribuent à former et à réformer les goûts. Par épigenèse, les expériences passées s'organisent avec de plus en plus de complexité et la distribution des valeurs retenues en mémoire contribue à la variabilité des jugements [56]. Et c'est également grâce à cette épigenèse que se constitue le «je» (intime et public).

À ces variables neurobiologiques s'ajoutent des propensions d'ordre psychique et peu contrôlables pour certains types de représentations plastiques et, à moins d'une longue cure psychanalytique, et encore, il est peu probable que chacun puisse s'expliquer les motifs profonds de sa préférence pour des objets en trois dimensions plutôt qu'en deux dimensions ou pour des images abstraites plutôt que pour des images figuratives. Les connaissances sur les arts y sont évidemment pour quelque chose, mais les préférences sont partiellement imputables à tout ce qui constitue la vie affective de chacun et qui demeure comme cadre de référence.

Récapitulons : la hiérarchisation personnelle des valeurs d'expression résulte de comparaisons et de sélections qui prennent racine dans les prédispositions internes [57] auxquelles sont littéralement «incorporées» des connaissances encyclopédiques et culturelles véhiculées par des discours folkloriques ou savants. En ce sens, la sélection préférentielle consiste en un ensemble économique de placements qui rapporte à court et à long terme [58], et ce, dans la mesure où le sujet se sent maître non seulement de ses choix mais de la possibilité de changer d'opinion. En quelques mots : avoir des «goûts» particuliers, c'est avoir le sentiment de posséder la compétence pour choisir parmi tout un éventail de possibilités, et c'est grâce à cette impression que le «je» trouve sa pertinence identitaire au sein de la communauté.

Mais, en principe, ce «je» est communicatif et loquace. Or, sans éprouver quelques difficultés à s'intégrer à leur culture, certains individus semblent avoir une préférence cognitive marquée pour l'imagerie mentale comme mode de traitement et sont peu portés à verbaliser, même sous la forme de soliloques silencieux [59]. D'autres, à l'inverse, manifestent une préférence pour les stratégies linguistiques et ont tendance à verbaliser leurs impressions et leurs pensées, quelle que soit la tâche qu'ils accomplissent [60], souvent sous la forme d'un murmure à peine audible [61], comme si, pour eux, le fait de vocaliser leurs impressions authentifiait et validait leur pensée.

Si ces facteurs participent nécessairement du jugement *signesthétique*, ils ne peuvent évidemment pas être quantifiés. Cependant, il ne fait aucun doute que, malgré l'impossibilité de traduire une bonne part de la perception en mots, la description verbale des images, aussi déviante soit-elle, inscrit le sujet dans l'espace des autres. Toutes les cultures et toutes les langues ont en commun d'avoir recours à des déictiques spatiaux (en haut, en bas, sur, sous, en avant, autour, etc.), temporels (avant, après, plus tôt, plus tard, etc.) et interpersonnels (je, tu nous, elles, eux, etc.) vécus sensoriellement par tous les individus [62]. Ce prolongement des sensations déictiques dans les discours et qui sont déjà à l'œuvre dans l'évaluation sensorielle de l'espace-temps donne une extension à l'expérience intériorisée, qui s'arrime cependant à une langue particulière orientant les transpositions sur des paradigmes de forme et de contenus spécifiques [63].

Le «je» privé s'accommode étrangement bien de ces errances linguistiques qui le distraient de sa propre perception sensorielle, car elles ont pour fonction bénéfique de pallier l'indicible en s'y substituant. Pour autant qu'elle accorde au corps parlant l'illusion d'être consciemment maître de son jugement, la parole spontanée ou réfléchie articulée «sur» les images est un supplément, une auto-affectation [64], un plaisir pervers qui donne au «je» l'impression d'être un «nous».

1. Quoique les hypothèses de Jerome Bruner ne soient pas ici acceptées en bloc, nous nous rangeons de son côté pour affirmer que la culture ne vient pas s'ajouter à un répertoire naturel («Do We "Acquire" Culture or Vice Versa?», *Behavioral and Brain Sciences*, vol. XVI, n° 3, 1993, p. 516).
2. Jean-Pierre Changeux, *L'homme neuronal*, Paris, Fayard, 1983, p. 303.
3. *Id.*, *L'homme de vérité*, Paris, Éditions Odile Jacob, 2002, p 214.
4. C'est à Charles J. Lumsden et Edward O. Wilson que nous devons la théorie des «gènes culturels» (*Genes, Mind, and Culture. The Coevolution Process*, Cambridge, Massachusetts, Harvard University Press, 1981, 428 p.); Charles J. Lumsden, «Gene-Culture Linkages and the Developing Mind», dans Charles J. Brainerd (dir.), *Recent Advances in Cognitive Developmental Theory. Progress in Cognitive Development Research*, New York, Springer-Verlag, 1983, p. 124). Sur ce sujet, on lira également Joseph Lopreato, *Human Nature & Biocultural Evolution*, Boston, Allen & Unwin, 1984, p. 23-25.
5. Steven Pinker, *Comment fonctionne l'esprit*, Paris, Éditions Odile Jacob, 2000, p. 226-226.
6. Rada Dyson-Hudson, «An Interactive Model of Human Biological and Behavioral Adaptation», dans Rada Dyson-Hudson et Michael A. Little (dir.), *Rethinking Human Adaptation: Biological and Cultural Models*, Boulder, Colorado, Westview Press, 1983, p. 1-22.
7. Edgar Morin, «La sociogenèse», *Le paradigme perdu: la nature humaine*, Paris, Seuil, coll. «Points», p. 74-91.
8. À propos des règles perceptuelles qui ont donné lieu à des habiletés d'organisations sociales au cours de l'évolution, on lira également Michael S. Gazzaniga, *The Minds' Past*, Berkeley, University of California Press, 1998, p. 1-4.
9. Dan Sperber disait que l'esprit humain est sensible aux représentations culturelles de la même manière que l'organisme est sensible aux maladies («Anthropology and Psychology: Towards an Epidemiology of Representations», *Man*, n° 20, 1984, p. 74).
10. À propos de cette mince marge, on lira Jacqueline Dervillez-Bastuji, *Structures des relations spatiales dans quelques langues naturelles. Introduction à une théorie sémantique*, Genève/Paris, Librairie Groz, 1982, p. 212.
11. La grande majorité des anthropologues, dont Walter Goldsmith, sont d'avis que l'humanité est programmée biologiquement pour avoir une culture, laquelle requiert du langage et du rituel à des fins de partage («On the Relationship Between Biology and Anthropology», *Man*, vol. XXVIII, n° 2, 1992, p. 341-359).
12. Luigi L. Cavalli-Sforza *et al.*, «Demic Expansions and Human Evolution», *Science*, vol. CCLIX, janvier 1993, p. 639-646.

13. Il y a déjà plusieurs décennies, à la suite des études menées auprès de sujets de différentes cultures, on avait remarqué que la culture vécue façonne la formation des catégorisations conceptuelles. On avait observé, entre autres, que les catégories opérées par les Américains étaient beaucoup plus larges, englobaient beaucoup plus d'unités, que celles produites par des cultures non industrialisées (Gregory L. Murphy et Douglas L. Medin, «The Role of Theories in Conceptual Coherence», *Psychological Review*, vol. XCII, n° 3, 1985, p. 305).

14. Nous suivons ici la ligne de pensée de Barbara Rogoff et Pablo Chavajay, pour qui les contextes d'apprentissage et de vérification des habiletés sont de la première importance («What's Become of Research on the Cultural Basis of Cognitive Development?», *American Psychologist*, vol. L, n° 10, 1995, p. 829-877).

15. Walter Goldsmith a abordé cette question avec prudence et a donné le ton à une approche nuancée, arguant que les diverses cultures habitant le même territoire peuvent penser et agir différemment en tant que groupe. De plus, si la géographie influence la culture jusqu'à un certain point, la culture à son tour modifie la géographie (Walter Goldsmith [dir], *Exploring the Ways of Mankind*, New York, Holt, Rinehart and Winston, 1960, p. 6).

16. Noam Chomsky dit cependant que l'acquisition du langage (verbal) n'est pas quelque chose que l'enfant a à faire, c'est quelque chose qui lui arrive quand il est placé dans un environnement propice («On the Nature, Use and Acquisition of Language», dans Alvin I. Goldman [dir.], *Readings in Philosophy and Cognitive Science*, Cambridge, Massachusetts, The MIT Press, A Bradford Book, 1993, p. 634).

17. Il faut lire à ce propos Dan Sperber, «Remarques sur l'absence de contribution positive des anthropologues au problème de l'innéité», *Théories du langage, théories de l'apprentissage. Débat entre Jean Piaget et Noam Chomsky*, organisé et recueilli par Massimo Piattelli-Palmarini, traduction d'Yvonne Noizet, Paris, Seuil, 1979, p. 361-262, et Kim Sterelny, «The Imagery Debate», dans William G. Lycan (dir.), *Mind and Cognition*, Cambridge, Massachusetts, Blackwell, 1991, p. 613-617.

18. Jésus Alegria, «Le développement de la notion d'espace et de temps», *L'espace et le temps aujourd'hui*, texte établi avec la collaboration de Gilles Minot, Paris, Seuil, 1983, p. 176-177. À propos de l'intuition de l'espace dans l'interprétation des images, voir Pierre Francastel, *La réalité figurative. Éléments structurels de la sociologie de l'art*, Paris, Gonthier, 1965, p. 132.

19. Quoique l'influence de la mère sur le fœtus soit indéniable, l'insertion «consciente» de l'enfant dans son environnement culturel (langagier) demande une certaine maturité de développement (Patricia M. Greenfield, «Language, Tools and Brain: The Ontogeny and Phylogeny of Hierarchically Organized Sequential Behavior», *Behavioral and Brain Sciences*, vol. XIV, n° 4, 1991, p. 550). Kiki V. Roe a démontré que les enfants de 2 à 3 mois vocalisent plus envers leur mère qu'envers les étrangers, mais fixent ceux-ci plus longtemps du regard. Par ailleurs, les bébés prématurés ne manifestent aucune différence de comportement devant leur mère ou un étranger, ce qui ferait la preuve de l'importance de la maturation dans l'évaluation de la familiarité («Differential Gazing and Vocal Response to Mother and Stranger of Full Term and Preterm Infants Across Age», *Perceptual and Motor Skills*, n° 81, 1995, p. 929-930).

20. Elisabeth S. Spelke, «Object Perception», dans Alvin I. Goldman (dir.), *op. cit.*, p. 447-460.

21. Rochel Gelman, «Epigenetic Foundations of Knowledge Structures: Initial and Transcendent Constructions», dans Susan Carey et Rochel Gelman (dir.), *Epigenesis of the Mind: Essays on Biology and Cognition*, Hillsdale, New Jersey, Lawrence Erblaum Associates, Publishers, 1991, p. 293-312.

22. Nous savons que les jeunes enfants apprennent certaines choses beaucoup plus facilement que les adultes, par exemple une seconde ou une troisième langue (Ralph-Axel Müller, «Innates, Autonomy, Universality? Neurobiological Approaches to Language», *Behavioral and Brain Sciences*, vol XIX, n° 4, 1996, p. 618-621), tandis que les images qui les entourent contribuent à les informer de certains schèmes qu'ils apprennent très rapidement à reconnaître sans brimer leur capacité d'absorption de nouveaux types envers lesquels ils n'ont pas de préjugés (Yi-Fu Tuan, *Space and Place. The Perspective of Experience*, Minneapolis, University of Minnesota Press, 1979, p. 187).

23. Merlin Donald, «Representation: Ontogenesis and Phylogenesis», *Behavioral and Brain Sciences*, vol. XVII, n° 4, 1994, p. 714-715.

24. Paul M. Churland, «Perceptual Plasticity and Theoretical Neutrality: A Reply to Jerry Fodor», dans Alvin I. Goldman (dir.), *op. cit.*, p. 148. Après avoir observé les dessins d'enfants, Annette Karmiloff-Smith suggère pour sa part que ce principe endogène fonctionne chez les jeunes enfants par phases de re-description à différents niveaux d'abstraction («Constraints on Representational Change: Evidence from Children's Drawing», *Cognition*, n° 34, 1990, p. 59).

25. Un débat perdure à ce propos autour des hypothèses de John R. Searle, pour qui des états mentaux inconscients ou préconscients soutiendraient une foule d'activités chez les adultes. Ces états mentaux seraient accessibles à la conscience mais n'auraient pas à y venir de manière explicite («Consciousness, Explanatory Inversion and Cognitive Science», *Behavioral and Brain Sciences*, vol. XIII, n° 4, 1990, p. 584-596; 632-692). Voir également Richard A. Carlson, «Conscious Mental Episodes and Skill Acquisition», *Behavioral and Brain Sciences*, vol. XIII, n° 4, 1990, p. 599, et Max Velmans, «Is the Mind Conscious, Functional or Both?», *Behavioral and Brain Sciences*, vol. XIII, n° 4, 1999, p. 629-630.

26. Marshall H. Segal *et al.*, *The Influence of Culture on Visual Perception*, New York, The Robbs-Merril Company Inc., 1966, et Pierre Francastel (*op. cit.*, p. 113) avaient avancé une hypothèse semblable qui n'a malheureusement pas eu beaucoup d'écho dans le domaine des arts. La question fut plus récemment reprise par Ulric Neisser, («Sommes-nous plus intelligents que nos grands-parents», *La Recherche*, n° 309, mai 1998, p. 52) et il est à souhaiter que des études sérieuses vérifient ces hypothèses en laboratoire.

27. Rada Dyson-Hudson, *loc. cit.*, p. 1 et 9.

28. Leonard L. Martin explique bien ce principe en précisant que le jugement «à valeur sociale» est toujours multidimensionnel et ne peut pas être caractérisé par la simple opposition binaire: positif/négatif. Deux paramètres entrent en ligne de compte: le contexte (de réception) et les impressions produites par ce contexte (*Categorization and Differenciation. A Set, Re-Set, Comparison Analysis of the Effects of Context on Person Perception*, New York, Springer-Verlag, 1985, p. 14.

29. Annick Weil-Barais, *L'homme cognitif*, en collaboration avec Danielle Dubois, Pierre Lecock, Jean-Louis Pedinielli, Arlette Streri, Paris, Presses universitaires de France, coll. «Premier cycle», 1993, p. 177 et 178.

30. Francis Crick, *L'hypothèse stupéfiante. À la recherche scientifique de l'âme*, traduit de l'anglais par Hélène Prouteau, Paris, Plon, 1994, p. 329-333.

31. Henri Lamour, «Le rythme et sa didactique en motricité», *Corps, espace, temps*, Actes du Congrès international, Marly Le Roi, septembre 1985, p. 138.

32. Paul Fraisse, *Pour la psychologie scientifique*, Liège, Pierre Mardaga, 1988, p. 250-252.

33. Michael Hallek et Alin Reinberg, «Fœtus et nouveau-nés ont aussi une horloge biologique», *La Recherche*, vol XVII, n° 178, 1986, p. 851-852.

34. Plusieurs psychologues et psychanalystes ont étudié les rapports entre l'image du corps et le schéma corporel, mais c'est peut-être Françoise Dolto qui a le plus approfondi la question dans ses nombreuses études auprès des enfants (*L'image inconsciente du corps*, Paris, Seuil, coll. «Essais», 1984).

35. Henri Meschonnic, *Critique du rythme. Anthropologie historique du langage*, Paris, Éditions Verdier, 1982, p 85.

36. Nous prenons ici nos distances de Norman Bryson qui a systématiquement partagé les images en deux catégories: a) les images occidentales qui seraient la mise en représentation d'une «idée pure». La perception de ces images oblitérerait le corps dans la durée de l'expérience; b) les images orientales qui, au contraire, inciteraient à un regard faisant appel à la durée même du corps (celui de l'artiste, celui du spectateur), grâce à la fluidité des compositions (*Vision and Painting. The Logic of the Gaze*, New Haven, Yale University Press, 1983).

37. Michael Sullivan explique que l'art chinois traditionnel visait invariablement l'harmonie comme paradigme de représentation (*Introduction à l'art chinois*, traduction de Catherine Kaan et Olivier Lépine, Paris, Le Livre de poche, 1961).

38. Cette convention reposait largement sur les écrits d'Aristote confrontés à ceux de Platon. Erwin Panofsky est, sans conteste, l'historien de l'art qui a le plus approfondi les fondements des codes établis à la Renaissance (*Idea. A Concept in Art Theory*, traduction de Joseph J. S. Peake, New York, Icon Editions, 1968, et *La perspective comme forme symbolique*, traduction de Guy Ballangé, préface de Marisa Salai Emiliani, Paris, Éditions de Minuit, 1975.

39. Jacques Ninio, *L'empreinte des sens, Perception, mémoire, langage*, Paris, Éditions Odile Jacob, coll. «Points», 1991, p. 58.

40. Ce temps d'adaptation au choix est communément qualifié de *choice reaction time* ou CRT (Jeff Miller, «The Flanker Compatibility Effects as a Function of Visual Angle, Attentional Focus Transients and Perceptual Load: A Search for Boundary Conditions», *Perception & Psychophysics*, vol. XLIX, 1991, p. 270-288).

41. Jean Bullier *et al.*, «Le cerveau en temps réel», *La Recherche*, n° 246, septembre 1992, p. 924-931.

42. Irving Biederman et Eric E. Cooper, «Priming Contour-Deleted Images. Evidence for Intermediate Representations in Visual Object Recognition», *Cognitive Psychology*, n° 23, 1991, p. 393-419, et Irving Biederman, «Visual Object Recognition», dans Alvin I. Goldman (dir.), *op. cit.*, p. 9-21.

43. On soupçonne que ces représentations d'infirmes et de handicapés dans le tableau de Bruegel étaient d'un tel réalisme que les médecins pourraient encore de nos jours diagnostiquer les maladies dont les personnages étaient affligés (Timothy Foote, *The World of Bruegel, c. 1525-1569*, New York, Time-Life Books, 1968, p. 119-120).

44. Sur l'importance du milieu familial dans la constitution du sujet, on lira Piera Aulagnier, *La violence de l'interprétation. Du pictogramme à l'énoncé*, Paris, Presses universitaires de France, coll. «Le fil rouge», 1981, p. 129.

45. Dans une optique philosophique, à propos du «je» identifié, il faut lire l'excellent article de David J. Velleman, «Self to Self», *The Philosophical Review*, vol. CV, n° 1, 1996, p. 42.

46. Jacques Lautrey, «Esquisse d'un modèle pluraliste du développement cognitif», dans M. Reuchlin, L. Lautrey, C. Marendaz et T. Ohlman (dir.), *Cognition, l'individuel et l'universel*, Paris, Presses universitaires de France, coll. «Psychologie aujourd'hui», 1990, p. 210-212.

47. Jean-Pierre Changeux, *L'homme de vérité, op. cit.*, p. 135.

48. Maris Czyzewska *et al.*, «The Ability Versus Intentionality Aspects of Unconscious Mental Processes», *Behavioral and Brain Sciences*, vol. XIII, n° 4, 1990, p. 602-603.

49. Sur l'individualité et l'épigenèse, on consultera Jean-Pierre Changeux et Paul Ricœur, *Ce qui nous fait penser. La nature et la règle*, Paris, Éditions Odile Jacob, 1998, p. 205-209, et Bob Jacobs et Lori Larsan, «Pluripotentiality, Epigenesis and Language Acquisition», *Behavioral and Brain Sciences*, vol. XIX, n° 4, p. 639.

50. Gilbert Harman, «Some Philosophical Issues in Cognitive Science: Qualia, Intentionality, and the Mind-Body Problem», dans Michael I. Posner (dir.), *Foundations of Cognitive Science*, Cambridge, Massachusetts, The MIT Press, A Bradford Book, 1991, p. 843.

51. Au cours de ses longues et fructueuses recherches sur la perception des images et des mots, Allan Paivio en est venu à reconnaître que les habiletés et les habitudes (qu'il faut distinguer les unes des autres) sont le produit des expériences qui interagissent avec les variabilités génétiques (*Mental Representations. A Dual Coding Approach*, New York, Oxford Psychology Series, n° 9, Oxford University Press, 1990, p. 99-105).

52. S. T. Segalowitz, «Individual Differences in Hemispheric Specialization: Sources and Measurement» et William J. Ray, «Attentional Factors and Individual Differences Reflected in the EEG», dans A. Glass (dir.), *Individual Differences in Hemispheric Specialization*, New York, Phenum Press, 1987, p. 17-29; 149-181.

53. Georg Goldenberg *et al.*, «Regional Cerebral Blood Flow Patterns Related to Verification of Low-And-High-Imagery Sentences», *Neuropsychology*, vol. XXX, n° 6, 1992, p. 581-586.

54. Dans le développement individuel, un programme génétique commande la production d'enzymes qui catalysent certaines réactions aux dépens des autres (André Pichot, «Pour une approche naturaliste de la connaissance», dans Vincent Ralle et Daniel Payette (dir.), *Lekton, Modèles de la cognition. Vers une science de l'esprit*, vol. IV, n° 2, automne 1994, p. 200).

55. Kiki V. Roe, *loc. cit.*, p. 929-930; Paul Douglas Frey, «Comparison of Visual Motor Performance and Nonverbal Reasoning among Child and Adolescent Patients in an Urban Psychiatric Hospital», *Perceptual and Motor Skills*, n° 82, 1996, p. 179-184; J. A. Moulden et M. A. Persinger, «Visuospatial/Vocabulary Difference in Boys and Girls and Potential Age Dependance Drift in Vocabulary Proficency», *Perceptual and Motor Skills*, n° 82, 1996, p. 472-474.

56. Jean-Pierre Changeux et Stanislas Dehaene, «Neuronal Models of Cognitive Functions», *Cognition*, n° 33, 1989, p. 81.

57. Pour l'anthropologue Ellen Dissanayake, certains comportements primordiaux, dont la formation de hiérarchies, y compris des hiérarchies esthétiques (comme mécanismes de performances sélectives nécessaires), ont permis à des individus et à certaines sociétés primitives de mieux survivre (*Homo Aestheticus. Where Art Comes From and Why*, Seattle, University of Washington Press, 1995, p. 95-96.)

58. Il est intéressant de lire Rada Dyson-Hudson qui compare l'activité de sélection (qui s'opère nécessairement par hiérarchies) à un système économique dans lequel le «gagnant» qui contrôle les ressources disponibles par ses choix a une meilleure chance de succès dans la reproduction. L'auteure est d'ailleurs convaincue que l'anthropologie écologique doit suivre la voie d'une théorie unificatrice de la biologie et de la culture (*loc. cit.*, p. 1-22).

59. Georg Goldenberg *et al.*, *loc. cit.*

60. Cette préférence pour les stratégies verbales pourrait être imputée à des aptitudes verbales et spatiales des sujets (Michel Denis, «Approches différentielles de l'imagerie mentale», dans M. Reuchlin, L. Lautrey, C. Marendaz et T. Ohlman [dir.], *Cognition: l'individuel et l'universel*, Paris, Presses universitaires de France, 1990, p. 90-120). À cet égard, les études menées par Maxwell J. Roberts *et al.* sont également concluantes («The Sentence-Picture Verification Task: Methodological and Theoretical Difficulties», *British Journal of Psychology*, n° 85, 1994, p. 413-432).

61. La fonction première du soliloque est d'expliciter la pensée (*to get the story right*) (Jerome Bruner, *Acts of Meaning*, Cambridge, Massachusetts, Harvard University Press, 1990, p. 89). C'est une habitude qui se prend très tôt et offre un certain confort, car, comme l'explique Françoise Dolto, le jeune enfant s'exerce à «se parler» à lui-même, en lallation d'abord, puis en modulations de sonorité, comme il a entendu sa mère le faire avec lui et avec les autres (*op. cit.*, p. 102).

62. Jean-Pierre Desclés a noté que toutes les langues naturelles ont la capacité sémiotique d'inclure à l'intérieur des systèmes représentationnels certains types de relations spatio-temporelles senties et vécues par l'énonciateur («La prédication opérée par les langues», *Langages*, n° 103, 1991, p. 89).

63. L'extension est ici entendue dans le sens que Daniel C. Dennet accorde à ce terme, c'est-à-dire une valeur autoréflexive de la parole (*Consciousness Explained*, Boston, Little, Brown and Company, 1991). Sur l'extension des conséquences illimitées du langage verbal à partir de conditions limitées, voir André Jacob, *Anthropologie du langage. Construction et symbolisation*, Liège, Pierre Margada éditeur, coll. «Noëlla Barquin», 1990, p. 137-140.

64. Jacques Derrida, *De la grammatologie*, Paris, Éditions de Minuit, coll. «Critique», 1967, p. 235. Oswald Ducrot a également écrit des pages importantes sur la parole comme autoréflexion («De Saussure à la philosophie du langage», *Introduction à John Searle, Les actes de langage. Essai de philosophie du langage*, Paris, Herman, coll. «Savoir», 1972, p. 7-34).

Bibliographie indexée des ouvrages cités

ADAMS, E. M., « The Human Substance », *The Review of Metaphysics*, vol. XXXIX, n° 4, 1986, p. 633-652. **(1.2)**

ALEGRIA, Jésus, « Le développement de la notion d'espace et de temps », *L'espace et le temps aujourd'hui*, texte établi avec la collaboration de Gilles Minot, Paris, Seuil, 1983, p. 165-178. **(2.2, 6.1)**

ALLAND, Alexander, « Affects and Aesthetics in Human Evolution », *The Journal of Aesthetics and Art Criticism*, vol. XLVII, n° 1, 1989, p. 1-14. **(4.2)**

ALLEMAND, Luc, « Dessine-moi un axe de recherche », *La Recherche*, hors série, n° 4, 2000, p. 29-32. **(3.1, 3.3)**

ALLEND, Colin et Marc D. HAUSER, « Concept Attribution in Nonhuman Animals : Theoretical and Methodological Problems in Ascribing Complex Mental Processes », dans Marc Bekoff et Dale Jamieson (dir.), *Readings in Animal Cognition*, Cambridge, Massachusetts, The MIT Press, A Bradford Book, 1996, p. 47-62. **(4.1)**

ALLPORT, Alan, « Visual Attention », dans Michael I. Posner (dir.), *Foundations of Cognitive Science*, Cambridge, Massachusetts, The MIT Press, A Bradford Book, 1991, p. 631-682. **(5.1-5.2)**

ALTSON, William P., « Externalist Theories of Perception », *Philosophy and Phenomenological Research*, vol. I, tome 1, supplément, 1990, p. 73-97. **(1.2)**

ARMSTRONG, David, F. « Réponse à Iain Davidson et William Noble », *Current Anthropology*, vol. XXX, n° 2, 1989, p. 137-138. **(3.2)**

ARNHEIM, Rudolf, *Art and Visual Perception. A Psychology of The Creative Eye*, Berkeley, University of California Press, 1974, 508 p. **(3.3)**

ASHBY, F. Gregory *et al.*, « A Formal Theory of Feature Binding on Object Perception », *Psychological Review*, vol. CIII, n° 1, 1996, p. 165-192. **(5.1)**

———, « A Neuropsychological Theory of Multiple Systems in Category Learning », *Psychological Review*, vol. CV, n° 3, 1998, p. 442-481. **(5.1)**

AUBRY, Thiery, « Une datation objective de l'art ? », *La Recherche*, hors série, n° 4, 2000, p. 54-55. **(3.1)**

AULAGNIER, Piera, *La violence de l'interprétation. Du pictogramme à l'énoncé*, Paris, Presses universitaires de France, coll. « Le fil rouge », 1981, 363 p. **(6.3)**

BACKAERT, Joël, « Les récepteurs membranaires », *La Recherche*, vol. XVII, n° 179, 1986, p. 892-900. **(5.2)**

BAHN, Paul G., « Comments », *Current Anthropoloy*, vol. XXVIII, n° 1, 1987, p. 72-73. **(3.3)**

———, « Ne cherchez pas le berceau de l'art », *La Recherche*, hors série, n° 4, 2000, p. 26-28. **(3.1, 3.3)**

BARTHES, Roland, *L'empire des signes*, Paris, Flammarion, coll. « Champs », 1970, 151 p. **(3.2)**

BARWISE, Jon et John ETCHEMENDY, « Model-Theoretic Semantics », dans Michael I. Posner (dir.), *Foundations of Cognitive Science*, Cambridge, Massachusetts, The MIT Press, A Bradford Book, 1991, p. 207-243. **(4.1)**

BATTI, Geoffrey et Jane COUGHLAN, « An Experimental Investigation of the Role of Iconic Gestures in Lexical Acces. Using the Tip-Of-The-Tonge Phenomenon », *British Journal of Psychology*, n° 90, 1999, p. 35-56. **(5.1)**

BAUDRILLARD, Jean, *Le système des objets. La consommation des signes*, Paris, Denoël/ Gonthier, 1968, 245 p. **(1.3)**

BAUER, Patricia J. et Jean M. MANDLER, «Taxonomies and Triads: Conceptual Organization on One to Two-Year-Olds», *Cognitive Psychology*, n° 21, 1989, p. 156-184. **(1.2)**

BENVENISTE, Émile, *Problèmes de linguistique générale 1*, Paris, Gallimard, coll. «Tel», 1966, 351 p. **(1.1)**

BERGER, John, *Voir le voir*, traduction de Monique Triomphe, Paris, Éditions Alain Moreau, coll. «Textualité», 1976, 175 p. **(1.2)**

BERGER, Peter et Thomas LUCKMANN, *La construction sociale de la réalité*, traduction de Pierre Taminiaux, préface de Michel Maffesoli, Paris, Méridiens Klincksieck, 1986, 288 p. **(1.2, 2.3)**

BERNARIK, Robert, «Réponse à Whitney Davis», *Current Anthropology*, vol. XXVII, n° 3, 1986, p. 202-203. **(3.1)**

BESNIER, Jean-Michel, *Les théories de la connaissance,. Un exposé pour comprendre. Un essai pour réfléchir*, Paris, Flammarion, coll. «Dominos», 1996, 127 p. **(3.1)**

BEVER, T. G., «The Aesthetic Basis for Cognitive Structures», dans Myles Brandt et Robert M. Harnish (dir.), *The Representation of Knowledge and Belief*, Tucson, The University of Arizona Press, 1986, p. 314-356. **(1.1, 4.2, 5.2)**

BICKERTON, Derek, «Syntax is not as Simple as it Seems», *Behavioral and Brain Sciences*, vol. XIV, n° 4, 1991, p. 552-553. **(4.2)**

———, «Finding the True Place of Homo Habilis in Language Evolution», *Behavioral and Brain Sciences*, vol. XVIII, n° 1, 1995, p. 182-183. **(4.2)**

———, «An Innate Language Faculty Needs Neither Modularity Nor Localization», *Behavioral and Brain Sciences*, n° 19, 1996, p. 631-632. **(4.2)**

BIDEAUD, Jacqueline et Olivier HOUDÉ, «Le développement des catégorisations: "capture" logique ou "capture" écologique des propriétés des objets», *L'Année psychologique*, n° 89, 1989, p. 87-123. **(2.2)**

BIEDERMAN, Irving, «Visual Object Recognition», dans Alvin I. Goldman (dir.), *Readings in Philosophy and Cognitive Science*, Cambridge, Massachusetts, The MIT Press, A Bradford Book, 1993, p. 9-21. **(6.2)**

BIEDERMAN, Irving et Eric E. COOPER, «Priming Contour-Deleted Images: Evidence for Intermediate Representations in Visual Object Recognition», *Cognitive Psychology*, n° 23, 1991, p. 393-419. **(5.3, 6.2)**

BIGGS, Terrence et Harvey H. C. MARMUREK, «Picture and Word Naming: Is Facilitation Due to Processing Overlap?», *American Journal of Psychology*, vol. CIII, n° 1, p. 81-100. **(5.1)**

BINANT, Pascale et Eric BOËDA, «L'outil est-il un objet d'art?», *La Recherche*, hors série, n° 4, 2000, p. 53. **(3.3)**

BLACK, Lydia T., «Réponse à John Halverson», *Current Anthropology*, vol. XXVIII, n° 1, 1987, p. 73-75. **(3.3)**

BLACK, Mary C. et Glenn G. GILBERT, «A Reexamination of Bickerton's Phylogenesis Hypothesis», dans Francis Byrne et Thom Huebner (dir.), *Development and Structures of Creole Languages. Essays in Honor of Derek Bickerton*, Philadelphie, John Benjamins Publishing Company, 1991, p. 109-120. **(3.2)**

BLOFELD, John, *Les mantras ou la puissance des mots sacrés*, traduction de Dominique Boubouleix, Paris, Dervy-Livres, 1977, 143 p. **(4.3)**

BLOOM, Paul, «Generativity within Language and other Cognitive Domains», *Cognition*, n° 51, 1994, p. 177-189. **(2.2, 3.2)**

BOAS, Franz, «The Aesthetic Experience», dans Walter Goldsmith (dir.), *Exploring the Ways of Mankind*, New York, Holt, Rinehart and Winston, 1960, p. 626-630. **(1.2, 3.2)**

138

BOMBA, Paul C. et Einar SIQUELAND, «The Nature and Structure of Infant Form Categories», *Journal of Experimental Child Psychology*, n° 35, 1983, p. 294-328. **(2.2)**

BORENSON, Robert C. et M. KAUTH, «Perception of Objects from Selected Parts», *The Journal of Psychology*, vol. CXXVI, n° 1, 1992, p. 93-102. **(5.3)**

BOUDON, Pierre, «L'appréhension catégorielle du corps», Nycole Paquin (dir.), *Réseau. Les ancrages du corps propre. Communication, géographie, histoire de l'art, philosophie*, Montréal, XYZ éditeur, 2000, p. 52-85. **(5.3)**

BOUVET, Danielle, «Métaphores du corps dans les langues gestuelles», *Diogène*, n° 175, juillet-septembre 1996, p. 29-40. **(4.2)**

BOYER, Henri *et al.*, *Anthropologie de l'écriture*, Robert Laffont (dir.), Paris, Centre Georges Pompidou, 1984, 269 p. **(1.1, 3.2)**

BRENNEMAN, Kimberly *et al.*, «Young Children's Plans Differ from Writing and Drawing», *Cognitive Development*, vol. III, n° 11, 1996, p. 397-419. **(2.3, 5.1, 5.2)**

BROADBENT, D. E., «Task Combination and Selective Intake of Information», *Acta Psychologia*, n° 50, 1982, p. 253. **(5.1)**

BRUNER, Jerome, *Acts of Meaning*, Cambridge, Massachusetts, Harvard University Press, 1990, 181 p. **(2.3, 4.2, 6.3)**

————, «Do We "Acquire" Culture or Vice Versa ?», *Behavioral and Brain Sciences*, vol. XVI, n° 3, 1993, p. 515-516. **(6.1)**

BRYSON, Norman, *Vision and Painting, The Logic of the Gaze*, New Haven, Yale University Press, 1983, 189 p. **(6.2)**

BULLIER, Jean *et al.*, «Le cerveau en temps réel», *La Recherche*, n° 246, septembre 1992, p. 924-931. **(6.2)**

BULLINARIA, John A. et Nick CHATER, «Double Dissociation, Modularity and Distributed Organization», *Behavioral and Brain Sciences*, vol. XIX, n° 4, 1996, p. 632. **(5.2)**

BURGE, Tyler, «Individualism and Psychology», dans Alvin I. Goldman (dir.), *Readings in Philosophy and Cognitive Science*, Cambridge, Massachusetts, The MIT Press, A Bradford Book, 1993, p. 719-744. **(3.1)**

CALVIN, William H., «Réponse à Iain Davidson et William Noble», *Current Anthropology*, vol. XXX, n° 2, 1989, p. 138-139. **(3.2)**

CAMACIN, Julien, «L'arrivée en force de la syntaxe», *La Recherche*, hors série, n° 4, 2000, p. 84. **(3.2, 4.2)**

CAREY, Susan, «Continuity and Discontinuity in Cognitive Development», dans Edward E. Smith et Daniel N. Osherson (dir.), *An Invitation to Cognitive Science. Thinking*, volume 3, Cambridge, Massachusetts, The MIT Press, A Bradford Book, 1995, p. 101-129. **(4.1)**

CARLSON, Allen, «Appreciating Art and Appreciating Nature», dans Salem Kemal et Ivan Gaskell (dir.), *Landscape, Natural Beauty and the Arts*, Cambridge, Cambridge University Press, 1993, p. 199-227. **(1.2)**

CARLSON, Richard A., «Conscious Mental Episodes and Skill Acquisition», *Behavioral and Brain Sciences*, vol. XIII, n° 4, 1990, p. 599. **(6.1)**

CARRIER, David, «Réponse à Whitney Davis», *Current Anthropoloy*, vol. XXVII, n° 3, 1986, p. 203. **(3.3)**

CARRUTHERS, Peter, *Human Knowledge and Human Nature. A New Introduction to an Ancient Debate*, New York, Oxford University Press, 1992, 199 p. **(2.2, 2.3)**

CARTMILL, Matt, «Innate Grammar and the Evolutionary Presumption», *Behavorial and Brain Sciences*, vol. VII, n° 2, 1984, p. 191. **(2.3)**

CAVALLI-SFORZA, Luigi L. *et al.*, «Demic Expansions and Human Evolution», *Science*, vol. CCLIX, janvier 1993, p. 639-646. **(6.1)**

CHANGEUX, Jean-Pierre, «Déterminisme génétique et épigenèse des réseaux de neurones: existe-t-il un compromis biologique possible entre Chomsky et Piaget», *Théories du langage, théories de l'apprentissage. Le débat entre Jean Piaget et Noam Chomsky*, organisé et recueilli par Massimo Piattelli-Palmarini, traduction d'Yvonne Noizet, Paris, Seuil, 1979, p. 276-289. **(2.1)**

————, *L'homme neuronal*, Paris, Fayard, coll. «Pluriel», 1983, 319 p. **(3.1, 4.1, 6.1)**

————, *Raison et plaisir*, Paris, Éditions Odile Jacob, 1994, 220 p. **(1.2, 5.3)**

————, *L'homme de vérité*, Paris, Éditions Odile Jacob, 2002, 442 p. **(1.1, 2.1, 2.2, 2.3, 3.3, 4.1, 4.2, 6.1, 6.3)**

CHANGEUX, Jean-Pierre et Stanislas DEHAENE, «Neuronal Models of Cognitive Functions», *Cognition*, n° 33, 1989, p. 63-109. **(1.2, 5.2, 6.3)**

CHANGEUX, Jean-Pierre et Paul RICŒUR, *Ce qui nous fait penser. La nature et la règle*, Paris, Éditions Odile Jacob, 1998, 351 p. **(1.1, 1.3, 2.2, 3.1, 4.1, 4.2, 6.3)**

CHOMSKY, Noam, *Le langage et la pensée*, traduction de Louis-Jean Clavet, Paris, Petite Bibliothèque Payot, 1968, 145 p. **(1.2, 2.3)**

————, *Réflexions sur le langage*, traduction de Judith Milner, Béatrice Vautherin et Pierre Fiala, Paris, Flammarion, coll. «Champs», 1977, 283 p. **(1.2, 2.1, 2.3, 4.3)**

————, «À propos des structures cognitives et de leur développement: une réponse à Piaget», «L'approche linguistique», *Théories du langage, théories de l'apprentissage. Le débat entre Jean Piaget et Noam Chomsky*, organisé et recueilli par Massimo Piattelli-Palmarini, traduction d'Yvonne Noizet, Paris, Seuil, 1979, p. 65-87 **(2.2)**; 169-177. **(2.2, 2.3)**

————, «On the Nature, Use and Acquisition of Language», dans Alvin I. Goldman (dir.), *Readings in Philosophy and Cognitive Science*, Cambridge, Massachusetts, The MIT Press, A Bradford Book, 1993, p. 511-534. **(2.3, 4.1, 6.1)**

————, «Language and Nature», *Mind*, vol. CIV, n° 413, 1995, p. 1-60. **(2.2, 2.3, 4.1, 4.2)**

CHURLAND, Paul M., «Perceptual Plasticity and Theoretical Neutrality: A Reply to Jerry Fodor», dans Alvin I. Goldman (dir.), *Readings in Philosophy and Cognitive Science*, Cambridge, Massachusetts, The MIT Press, A Bradford Book, 1993, p. 139-152. **(5.2)**

CLARK, Andy, *Being There. Putting Brain, Body, and World Together Again*, Cambridge, Massachusetts, The MIT Press, A Bradford Book, 1999, 269 p. **(2.3, 3.1, 4.1)**

CLÉMENT, Jean-François, «L'image dans le monde arabe: interdit et possibilités», dans G. Beaugé et J. F. Clément (dir.), *L'image dans le monde arabe*, Paris, CNRS Éditions, 1995, p. 11-42. **(1.1, 4.3)**

CLEYET-MERLE, Jean-Jacques, *Aimer les Eyzies-de-Tayac. Capitale mondiale de la Préhistoire*, France, Éditions France-Ouest, 1990, 63 p. **(2.1)**

COLTHEART, Max et Martin DAVIES, «Le concept de modularité à l'épreuve de la neuropsychologie», dans Daniel Andler (dir.), *Introduction aux sciences cognitives*, Paris, Gallimard, coll. «Folio essais inédits», 1992, p. 109-130. **(5.2)**

COOTE, Jeremy, «Marvels of Everyday Vision: The Anthropology of Aesthetics and the Cattle-Keeping Nilotes», dans Jeremy Coote et Anthony Shelton (dir.), *Anthropology of Art and Aesthetics*, Oxford, Clarendon Press, 1992, p. 245-250. **(1.1, 1.2)**

CORBALLIS, Michael C., «On the Evolution of Language and Generativity», *Cognition*, n° 44, 1992, p. 197-226. **(3.1, 3.2, 3.3, 4.2)**

————, «How to Grow a Human», *Behavioral and Brain Sciences*, vol. XIX, n° 4, 1996, p. 632-633. **(4.1)**

————, «The Generation of Generativity: A Response to Bloom», *Cognition*, n° 51, 1998, p. 191-198. **(2.2)**

CORNU, Geneviève, «Singularité esthétique et rupture sémiotique», *Semiotica*, vol. CXVI, n°s 2/4, 1997, p. 275-297. **(1.1)**

CRAWFORD, Donald W., «Comparing Natural and Artistic Beauty», dans Salem Kemal et Ivan Gaskell (dir.), *Landscape, Natural Beauty and the Arts*, Cambridge, Cambridge University Press, 1993, p. 183-198. **(1.2)**

CRICK, Francis, *L'hypothèse stupéfiante. À la recherche scientifique de l'âme*, traduction d'Hélène Prouteau, Paris, Plon, 1994, 424 p. **(2.2, 4.1, 6.2)**

CUMMINGS, Robert et Georg SCHWARZ, «Connexionnisme, computation et cognition», dans Daniel Andler (dir.), *Introduction aux sciences cognitives*, Paris, Gallimard, coll. «Folio essais», 1992, p. 364-394. **(5.2)**

CZYZEWSKA, Maris, «The Ability Versus Intentionality Aspects of Unconscious Mental Processes», *Behavioral and Brain Sciences*, vol. XIII, n° 4, 1990, p. 602. **(6.3)**

DAMASIO, Antonio R. et Hanna DAMASIO, «Brain and Language», Alvin I. Goldman (dir.), *Readings in Philosophy and Cognitive Science*, Cambridge, Massachusetts, The MIT Press, A Bradford Book, 1993, p. 585-595. **(3.2, 5.2)**

————, «Le cerveau et le langage», *Pour la science*, dossier hors série, «Les langues du monde», octobre 1997, p. 8-15. **(1.2, 2.3, 5.1)**

DAVENPORT, R. K. et C. M. ROGERS, «Perception of Photographs by Apes», *Behavior*, n° 39, 1971, p. 318-320. **(4.1)**

DAVENPORT, R. K. *et al.*, «Cross-Modal Perception in Apes: Altered Visual Cues and Delay», *Neuropsychologia*, vol. CXIII 1975, p. 229-235. **(4.1)**

DAVIDSON, Iain et William NOBLE, «The Archeology of Perception. Traces of Depiction and Language», *Current Anthropology*, vol. XXX, n° 2, 1989, p. 125-137, 146-155. **(2.1, 3.1, 3.2, 3.3)**

DAVIES, Ian R. L. et Greville G. CORBETT, «A Cross-Cultural Study of Colour Grouping: Evidence for Weak Linguistic Relativity», *British Journal of Psychology*, n° 88, 1997, p. 493-517. **(1.2)**

DAVIES, Martin, «Individualism and Perceptual Content», *Mind*, vol. C., n° 4, octobre 1991, p. 461-484. **(1.2)**

DAVIS, Whitney, «More on the Origins and Originality of Image Making: Reply to Delluc and Delluc», *Current Anthropology*, vol. XXVII, n° 5, 1986, p. 515-516. **(3.3)**

————, «The Origins of Image Making», *Current Anthropology*, vol. XXVII, n° 3, 1986, p. 193-202. **(3.1, 3.2, 3.3, 4.1)**

————, «Réponse à John Halverson», *Current Anthropology*, vol. XXVIII, n° 1, 1987, p. 75-77. **(3.1)**

————, «Réponse à Iain Davidson et William Noble», *Current Anthropology*, vol. XXX, n° 2, 1989, p. 140-141. **(3.2)**

DEACON, Terrence W., «Anatomy of Hierarchical Information Processing», *Behavioral and Brain Sciences*, vol. XIV, n° 4, 1991, p. 555-557. **(2.2)**

DELEUZE, Gilles et Félix GUATTARI, *Capitalisme et schizophrénie. L'anti-Œdipe*, tome 1, Paris, Éditions de Minuit, 1972, 470 p. **(1.3)**

DELOACHE, Judy, «Rapid Change in the Symbolic Functioning of Very Young Children», *Science*, vol. CCXXXVIII, 1987, p. 1556-1557. **(2.2)**

DELOACHE, Judy et Nancy M. BURNS, «Early Understanding of the Representational Function of Pictures», *Cognition*, n° 52, 1994, p. 83-110. **(2.2)**

DENIS, Michel, *Image et cognition*, Paris, Presses universitaires de France, 1989, 284 p. **(5.2)**

————, « Approches différentielles de l'imagerie mentale », dans M. Reuchlin, J. Lautrey, C. Marendaz, T. Ohlmann (dir.), *Cognition : l'individuel et l'universel*, Paris, Presses universitaires de France, 1990, p. 90-120. **(6.3)**

DENNET, Daniel C., *Consciousness Explained*, Boston, Little, Brown and Company, 1991, 511 p. **(2.3, 6.3)**

D'ERRICO, Francesco, « Sur les traces de l'Homo Symbolicus », *La Recherche*, hors série, n° 4, 2000, p. 22-25. **(3.1, 3.2, 3.3)**

DERRIDA, Jacques, *De la grammatologie*, Paris, Éditions de Minuit, coll. « Critique », 1967, 445 p. **(2.3, 6.3)**

DERVILLEZ-BASTUJI, Jacqueline, *Structures des relations spatiales dans quelques langues naturelles. Introduction à une théorie sémantique*, Genève/Paris, Librairie Groz, 1982, 443 p. **(6.1)**

DESCLÉS, Jean-Pierre, « La prédication opérée par les langues », *Langages*, n° 103, 1991, p. 83-96. **(6.3)**

DEWEY, John, *Art as Experience*, New York, Capricorn Books, 1958, 335 p. **(1.2)**

DISSANAYAKE, Ellen, *Homo Aestheticus. Where Art Comes From and Why*, Seattle, University of Washington Press, 1995, 298 p. **(1.1, 1.2, 3.2, 3.3, 4.2, 6.3)**

DOLTO, Françoise, *L'image inconsciente du corps*, Paris, Seuil, coll. « Essais », 1984, 375 p. **(1.3, 6.2, 6.3)**

DONALD, Merlin, « Representation : Ontogenesis and Phylogenesis », *Behavioral and Brain Sciences*, vol. XVII, n° 4, 1994, p. 714-715. **(3.1, 4.1, 6.1)**

DUCROT, Oswald, « De Saussure à la philosophie du langage », *Introduction à John R. Searle Les actes de langage. Essai de philosophie du langage*, Paris, Herman, coll. « Savoir », 1972, p. 7-34. **(6.3)**

DUFOUR, Valérie, « Kansas. La théorie de l'évolution a de nouveau droit de cité », *Le Devoir*, 27 février 2001, p. A5. **(3.1)**

DYSON-HUDSON, Rada, « An Interactive Model of Human Biological and Behavioral Adaptation », dans Rada Dyson-Hudson et Michael A. Little (dir.), *Rethinking Human Adaptation : Biological and Cultural Models*, Boulder, Colorado, Westview Press, 1983, p. 1-22. **(3.3, 6.1, 6.3)**

ECCLES, John C., *Évolution du cerveau et création de la conscience*, Paris, Flammarion, coll. « Champs », 1989, 368 p. **(3.1, 3.2, 4.2)**

ECO, Umberto, *The Limits of Interpretation*, Bloomington, Indiana University Press, 1990, 295 p. **(5.1)**

EDELMAN, Gerald M., *Biologie de la conscience*, traduction d'Ana Gerschenfeld, Paris, Éditions Odile Jacob, 1992, 426 p. **(3.2)**

EIMAS, Peter D., « Categorization in Early Infancy and the Continuity of Development », *Cognition*, n° 50, 1994, p. 83-93. **(4.2, 5.2)**

ELTIN, Richard A., « Aesthetic and the Spacial Sense of Self », *The Journal of Aesthetics and Art Criticism*, vol. LVI, n° 1, 1998, p. 1-19. **(4.2)**

EMMORY, Karen *et al.*, « Visual Imagery and Visual-Spatial Language : Enhanced Imagery Abilities in Deaf and Hearing ASL Signers », *Cognition*, n° 46, 1993, p. 139-181. **(1.1)**

ENGEL, Pascal, « Les croyances des animaux », *La représentation animale*, études rassemblées par Jacques Gervet, Pierre Livet et Alain Tête, Nancy, Presses universitaires de Nancy, 1992, p. 59-75. **(4.1)**

ESTRANGIN, Bruno, « Le sujet et l'information individuelle », *Penser le sujet aujourd'hui*, Colloque de Cerisy, Paris, Méridiens Klincksieck, 1988, p. 199-207. **(4.2)**

FALLSHORE, Marte et Jonathan W. SCHOOLER, « Verbal Vulnerability of Perceptual Expertise », *Journal of Experimental Psychology : Learning, Memory, and Cognition*, vol. XXI, n° 6, 1995, p. 1608-1623. **(1.1)**

FARAH, Martha J., «Knowledge from Text and Pictures: A Neuropsychological Perspective», dans Heinz Mandl et Joel R. Levin (dir.), *Knowledge Acquisition from Text and Pictures*, Amsterdam, Elsevier Science Publishers, 1991, p. 59-71. **(5.1, 5.2)**

FARIS, James C., «Réponse à Whitney Davis», *Current Anthropology*, vol. XXVII, n° 3, 1986, p. 203-204. **(3.1)**

FERGUSON, George, *Signs and Symbols in Christian Art*, New York, Oxford University Press, 1954, 183 p. **(2.1)**

FINKE, Ronald, «Imagerie mentale et système visuel», *Pour la science*, n° 103, 1986, p. 86-93. **(5.3)**

FLANAGAN, Owen, *The Science of the Mind*, Cambridge, Massachusetts, The MIT Press, A Bradford Book, 1984, 409 p. **(5.3)**

FLOOD, James et Peter H. SALUS, *Language and the Language of Arts*, New Jersey, Prentice Hall, Inc, 1984, p. 374. **(4.1)**

FODOR, Jerry A. et Zenon W. PYLYSHYN, «Connectionism and Cognitive Architecture: A Critical Analysis», *Cognition*, n° 28, 1988, p. 3-71. **(5.2)**

FONTENAY, Élisabeth de, *Le silence des bêtes. La philosophie à l'épreuve de l'animalité*, Paris, Fayard, 1998, 778 p. **(4.1)**

FOOTE, Timothy, *The World of Bruegel. c. 1525-1569*, New York, Time-Life Books, 1968, 192 p. **(6.2)**

FORTIN, Claudette et Robert ROUSSEAU, *Psychologie cognitive. Une approche du traitement de l'information*, Sillery, Presses de l'Université du Québec, 1992, 434 p. **(5.3)**

FRAISSE, Paul, *Pour la psychologie scientifique*, Liège, Pierre Mardaga, 1988, 379 p. **(6.2)**

FRANCASTEL, Pierre, «Espace génétique et espace plastique», *Revue de philosophie*, n° 1, 1948, p. 349-380. **(4.2)**

————, *La réalité figurative. Éléments structurels de la sociologie de l'art*, Paris, Éditions Gonthier, 1965, 414 p. **(6.1)**

FREEDBERG, David, *The Power of Images. Studies in the History and Theory of Response*, Chicago, The University of Chicago Press, 1989, 534 p. **(1.3)**

FREUD, Sigmund, *Le rêve et son interprétation*, traduction d'Hélène Legros, Paris, Gallimard, coll. «Folio», 1942, 119 p. **(1.3)**

————, *Un souvenir d'enfance de Léonard de Vinci*, traduction de Janine Altounian, préface de J.-B. Pontalis, Paris, Gallimard, coll. «Folio», 1987, 199 p. **(1.3)**

————, *Moïse et le monothéisme*, traduction de Cornelius Heim, préface de Marie Moscivici, Paris, Gallimard, coll. «Folio essais», 1993, 256 p. **(1.3)**

FREY, Paul Douglas, «Comparison of Visual Motor Performance and Nonverbal Reasoning among Child and Adolescent Patients in an Urban Psychiatric Hospital», *Perceptual and Motor Skills*, n° 82, 1996, p. 179-184. **(6.3)**

FROST, Robin, «Réponse à John Halverson», *Current Anthropology*, vol. XXVIII, n° 1, 1987, p. 77-79. **(3.3)**

GAZZANIGA, Michael S., *The Mind's Past*, Berkeley, University of California Press, 1998, 210 p. **(2.2, 3.1, 4.1, 5.2, 6.1)**

GELMAN, Rochel, «Epigenetic Foundations of Knowledge Structures: Initial and Transcendent Constructions», dans Susan Carey et Rochel Gelman (dir.), *The Epigenesis of the Mind: Essays on Biology and Cognition*, Hillsdale, New Jersey, Lawrence Erblaum Associates, Publishers, 1991, p. 293-322. **(6.1)**

GENTIS, Roger, *Leçons du corps*, Paris, Flammarion, coll. «Champs», 1980, 234 p. **(4.2)**

GIBSON, James J., «A Prefatory Essay on the Perception of Surfaces Versus the Perception of Marquings on a Surface», dans Margaret A. Hagen (dir.), *The Perception of Pictures*, New York, Academic Press, 1980, p. xi-xxi. **(2.2)**

GIBSON, Kathleen R., « Continuity Versus Discontinuity Theories of the Evolution of Human and Animal Minds », *Behavorial and Brain Sciences*, vol. XIV, n° 4, 1991, p. 560. **(4.1)**

———, « Solving the Language Origin Puzzle: Collecting and Assembling All Pertinent Pieces », *Behavioral and Brain Sciences*, vol. XVIII, n° 1, 1995, p. 189-190. **(4.1)**

GIRARD, René, *La violence et le sacré*, Paris, Grasset, coll. « Pluriel », 1972, 534 p. **(1.3)**

GOLDENBERG, Georg *et al.*, « Regional Cerebral Blood Flow Patterns Related to Verification of Low-and-High-Imagery Sentences », *Neuropsychologia*, vol. XXX, n° 6, 1992, p. 581-586. **(6.3)**

GOLDSMITH, Walter, « On the Relationship Between Biology and Anthropology », *Man*, vol. XXVIII, n° 2, 1992, p. 341-359. **(6.1)**

GOLDSMITH, Walter (dir.), *Exploring the Ways of Mankind*, New York, Holt, Rinehart and Winston, 1960, 700 p. **(3.2. 4.1, 6.1)**

GOMBRICH, Ernst, *Meditations on a Hobby Horse and Other Essays on the Theory of Art*, New York, Phaidon Press, 1971, 252 p. **(5.2)**

GOMEZ, Juan C. et Encarnacion SARRIA, « Gestures, Persons and Communication: Sociocognitive Factors in the Development and Evolution of Linguistic Abilities », *Behavioral and Brain Sciences*, vol. XIV, n° 4, 1991, p. 562-563. **(3.2)**

GOULD, Stephen Jay, *Le sourire du flamant rose. Réflexions sur l'histoire naturelle*, Paris, Seuil, coll. « Points », 1988, 516 p. **(3.1)**

———, *Time's Arrow, Time's Cycle. Myth and Metaphor in the Discovery of Geological Time*, Cambridge, Massachusetts, Harvard University Press, 1987, 222 p. **(3.1)**

GOUX, Jean-Joseph, *Les iconoclastes*, Paris, Seuil, coll. « L'ordre philosophique », 1978, 232 p. **(2.3)**

GRAVES, Paul, « Réponse à Iain Davidson et William Noble », *Current Anthropology*, vol. XXX, n° 2, 1989, p. 143. **(3.2)**

GRAY, Camilla, *The Russian Experiment in Art 1863-1922*, Londres, Thames & Hudson, 1976, 296 p. **(4.3)**

GRAY, Christine, « Hegemonic Images: Language and Silence in the Royal Thai Polity », *Man*, n° 26, 1991, p. 43-65. **(1.1, 4.3)**

GREENFIELD, Patricia M., « Language, Tools and Brain: The Ontogeny and Phylogeny of Hierarchically Organized Sequential Behavior », *Behavioral and Brain Sciences*, vol. XIV, n° 4, 1991, p. 531-551. **(2.3, 4.1, 5.2, 6.1)**

GUY, Emmanuel, « Des écoles artistiques au Paléolithique ? », *La Recherche*, hors série, n° 4, 2000, p. 60-61. **(3.2)**

HACKER, P. M. S., « Naming, Thinking and Meaning in the Tractatus », *Philosophical Inverstigations*, vol. XXII, n° 2, 1999, p. 19-135. **(3.2)**

HALLEK, Michael et Alin REINBERG, « Fœtus et nouveau-nés ont aussi une horloge biologique », *La Recherche*, vol. XVII, n° 178, 1986, p. 851-852. **(6.2)**

HALVERSON, John, « Art for Art's Sake in the Paleolithic », *Current Anthropology*, vol. XXIV, n° 1, 1987, p. 63-71. **(3.1, 3.3)**

HARMAN, Gilbert, « Some Philosophical Issues in Cognitive Science: Qualia, Intentionality, and the Mind-Body Problem », dans Michael I. Posner (dir.), *Foundations of Cognitive Science*, Cambridge, Massachusetts, The MIT Press, A Bradford Book, 1991, p. 831-848. **(6.3)**

HARRIS, Margaret, « Language Acquisition », dans Michael W. Eysenck (dir.), *The Blackwell Dictionary of Cognitive Psychology*, Andrew Ellis, Earl Hunt, Philip Johnson-Laird (conseillers), Cambridge, Massachusetts, Blackwell, 1994, p. 198-202. **(4.1)**

HAUSER, Marc D. et Nathan D. WOLFE, «Human Language: Are Nonhuman Precursors Lacking?», *Behavioral and Brain Sciences*, vol. XVIII, n° 1, 1995, p. 190-191. **(4.1)**

HEGEL, G. W. F., *Esthétique*, troisième volume, traduction de S. Jankélévitch, Paris, Flammarion, coll. «Champs», 1979, 402 p. **(3.3)**

HEIDEGGER, Martin, *Acheminement vers la parole*, traduction de Jean Beaufret, Wolfgang Brokmeier et François Fédier, Paris, Gallimard, coll. «Tel», 1976, 260 p. **(2.3)**

HERNSTEIN, R. J., «Levels of Stimulus Control: A Functional Approach», dans C. R. Gallistel (dir.), *Animal Cognition*, Cambridge, Massachusetts, The MIT Press, A Bradford Book, 1992, p. 133-166. **(4.1)**

HEWES, Gordon W., «Réponse à Whitney Davis», *Current Anthropology*, vol. XXVII, n° 3, 1986, p. 204. **(3.2, 3.3)**

————, «Réponse à Iain Davidson et William Noble», *Current Anthropology*, vol. XXX, n° 2, 1989, p. 145-146. **(3.2)**

HJELMSLEV, Louis, *Prolégomènes à une théorie du langage* suivi de *La structure fondamentale du langage*, traduction d'Anne-Marie Léonard, Paris, Éditions de Minuit, 1965, 227 p. **(2.3)**

HOBBS, Jerry R., «Matter, Levels, and Consciousness», *Behavioral and Brain Sciences*, vol. XIII, n° 4, 1990, p. 610-611. **(2.1)**

HOIJER, Harry, «The Nature of Language», dans Walter Goldsmith (dir.), *Exploring the Ways of Mankind*, New York, Holt, Rinehart and Winston, 1960, p. 77-89. **(1.1, 3.2, 4.2)**

HOLLAND, John H. *et al.*, «Deductive Reasoning», dans Alvin I. Goldman (dir.), *Readings in Philosophy and Cognitive Science*, Cambridge, Massachusetts, The MIT Press, A Bradford Book, 1993, p. 23-43. **(5.2)**

HUISMAN, Bruno et François RIBES, *Les philosophes et le corps*, Paris, Dunod, 1992, 444 p. **(4.1)**

HUOT, Hervé, *Du sujet à l'image. Une histoire de l'œil chez Freud*, Paris, Éditions Universitaires, coll. «Émergences», 1987, 221 p. **(1.3)**

HURFORD, James R. et Simon KIRBY, «Neural Preconditions for Proto-Language», *Behavioral and Brain Sciences*, vol. XVIII, n° 1, 1995, p. 193-194. **(4.2)**

INGOLD, Tim, «An Archeology of Symbolism», *Semiotica*, vol. XCVI, n°s 3/4, 1993, p. 309-314. **(4.1)**

JACOB, André, *Anthropologie du langage. Construction et symbolisation*, Liège, Pierre Margada éditeur, coll. «Noëlla Barquin», 1990, 260 p. **(2.3, 4.2, 6.3)**

JACOBS, Bob, et Lori LARSAN, «Pluripotentiality, Epigenesis and Language Acquisition», *Behavorial and Brain Sciences*, vol. XIX, n° 4, p. 639. **(6.3)**

JANOV, Arthur, *The Primal Scream. Primal Therapy the Cure for Neurosis*, New York, A Delta Book, 1970, 446 p. **(4.2)**

JEANNEROD, Marc, «La double commande d'une pionce de haute précision», *La Recherche*, n° 309, 1998, p. 54-57. **(5.2)**

JOHNSON, Mark, *The Body in the Mind. The Bodily Basis of Meaning. Imagination and Reason*, Chicago, The University of Chicago Press, 1987, 233 p. **(1.2)**

JOULIAN, Frédéric, «L'hominisation et les singes. Une parenté "contre nature"», *Diogène*, n° 180, 1997, p. 6790. **(3.1)**

KARMILOFF-SMITH, Annette, «Constraints on Representational Change: Evidence from Children's Drawing», *Cognition*, n° 34, 1990, p. 57-83. **(2.2, 5.2, 6.1)**

————, «Beyond Modularity: Innate Constraints and Developmental Change», dans Susan Carey et Rochel Gelman (dir.), *The Epigenisis of Mind: Essays on Biology and Cognition*, Hillsdale, New Jersey, Lawrence Erblaum Associates, Publishers, 1991, p. 171-197. **(2.2)**

————, «Perceptuel Plasticity and Theoretical Neutrality: A Response to Jerry Fodor», dans Alvin I. Goldman (dir.), *Readings in Philosophy and Cognitive Science*, Cambridge, Massachussetts, The MIT Press, A Bradford Book, 1993, p. 139-152. **(6.1)**

————, *Beyond Modularity. A Developmental Perspective on Cognitive Science*, Cambridge, Massachusetts, The MIT Press, A Bradford Book, 1993, 234 p. **(2.1, 2.2, 2.3)**

————, «Précis of Beyond Modularity: A Development Perspective on Cognitive Science», *Behavioral and Brain Sciences*, vol. XVII, n° 4, 1994, p. 693-706. **(1.1, 5.2)**

KELLMAN, Philip J. et Elisabeth S. SPELKE, «Perception of Partly Occluded Objects in Infancy», *Cognitive Psychology*, n° 15, 1983, p. 483-524. **(2.2)**

KELLOGG, Rhoda, *Analysing Children's Art*, Palo Alto, Mayfield Publishing Co., 1970, 308 p. **(4.2, 4.3)**

KLEIN, Richard G., «L'art est-il né d'une mutation génétique?», *La Recherche*, hors série, n° 4, 2000, p. 18-21. **(3.1, 3.3)**

KOGAN, Nathan, «On Aesthetics and its Origin: Some Psychological and Evolutionary Considerations», *Social Research*, vol LXI, n° 1, printemps 1994, p. 139-165. **(3.1)**

KOLERS, Paul A. et Susan J. BRISON, «Commentary: On Pictures, Words and their Mental Representation», *Journal of Verbal Learning and Verbal Behavior*, n° 23, 1984, p. 105-113. **(1.2)**

KUBLER, George, «Réponse à Whitney Davis», *Current Anthropology*, vol. XXVII, n° 3, 1986, p. 205. **(3.3)**

LACAN, Jacques, *Écrits*, Paris, Seuil, 1966, 919 p. **(1.3, 4.2)**

LAKOFF, George et Mark JOHNSON, *Les métaphores dans la vie quotidienne*, traduction de Michel de Formel en collaboration avec Jacques Le Cercle, Paris, Éditions de Minuit, coll. «Propositions», 1985, 249 p. **(1.2)**

LAMARCHE, Bernard, «L'art de décrire», *Martin Boisseau, Sculpture-vidéo. Premier temps: sabotage visuel*, Longueuil, Plein sud, Centre d'exposition et d'animation en art actuel à Longueuil, 1997, n.p. **(5.1)**

LAMOUR, Henri, «Le rythme et sa didactique en motricité», *Corps, espace, temps*, Actes du Congrès international, Marly Le Roi, septembre 1985, p. 137-144. **(6.2)**

LAUTREY, Jacques, «Esquisse d'un modèle pluraliste du développement cognitif», dans M. Reuchlin, J. Lautrey, C. Marendaz et T. Ohlman (dir), *Cognition: l'individuel et l'universel*, Paris, Presses universitaires de France, coll. «Psychologie aujourd'hui», 1990, p. 185-216. **(6.3)**

LAYTON, Robert, *The Anthropology of Art*, Cambridge, Massachusetts, Cambridge University Press, 1991, 258 p. **(1.1)**

LEACH, E. R., «Art in its Social Context», dans Walter Goldsmith (dir.), *Exploring the Ways of Mankind*, New York, Holt, Rinehart and Winston, 1960, p. 588-596. **(3.1)**

LE BRETON, David, «Corps et anthropologie: de l'efficacité symbolique», *Diogène*, n° 153, janvier-mars 1991, p. 92-110. **(2.1)**

LENAIN, Thierry, *La peinture des singes. Histoire et esthétique*, Paris, Syros-Alternatives, 1990, 125 p. **(1.3)**

LEROI-GOURHAN, André, *Le geste et la parole. Techniques et langage*, Paris, Albin Michel, 1964, 323 p. **(3.1)**

————, *Le geste et la parole. La mémoire et les rythmes*, Paris, Albin Michel, 1965, 288 p. **(3.2, 3.3)**

LESTEL, Dominique, *Paroles de singes. L'impossible dialogue homme-primate*, Paris, Édition La Découverte, série Sciences cognitives, 1995, 215 p. **(4.1)**

LÉVI-STRAUSS, Claude, *Le cru et le cuit.*, Paris, Librairie Plon, coll. «Mythologies», 1964, 402 p. **(3.3)**

————, *The Savage Mind*, Chicago, The University of Chicago Press, 1966, 290 p. **(3.2)**

————, *Du miel aux cendres*, Paris, Librairie Plon, coll. «Mythologies», 1968, 450 p. **(3.3)**

————, *L'origine des manières de tables*, Paris, Librairie Plon, coll. «Mythologies», 1968, 478 p. **(3.3)**

LEWIS, John et Bernard TOWERS, *Naked Ape or Homo Sapiens*, préface de Bernard Towers, New York, New American Library, A Mentor Book, 1973, 119 p. **(4.1)**

LEWIS-WILLIAM, David, «Réponse à John Halverson», *Current Anthropology*, vol. XXVIII, n° 1, 1987, p. 79-80. **(3.1)**

LIEBERMAN, Philip, «Speech and Brain Evolution», *Behavioral and Brain Sciences*, vol. XIV, n° 4, 1991, p. 567-568. **(2.3)**

LIGHTFOOT, David, «Modeling Language Development», dans William G. Lycan (dir.), *Mind and Cognition. A Reader*, Cambridge, Massachusetts, Blackwell, 1991, p. 646-659. **(2.3)**

LIN, Francis Y., «Chomsky on the "Ordinary Language". View of Language», *Synthèse*, n° 120, 1999, p. 151-192. **(2.3)**

LIPPARD, Lucy R., *Overlay. Contemporary Art and the Art of Prehistory*, New York, The New Press, 1983, 266 p. **(4.3)**

LISKA, Jo, «Semiogenesis as Continuous, not a Discrete Phenomenon», *Behavioral and Brain Sciences*, vol. XVIII, n° 1, 1995, p. 195-196. **(4.1)**

LIVESAY, Jerry *et al.*, «Covert Speech Behavior During a Silent Language Recitation Task», *Perceptual and Motor Skills*, n° 83, 1996, p. 1355-1362. **(4.3)**

LLAMAZARES, Ana Maria, «Réponse à John Halverson», *Current Anthropology*, vol. XXVIII, n° 1, 1987, p. 80-81. **(3.1)**

LOPREATO, Joseph, *Human Nature & Biocultural Evolution*, Boston, Allen & Unwin, 1984, 400 p. **(6.1)**

LUBART, Todd *et al.*, «Art des enfants, enfance de l'art», *La Recherche*, hors série, n° 4, 2000, p. 94-97. **(4.2)**

LUCK, Steven J. *et al.*, «Bridging the Gap Between Monkey Neurophysiology and Human Perception: An Ambiguity Resolution Theory of Visual Selective Attention», *Cognitive Psychology*, n° 33, 1997, p. 64-87. **(4.1)**

LUCOTTE, Gérard, *Introduction à l'anthropologie moléculaire. «Ève était noire»*, Paris, Lavoisier, coll. «Technique et Documentation», 1990, 108 p. **(3.2)**

LUMSDEN, Charles J., «Gene-Culture Linkages and the Developing Mind», dans Charles J. Brainerd (dir.), *Recent Advances in Cognitive Developmental Theory. Progress in Cognitive Development Research*, New York, Springer-Verlag, 1983, p. 123-166. **(6.1)**

LUMSDEN, Charles J. et Edward O. WILSON, *Genes, Mind, and Culture. The Coevolutionary Process*, Cambridge, Massachusetts, Harvard University Press, 1981, 428 p. **(4.1, 6.1)**

LUPKER, Stephen J., «Picture Naming: An Investigation of the Nature of Categorial Priming», *Journal of Experimental Psychology: Learning, Memory and Cognition*, vol. XIV, n° 3, 1988, p. 444-455. **(5.1)**

MAERTENS, Jean-Thierry, *Le dessin sur la peau. Ritologiques 1*, Paris, Aubier, 1978, 202 p. **(3.3, 5.3)**

————, *Le corps sexionné. Ritologiques 2*, Paris, Aubier, 1978, 190 p. **(3.3)**

————, *Le jeu du mort. Ritologiques 5*, Paris, Aubier, 1979, 278 p. **(3.3)**

MAREJKO, Jan, «Space and Desire», *Diogène*, vol. CXXXII, 1985, p. 34-59. **(1.3)**

MARR, David, *Vision. A Computational Investigation into the Human Representation and Processing of Visual Information*, New York, W. H. Freeman and Company, 1988, 397 p. **(5.3)**

MARSCHACK, Alexander, « Réponse à Whitney Davis », *Current Anthropology*, vol. XXVII, n° 3, 1986, p. 205-206. **(3.1, 3.3)**

MARTIN, Leonard L., *Categorization and Differenciation. A Set, Re-Set, Comparison Analysis of the Effects of Context on Person Perception*, New York, Springer-Verlag, 1985, 87 p. **(6.1)**

MARTINET, André, *Éléments de linguistique générale*, nouvelle édition remaniée et mise à jour, Paris, Armand Colin, 1970, 221 p. **(1.1)**

MEHLER, Jacques, « À propos du développement cognitif », *L'unité de l'homme 2. Le cerveau humain*, essais et discussions présentés et commentés par André Bégin, Paris, Seuil, coll. « Points », 1974, p. 38-49. **(2.2)**

MEHLER, Jacques et Emmanuel DUPOUX, *Naître humain*, Paris, Éditions Odile Jacob, 1990, 274 p. **(2.2, 2.3, 3.1, 4.1, 4.2)**

MESCHONNIC, Henri, *Critique du rythme. Anthropologie historique du langage*, Paris, Éditions Verdier, 1982, 713 p. **(6.2)**

MILLER, Jeff, « The Flanker Compatibility Effect as a Function of Visual Angle, Attentional Focus, Visual Transients and Perceptual Load : A Search for Boundary Conditions », *Perception & Psychophysics*, vol. XLIX, 1991, p. 270-288. **(6.2)**

MILNER, Jean-Claude, « L'espace, le temps et la langue », *L'espace et le temps aujourd'hui*, texte établi avec la collaboration de Gilles Minot, Paris, Seuil, 1983, p. 221-231. **(1.1)**

MITCHELL, W. J. T., *Iconology. Image, Text, Ideology*, Chicago, The University of Chicago Press, 1986, 226 p. **(3.2, 5.1)**

MORIN, Edgar, *Le paradigme perdu : la nature humaine*, Paris, Seuil, coll. « Points », 1973, 246 p. **(1.2, 3.2, 6.1)**

MORISSETTE, Paul *et al.*, « Les relations entre l'attention conjointe au cours de la période préverbale et le développement de la référence verbale », *Journal international de psychologie*, vol. XXX, n° 4, 1995, p. 481-498. **(4.1, 5.3)**

MORRIS, Desmond, *Biologie de l'art. Étude de la création artistique des grands singes et de ses rapports avec l'art*, Paris, Stock, 1961, 182 p. **(4.1, 4.2, 4.3)**

———, *The Secret Surrealist. The Paintings of Desmond Morris*, Oxford, Phaidon Press Limited, 1987, 112 p. **(4.1)**

MOULDEN, J. A. et M. A. PERSINGER, « Visuospatial/Vocabulary Difference in Boys and Girls and Potential Age-Dependance Drift in Vocabulary Proficency », *Perceptual and Motor Skills*, n° 82, 1996, p. 472-474. **(6.3)**

MULLER, Jon, « Comments », *Current Anthropology*, vol. XXVII, n° 3, 1986, p. 207. **(3.3)**

MÜLLER, Ralf-Axel, « Innates, Autonomy, Universality ? Neurobiological Approaches to Language », *Behavioral and Brain Sciences*, vol. XIX, n° 4, 1996, p. 611-675. **(2.3, 3.2, 4.1, 4.2, 5.1, 5.2, 6.1)**

MURPHY, Gregory L. et Douglas L. MEDIN, « The Role of Theories in Conceptual Coherence », *Psychological Review*, vol. XCII, n° 3, 1985, p. 289-316. **(2.1, 6.1)**

MURPHY, Gregory L. et Edward E. SMITH, « Basic-Level Superiority in Picture Categorization », *Journal of Verbal Learning and Verbal Behavior*, vol. XXI, n° 1, 1982, p. 1-20. **(3.1)**

NAMI, Laura L. *et al.*, « Young Childern's Discovery of Spatial Classification », *Cognitive Development*, n° 12, 1997, p. 163-184. **(2.2)**

NEISSER, Ulric, « Sommes-nous plus intelligents que nos grands-parents ? », *La Recherche*, n° 309, 1998, p. 46-52. **(6.1)**

NEUSTUPNÝ, V., «On the Analysis of Linguistic Vagueness», *Travaux linguistiques de Prague 2. Les problèmes du centre et de la périphérie du système de la langue*, Paris, Librairie C. Klincksieck, 1966, p. 39-51. **(1.1)**

NEWELL, Allen, *Unified Theories of Cognition*, Cambridge, Massachusetts, Harvard University Press, 1994, 549 p. **(5.3)**

NEWMEYER, Frederick, J., «Conceptual Structure of Syntax», *Behavioral and Brain Sciences*, vol. XVIII, n° 1, 1995, p. 202. **(4.1)**

NINIO, Jacques, *L'empreinte des sens. Perception, mémoire, langage*, Paris, Éditions Odile Jacob, coll. «Points», 1991, 310 p. **(1.3, 3.1, 4.1, 5.1, 5.2, 6.2)**

NOBLE, William et Iain DAVIDSON, «Evolving Remembrance of Times and Future», *Behavioral and Brain Sciences*, vol. XIV, n° 4, 1991, p. 572. **(3.2, 4.1)**

————, «The Evolutionary Emergence of Modern Human Behavior: Language and its Archeology», *Man*, vol. XXVI, n° 2, 1991, p. 223-253. **(3.3)**

ONIANS, John, «Les Grecs, les Latins et la naissance de l'art», *La Recherche*, hors série, n° 4, 2000, p. 33-35. **(3.3)**

PAIVIO, Allan, *Mental Representations. A Dual Coding Approach*, New York, Oxford Psychology Series n° 9, Oxford University Press, 1990, 322 p. **(5.1, 6.3)**

PANOFSKY, Erwin, *Idea. A Concept in Art Theory*, traduction de Joseph J. S. Peake, New York, Icon Editions, 1968, 268 p. **(6.2)**

————, *La perspective comme forme symbolique*, traduction de Guy Ballangé, préface de Marisa Salai Emiliani, Paris, Éditions de Minuit, 1975, 273 p. **(6.2)**

PAPOUŠEK, Hanuš, «Transmission of the Communicative Competence: Genetic, Cultural, When, and How?», *International Journal of Psychology*, vol. XXVIII, n° 5, 1993, p. 709-717. **(4.1)**

PAQUIN, Nycole, *L'objet-peinture. Pour une systémique de la réception*, Montréal, HMH Hurtubise, Brèches, 1990, 139 p. **(6.1)**

————, «The Frame as a Key to Visual Perception», dans Gerald Cupchik et Janos Laszlo (dir.), *Emerging Visions of the Aesthetic Process. Psychology, Semiology and Philosophy*, Cambridge, Massachusetts, Cambridge University Press, 1992, p. 37-47. **(4.3)**

————, «Plaisir de reconnaître. Regard transhistorique», *ETC Montréal*, n° 32, décembre-janvier 1995-1996, p. 7-11. **(5.3)**

————, *Le corps juge. Science de la cognition et esthétique des arts visuels*, Montréal/Paris, XYZ éditeur/Presses universitaires de Vincennes, 1998, 281 p. **(1.1, 1.3, 5.2)**

————, «Le "goût" du sens et ses points de repère», dans Nycole Paquin (dir.), *Réseau. Les ancrages du corps propre. Communication, géographie, histoire de l'art, philosophie*, Montréal, XYZ éditeur, 2000, p .25-49. **(5.3)**

————, «La sculpture habillée/déshabillée», *Revue Espace*, n° 60, 2002, p. 5-10. **(5.3)**

PASANEN, Kimmo, «L'art et les jeux de langage chez Wittgenstein», *Revue d'esthétique*, vol. XXIV, 1993, p. 49-54. **(2.2)**

PEIGNOT, Jérôme, *Les jeux de l'amour et du langage*, Paris, UGE, coll. «10/18 Inédit», 1974, 318 p. **(1.3, 4.3)**

PENDLEBURY, Michael, «Perceptual Representation», *Proceedings of the Aristotelian Society*, vol. LXXXVII, 1986, p. 91-106. **(1.2)**

PETITOT, Jean, «Cognition, perception et morphodynamique», *La représentation animale. Représentation de la représentation*, études rassemblées par Jacques Gervet, Pierre Livet et Alain Tête, Nancy, Presses universitaires de Nancy, 1992, p. 35-58. **(5.2)**

PIAGET, Jean, «La psychogenèse des connaissances et sa signification épistémologique», «Schèmes d'action et apprentissage du langage», dans *Théories du*

149

langage, théories de l'apprentissage. Le débat entre Jean Piaget et Noam Chomsky, organisé et recueilli par Massimo Piattelli-Palmarini, traduction d'Yvonne Noizet, Paris, Seuil, 1979, p. 53-64 **(2.1)**; 247-251 **(2.1)**.

PIATTELLI-PALMARINI, Massimo, «Commentaire», dans *Théories du langage théories de l'apprentissage. Le débat entre Jean Piaget et Noam Chomsky*, organisé et recueilli par Massimo Piattelli-Palmarini, traduction d'Yvonne Noizet, Paris, Seuil, 1979, p. 245-246. **(2.1)**

PICHOT, André, «Pour une approche naturaliste de la connaissance», dans Vincent Ralle et Daniel Payette (dir.), *Lekton, Modèles de la cognition. Vers une science de l'esprit*, vol. IV, nº 2, automne 1994, p. 199-241. **(6.3)**

PINKER, Steven, «Language Acquisition», dans Michael I. Posner (dir.), *Foundations of Cognitive Science*, Cambridge, Massachusetts, The MIT Press, A Bradford Book, 1991, p. 359-437. **(3.2)**

———, *The Language Instinct*, New York, William Morrow and Company, Inc., 1994, 493 p. **(2.3, 3.2, 4.1, 4.2)**

———, *Comment fonctionne l'esprit*, traduction d'Anne-Marie Desjeux, Paris, Éditions Odile Jacob, 2000, 680 p. **(2.3, 6.1)**

PLATON, «Philèbe», *Œuvres complètes*, tome II, Léon Robin (trad. et notes, J. M. Moreau coll.) Paris, Gallimard, coll. «Bibliothèque de la Pléiade», 1955, p. 549-634. **(1.1)**

POECK, Klaus, «L'aphasie et la localisation du langage dans le cerveau», *Pour la science*, dossier hors série, «Les langues du monde», 1997, p. 16-19. **(5.2)**

POWERS, David M. W., «Goal Directed Behavior in the Sensorimotor and Language Hierarchies», *Behavioral and Brain Sciences*, vol. XIV, nº 4, 1991, p. 572-574. **(2.1)**

PREMACK, David, *Intelligence in Ape and Man*, Hillsdale, New Jersey, Lawrence Erblaum Associates, Publishers, 1976, 370 p. **(2.3, 4.1)**

PÜLVERMULLER, Friedmann, «Words in the Brain's Language», *Behavioral and Brain Sciences*, vol. XXII, nº 2, 1999, p. 253-279. **(4.2, 5.2)**

PURCELL, A. T., «The Aesthetic Experience and Mundane Reality», dans W. Ray Crozier et Antony J. Chapman (dir.), *Cognitive Processes in the Perception of Art*, New York, Elsevier Science Publishers B.V., 1991, 447 p. **(1.2)**

QUINE, W. V., «Structure and Nature», *The Journal of Philosophy*, vol LXXXIX, nº 1, janvier 1992, p. 5-9. **(2.2)**

RÂDHÂ, Shivânanda, *Mantras. Paroles de pouvoir*, traduction d'Antonia Leibovici, Paris, Éditions Guy Trédanel, 1996, 163 p. **(4.3)**

RASTIER, François, *Sémantique et recherches cognitives*, Paris, Presses universitaires de France, 1991, 262 p. **(2.3, 4.2)**

RAY, William J., «Attentional Factors and Individual Differences Reflected in the EEG», dans A. Glass (dir.), *Individual Differences in Hemispheric Specialization*, New York, Phenum Press, 1987, p. 17-29, 149-181. **(6.3)**

REINGOLD, Eyal M. et Pierre JOLICŒUR, «Perceptual Versus Postperceptual Mediation of Visual Context: Evidence for Letter-Superiority Effect», *Perception & Psychophysics*, vol. LIII, nº 2, 1993, p. 166-178. **(5.3)**

RHESS, Rush, «Language as Emerging from Instinctive Behavior», *Psychological Investigations*, vol. XX, nº 1, janvier 1997, p. 1-14. **(4.2)**

RIBOUD, Christophe, «La science économique de l'art», *La création vagabonde*, textes réunis par Jacques-Louis Binet, Paris, Hermann, coll. «Savoir», 1986, p. 203-218. **(5.3)**

RICHELLE, Marc et Helga LEJEUNE, «La perception du temps chez l'animal», *La Recherche*, nº 182, novembre 1986, p. 1332-1339. **(4.1)**

ROBERT, Jacques Michel, *Comprendre le cerveau*, Paris, Seuil, coll. «Sciences», 1982, 264 p. **(4.2)**

ROBERT, Serge, *Les mécanismes de la découverte scientifique*, Ottawa, Les Presses de l'Université d'Ottawa, 1993, 262 p. **(5.3)**

ROBERTS, Maxwell J. *et al.*, « The Sentence-Picture Verification Task: Methodological and Theoretical Difficulties », *British Journal of Psychology*, n° 85, 1994, p. 413-432. **(6.3)**

ROE, Kiki V., « Differential Gazing and Vocal Response to Mother and Stranger of Full Term and Preterm Infants Across Age », *Perceptual and Motor Skills*, n° 81, 1995, p. 929-930. **(6.1, 6.3)**

ROGOFF, Barbara et Pablo CHAVAJAY, « What's Become of Research on the Cultural Basis of Cognitive Development? », *American Psychologist*, vol. L, n° 10, 1995, p. 859-877. **(6.1)**

ROLLINS, Mark, *Mental Imagery. On the Limits of Cognition Science*, New Haven, Yale University Press, 1989, 170 p. **(5.3)**

ROSS, Philip, « L'histoire du langage », *Pour la science*, dossier hors série, « Les langues du monde », octobre 1997, p. 20-27. **(2.3, 3.1, 3.2)**

RUFFIÉ, Jacques, *De la biologie à la culture*, Paris, Flammarion, coll. « Champs », 1981, 303 p. **(2.2)**

RYKWERT, Joseph, « Semper et la conception du style », *Macula*, n°s 5/6, 1979, p. 176-189. **(2.2, 3.3)**

SAINT-MARTIN, Fernande, *Les fondements topologiques de la peinture. Essai sur les modes de représentation de l'espace, à l'origine de l'art enfantin et de l'art abstrait*, Montréal, Éditions HMH, coll. « Constantes », 1980, 184 p. **(4.2)**

———, *La théorie de la Gestalt et l'art visuel*, Québec, Presses de l'Université du Québec, 1990, 146 p. **(2.3)**

———, « Fondements sémantiques des grammaires spatiales », *Degré*, n° 67, 1991, p. b1-b24. **(2.3)**

———, *La littérature et le non verbal. Essai sur le langage*, préface de Claude Lévesque, Montréal, Éditions Typo, 1994, 186 p. **(1.3, 2.3)**

SAVAGE-RUMBAUGH, Sue et Karen E. BRAKKE, « Animal Language: Methodological and Interpretative Issues », dans Marc Bekoff et Dale Jamieson (dir.), *Readings in Animal Cognition*, Cambridge, Massachusetts, The MIT Press, 1996, p. 269-287. **(4.1)**

SCHAEFFER, Jean-Marie, « Système, histoire et hiérarchie : le paradigme historiciste en théorie de l'art », dans Georges Roque (dir.), *Majeur ou mineur? Les hiérarchies en art*, Nîmes, Éditions Jacqueline Chambon, 2000, p. 255-271. **(1.1)**

SCHILLER, P. H., « Preference in Drawings of Chimpanzees », *Journal of Comparative and Physiological Psychology*, n° 44, 1951, p. 101-111. **(4.1)**

SCHOOLER, W. Jonathan *et al.*, « Thoughts Beyond Words: When Language Overshadows Insight », *Journal of Experimental Psychology General*, vol. CXXII, n° 2, 1993, p. 166-183. **(1.1)**

SCHOOLER, W. Jonathan et Tonya Y. ENGSTLER-SCHOOLER, « Verbal Overshadowing of Visual Memories: Some Things Are Better Left Unsaid », *Cognitive Psychology*, n° 22, 1990, p. 36-71. **(1.1)**

SEARLE, John R., « Consciousness, Explanatory Inversion, and Cognitive Science », *Behavioral and Brain Sciences*, vol. XIII, n° 4, 1990, p. 585-596. **(6.1)**

SEFE, Lorna, *Normal and Anomalous Representational Drawing Ability in Children*, Londres, Academic Press Inc., 1983, 251 p. **(2.2)**

SEGAL, Marshall *et al.*, *The Influence of Culture on Visual Perception*, New York, The Robbs-Merril Company, Inc., 1966, 268 p. **(6.1)**

SEGALOWITZ, S. J., « Individual Differences in Hemispheric Specialization: Sources and Measurements », dans Alan Glass (dir.), *Individual Differences in Hemispheric Specialization*, New York, Phenum Press, 1987, p. 17-29. **(6.3)**

SHERRIGAN, Marc, *Introduction à la philosophie esthétique*, Paris, Petite Bibliothèque Payot, 1992, 311 p. **(1.3)**

SHOEMAKER, Sydney, «The Mind-Body Problem», dans Richard Wagner et Tedeusz Szubka (dir.), *The Mind-Body Problem, A Guide to the Current Debate*, Cambridge, Massachusetts, Blackwell, 1994, p. 55-60. **(3.1)**

SHUSTERMAN, Richard, «The End of Aesthetic Experience», *The Journal of Aesthetics and Art Criticism*, vol. LV, n° 1, 1997, p. 29-41. **(1.1)**

SIBLOT, Paul, «Nomination et production de sens: le praxème», *Langages*, n° 127, 1997, p. 38-55. **(1.1, 2.3)**

SIEMER, Matthias, «Effects of Mood on Evaluative Judgements: Influence of Reduced Processing Capacity and Mood Salience», *Cognition and Emotion*, vol. XII., n° 6, 1998, p. 783-805. **(1.2)**

SMITH, D. A., «Systematic Study of Chimpanzee Drawing», *Journal of Comparative and Physiological Psychology*, vol. LXXXII, n° 3, 1973, p. 406-414. **(4.1)**

SMITH, Leslie, «Modal Knowledge and Transmodularity», *Behavioral and Brain Sciences*, vol. XVII, n° 4, 1994, p. 729-730. **(5.2)**

SNODGRASS, Joan Gay et Brian MCCULLOUGH, «The Role of Visual Similarity in Picture Categorization», *Journal of Experimental Psychology.: Learning, Memory and Cognition*, vol. XII, n° 1, 1986, p. 147-154. **(5.1)**

SPELKE, Elisabeth S., «Physical Knowledge in Infancy: Reflections on Piaget's Theory», dans Susan Carey et Rochel Gelman (dir.), *The Epigenisis of Mind: Essays on Biology and Cognition*, Lawrence Erblaum Associates, Publishers, 1991, p. 133-169. **(2.2)**

———, «Object Perception», dans Alvin I. Goldman (dir.), *Readings in Philosophy and Cognitive Science*, Cambridge, Massachusetts, The MIT Press, A Bradford Book, 1993, p. 447-460. **(1.2, 6.1)**

SPERBER, Dan, «Remarques sur l'absence de contribution positive des anthropologues au problème de l'innéité», *Théories du langage, théories de l'apprentissage. Le débat entre Jean Piaget et Noam Chomsky*, organisé et recueilli par Massimo Piattelli-Palmarini, traduction d'Yvonne Noizet, Paris, Seuil, 1979, p. 361-365. **(2.1, 6.1)**

———, «Anthropology and Psychology: Towards and Epidemiology of Representations, *Man*, n° 20, 1984, p 73-89. **(6.1)**

STENNING, Keith et Jon OBERLANDER, «A Cognitive Theory of Graphical and Linguistic Reasoning: Logic and Implementation», *Cognitive Science*, vol. XIX, n° 1, 1995, p. 97-140. **(5.2)**

STERELNY, Kim, «The Imagery Debate», dans William G. Lycan (dir.), *Mind and Cognition*, Cambridge, Massachusetts, Blackwell, 1991, p. 607-626. **(6.1)**

STERN, Arno, «Le degré zéro du signe», *Communication et Langages*, vol. LXXI, 1987, p. 4-22. **(4.2)**

STEWART, John, «Can Science Be an Art? Epistemology as the Vehicle for a Trip from Science to Art and Back», *Leonardo*, vol. XXII, n° 2, 1989, p. 255-261. **(1.2)**

SULLIVAN, Michael, *Introduction à l'art chinois*, traduction de Catherine Kaan et Olivier Lépine, Paris, Le Livre de poche, 1961, 443 p. **(6.2)**

SUMMERS, David, «Real Metaphor: Towards a Redefinition of the Conceptual Image», dans Norman Bryson, Michael Ann-Holly et Keith Moxey (dir.), *Visual Theory. Painting and Interpretation*, Grande-Bretagne, Icon Editions, Harper Collins, 1991, p. 231-259. **(4.2)**

TEMPLE, Christine M., «Modularity of Mind», dans Michael W. Eysenck (dir.), *The Blackwell Dictionary of Cognitive Psychology*, Andrew Ellis, Earl Hunt et Philip

Johnsons-Laird (conseillers), Cambridge, Massachusetts, Blackwell, 1994, p. 230-232. **(5.1, 5.2)**

THÉVOZ, Michel, *Le corps peint*, Genève, Éditions d'art Albert Skira, 1984, 128 p. **(5.2)**

THOM, René, « La genèse de l'espace représentatif selon Piaget », *Théories du langage, théories de l'apprentissage. Le débat entre Jean Piaget et Noam Chomsky*, organisé et recueilli par Massimo Piattelli-Palmarini, traduction d'Yvonne Noizet, Paris, Seuil, 1979, p. 503-510. **(2.1)**

TOLAN, James C. *et al.*, « Cross-Modal Matching in Monkeys: Altered Visual Cues and Delay », *Neuropsychologia*, vol. XIX, n° 2, 1981, p. 289-300. **(4.1)**

TOMASELLO, Michael, « Objects are Analogous to Words, not Phonemes or Grammatical Categories », *Behavioral and Brain Sciences*, vol. XIV, n° 4, 1991, p. 575-576. **(3.1)**

————, *The Cultural Origins of Human Cognition*, Cambridge, Massachusetts, Harvard University Press, 1999, 248 p. **(4.1, 4.2)**

TREISMAN, Anne, « L'attention, les traits et la perception des objets », dans Daniel Andler (dir.), *Introduction aux sciences cognitives*, Paris, Gallimard, coll. « Folio », 1992, p. 153-192. **(3.1, 5.1)**

————, « Perceiving and Re-Perceiving Objects », *American Psychology*, vol. XLVII, n° 7, 1992, p. 862-875. **(5.3)**

TREVOR-ROPER, Patrick, *The World Through Blunted Sight. An Inquiry into the Influence of Defective Vision on Art and Character*, New York, The Robbs-Merrill Company, Inc., 1970, 191 p. **(3.1, 4.1)**

TRUDEL, Suzanne B., *Pourquoi ne parle-t-on pas d'eux?*, Montréal, Fondation Jean-Olivier Chénier, 1999, 102 p. **(2.2)**

TRUNGPA, Chögyam, *Mandala. Un chaos ordonné*, traduction de Richard Gravel, préface et postface de Sherab Chödzin, Paris, Seuil, 1994, 212 p. **(4.3)**

TUAN, Yi-Fu, *Space and Place. The Perspective of Experience*, Minneapolis, University of Minnesota Press, 1979, 233 p. **(6.1)**

ULEMAN, James S. et Jennefer K. ULEMAN, « Unintended Thought and Nonconscious Inferences Exist », *Behavioral and Brain Sciences*, vol. XIII, n° 4, 1990, p. 627-628. **(1.2)**

VALLADA, Hélène et Nadine TISNÉRAT-LABORDE, « De l'art subtil des datations », *La Recherche*, hors série, n° 4, 2000, p. 51-52. **(3.1)**

VELLEMAN, David J., « Self to Self », *The Philosophical Review*, vol. CV, n° 1, 1996, p. 39-76. **(6.3)**

VELMANS, Max, « Is the Mind Conscious, Functional, or Both? », *Behavioral and Brain Sciences*, vol. XIII, n° 4, 1990, p. 629-630. **(6.1)**

VERSTOCK, Mark, *The Genesis of Form. From Chaos to Geometry*, Anvers, Muller, Blond and White, 1987, 192 p. **(4.3)**

VEZIN, Jean-François, *Complémentarité du verbal et du non-verbal dans l'acquisition de connaissances*, Paris, Éditions du Centre national de la recherche scientifique, 1980, 111 p. **(4.2)**

VICTORI, Bernard, « Débat sur la langue mère », *Pour la science*, dossier hors série, « Les langues du monde », octobre 1997, p. 28-32. **(4.2)**

VIGNAUX, Georges, *Les sciences cognitives. Une introduction*, Paris, Éditions La Découverte, Série Sciences cognitives, 1992, 360 p. **(2.3)**

VINCENT, Jean-Didier, *Biologie des passions*, nouvelle édition revue et augmentée d'un avant-propos inédit, préface de Claude Kordon, Paris, Éditions Odile Jacob, 1994, 401 p. **(1.3)**

WADINE, Elisseeff, *L'art oriental*, Lausanne/Barcelone, Bibliothèque Laffont des Grands Thèmes, Éditions Grammont/Salvat Editions, 1976, 240 p. **(4.3)**

WASOW, Thomas, «Grammatical Theory», dans Michael I. Posner (dir.), *Foundations of Cognitive Science*, Cambridge, Massachusetts, The MIT Press, a Bradford Book, 1991, p. 161-205. **(2.3)**

WATKINS, M., «Do Animals See Colors? An Anthropocentrist's Guide to Animals, The Color Blind, and Far Away Places», *Philosophical Studies*, n° 94, 1999, p. 189-209. **(4.1)**

WATSON, Thomas, «Grammatical Theory», *Foundations of Cognitive Science*, Michael I. Posner (dir.), Cambridge, Massachusetts, The MIT Press, A Bradford Book, p. 163-195. **(2.3)**

WEIL-BARAIS, Annick, *L'homme cognitif*, en collaboration avec Danielle Dubois, Pierre Lecock, Jean-Louis Pedinielli, Arlette Steri, Paris, Presses universitaires de France, coll. «Premier cycle», 1993, 50 p. **(6.2)**

WELDON, Mary Susan *et al.*, «Perceptual and Conceptual Processes in Implicit and Explicit Tests with Picture Fragment and Word Fragment Cues», *Journal of Memory and Language*, n° 34, 1995, p. 268-285. **(5.2)**

WHITE, Leslie, «Symbol. The Basis of Language and Culture», dans Walter Goldsmith (dir.), *Exploring the Ways of Mankind*, New York, Holt, Rinehart and Winston, 1960, p. 70-77. **(2.1, 3.1)**

WHITE, Randall, «Un Big Bang socioculturel», *La Recherche*, hors série, n° 4, 2000, p. 10-17. **(2.1, 2.2, 3.1, 3.3)**

WILDING, J. M., «Pattern Perception», dans Michael W. Eysenck (dir.), *The Blackwell Dictionary of Cognitive Psychology*, Andrew Ellis, Earl Hunt, Philip Johnson Laird (conseillers), Cambridge, Massachusetts, Blackwell, 1994, p. 243-248. **(5.3)**

WILKINS, Wendy K. et Jennie WAKEFIELD, «Brain Evolution and Neurolinguistic Preconditions», *Behavioral and Brain Sciences*, vol. XVIII, n° 1, 1995, p. 205-226. **(3.1)**; p. 161-182. **(4.1)**

WILSON, Edward O., *Sociobiology. The Abridged Edition*, Cambridge, Massachusetts, Harvard University Press, The Belknap Press, 1980, 368 p. **(4.1)**

WILSON, Martha, «Brain Mechanism in Categorical Perception», dans Stevan Harnad (dir.), *Categorical Perception. The Groundwork of Cognition*, Cambridge, Massachusetts, Cambridge University Press, 1987, p. 387-417. **(4.1)**

WILSON, Timothy D. *et al.*, «Introspecting About Reasons Can Reduce Post-Choice Satisfaction», *Personality and Social Psychology Bulletin*, vol. XIX, n° 3, 1993, p. 331-339. **(1.1)**

WINNER, Ellen et George ETTLINGER, «Do Chimpanzees Recognize Photographs as Representations of Objects?», *Neuropsychologia*, vol. XVII, n° 420, 1979, p. 413-420. **(4.1)**

WITTGENSTEIN, Ludwig, *Remarques philosophiques*, Rush Rhees (éd.), traduction de Jacques Fauve, Paris, Gallimard, coll. «Tel», 1994, 330 p. **(2.2)**

———, *Tractatus logico-philosophicus* suivi de *Investigations philosophiques*, traduction de Pierre Klossowski, introduction de Bertrand Russell, Paris, Gallimard, coll. «Tel», 1961, 364 p. **(3.2)**

ZEKI, Semir, *Inner Vision. An Exploration of Art and the Brain*, New York, Oxford University Press Inc., 1999, 224 p. **(5.2)**

Livres sacrés

«La Genèse», 1.1-26, «L'Évangile selon saint Mathieu», «L'Évangile selon saint Marc », «L'Évangile selon saint Luc», *La Bible de Jérusalem, la Sainte Bible*, traduite en français sous la direction de L'École biblique de Jérusalem, Paris/ Montréal, Les Éditions du cerf/Les Éditions Fides, 1973, p. 31-83 **(3.2)**; 1415-1457 **(2.1)**; 1459-1479 **(2.1)**; 1481-1519 **(2.1)**.

«Sourate-11», *Le Coran*, traduction de Kasimirski, chronique et préface de Mohammed Arkoun, Paris, Garnier-Flammarion, 1970, 41-70. **(3.2)**

«La création de l'homme», *Le Zohar, Le livre de la splendeur*, textes choisis et présentés par Gershom Scholem, traduction d'Édith Ochs, Paris, Seuil, 1980, p. 30-33. **(3.2)**

Sites Internet

artnetwork.com/mandala **(4.3)**

asianart.com/mandals/structure **(4.3)**

askart.com/moran.thomas/biography.asp **(1.2)**

perco.wanado.fr//enotero//homprehis **(3.1)**

Liste des illustrations

Ill. n° 1 a-b-c-d-e
Y,
pierre volcanique,
5,4 cm x 4 cm x 1,3 cm.
Photo : Jean-André Carrière.

Ill. n° 2
Coucher de soleil à Notre-Dame-du-Portage,
15 cm x 10,2 cm,
2001.
Photo : Nycole Paquin.

Ill n° 3
Thomas Moran,
The Grand Canyon,
huile sur toile,
215 cm x 366 cm,
1872.

Ill. n° 4
Visage-masque,
dessin sur relief naturel,
Bernifal (Dordogne),
environ 15 000 ans.

Ill. n° 5
Jean Paquin,
Effigie,
1990.
Photographie.

Ill. n° 6
Poisson préhistorique,
bas-relief sur pierre,
abri du Poisson,
Les Eyzies-de-Tayac, Gorge d'Enfer
(Dordogne),
environ 15 000 ans.

Ill. n° 7
Panneau du rhinocéros,
pigments colorés sur support de
pierre,
grotte de Chauvet,
environ 35 000 ans.

Ill. n° 8
Marquages abstraits,
pigments colorés sur support
de pierre,
caverne de Niaux,
environ 25 000 ans.

Ill. n° 9
Réticulé sur dalle en écusson,
Mané-Kerioned, Carnac (Bretagne),
environ 5 000 ans.

Ill. n° 10
Propulseur en bois de renne et *Tortue de pierre,*
Paléolithique supérieur,
époque magdalénienne.

Ill. n° 11
Angèle Verret,
Trans / paraître,
acrylique sur toile
148 cm x 204 cm,
1997.
Photo : Guy L'heureux.

Ill. n° 12
Peinture au pinceau,
réalisée par le singe Congo,
gouache,
1957.

Ill. n° 13
Zoé Trudel
(3 ans),
dessin au crayon de couleur.

Ill. n° 14
Réalisation d'un mandala tibétain,
sable coloré,
2001.

Ill. n° 15
Raphaël,
La madone à la chaise,
huile sur bois,
diam. 71 cm,
v. 1514.

Ill. n° 16
Claude Tousignant,
Accélérateur chromatique, 48,
huile sur toile,
diam. 122,7 cm,
1967.
Musée d'art contemporain de
Montréal.

Ill. n° 17
Formation spiralée complexe,
chambre funéraire de Newgrange
(Irlande),
fin du 4e millénaire av. J.-C.

Ill. n° 18
Vladimir Tatlin,
*Monument en l'honneur de la
IIIe Internationale,*
maquette préparatoire,
métal, bois, verre
hauteur prévue du monument :
1 300 pi,
1919-1920.

Ill. n°s 19-20
Martin Boisseau,
Premier temps : sabotage visuel,
installation multimédias,
1996-1997.
Photo : Marie-Christine Simard
et Martin Boisseau.

Ill. n° 21
André Fournelle,
Le cercle de feu,
installation-performance,
tissus et gazoline,
le cap Blanc-Nez, Calais, France,
2001.
Photo : Éric Daviron.

Ill. n° 22
Guerrier,
statue Itara,
bois sculpté,
Atouro, Océanie,
XIXe siècle.

Ill. n° 23
Mark Prent,
Laughing Patocyclist…,
polyester, bois, pigments colorés,
1974.

Ill. n° 24
Anonyme (Chine),
Après la pluie,
encre sur papier,
99 cm x 43 cm,
1349.

Ill. n° 25
Pieter Bruegel,
La parabole des aveugles,
huile sur toile,
122 cm x 34 cm,
c. 1568.

DANGER

LE PHOTOCOPILLAGE TUE LE LIVRE

*Cet ouvrage
composé en Amasis corps 10 sur 11,5
a été achevé d'imprimer
en novembre deux mille trois
sur les presses de*

à Gatineau (Québec), Canada.